Titelillustration unter Verwendung eines
Objekts von Rainer Knaust, Düsseldorf
Foto: Redeker Photography, Essen
Design: Peter Breuer, Essen

WERNER RUHNAU

DER RAUM

SPACE | L'ESPACE

DAS SPIEL

PLAY | LE JEU

UND DIE KÜNSTE

AND THE ART | ET LES ARTS

jovis

Inhalt

Dorothee Lehmann-Kopp
Einführung in Projekt und Katalog

„Als Architekt betrachte ich mich auch als Intendant oder Regisseur, der gemeinsam mit bildenden Künstlern und Fachleuten wie Statikern, Handwerkern, Akustikern ein Werk gestaltet." - Dieses integrative Rollenverständnis setzte Werner Ruhnau in seinem mehr als 55 Jahre währenden Schaffen um. Ruhnaus Theaterbauten und Spielstraßenkonzepte, sein städtebauliches und kulturpolitisches Engagement stehen im Kontext seiner Forschungen zu Mensch und Umwelt, Klima, Raum und - als zentralem Gedanken - Spiel.

Zahlreiche Publikationen und Ausstellungen dokumentieren einzelne Aspekte dieses umfassenden Oeuvres. Aus Anlass des 85. Geburtstags von Werner Ruhnau bietet das Projekt „Der Raum, das Spiel und die Künste" erstmalig eine Aufbereitung des gesamten Schaffens.

Grundidee meines Konzepts für Projekt und Katalog ist die Verknüpfung von thematischem und chronologischem Zugriff. Die komplexen, vielfältig miteinander verflochtenen Themenkreise sollten fundiert, umfänglich und genau recherchiert präsentiert werden. Gleichzeitig jedoch knapp und mit einer gewissen Leichtigkeit. Daher wählte ich für die Publikation die journalistische Form des Interviews, auch wenn diese als dominierende Textsorte eines Katalogs eher ungewöhnlich ist. Die Gesprächsform bietet Vorteile: Sie ermöglicht die nachvollziehbare, gut lesbare und lebendige Darstellung gedanklicher Verbindungslinien, vielschichtiger Zusammenhänge und Sachverhalte. Variationen in Sprache und Tonalität, Verdichtungen und Tempowechsel, biographische Exkurse und Anekdoten lassen darüber hinaus die Person Werner Ruhnau erkennen.

Das Interview ist aus verschiedenen Quellen komponiert: Zum einen führte ich lange Gespräche mit Werner Ruhnau. Zum anderen arbeitete ich Texte, Publikationen und zahlreiche, zum Teil bislang unveröffentlichte Materialien aus dem Archiv Ruhnau ein. Dort finden sich Pläne, Modelle, Werkstücke, Kunstwerke, Fotos - und nicht zuletzt Korrespondenzen und Dokumente aus sechs Jahrzehnten. Wichtig waren ebenso die anregenden Erzählungen und präzisierenden Hinweise von Anita Ruhnau, seiner ehemaligen Frau, die bis heute bei allen kunstbezogenen Projekten mitarbeitet. Sie stellte zudem Erinnerungsstücke und Fotos aus ihrem Privatbesitz zur Verfügung. Kaum möglich gewesen wäre die Arbeit ohne die kontinuierliche Unterstützung durch Elisabeth Stelkens, die Lebensgefährtin Werner Ruhnaus: Sie bahnte mir den Weg durch „viele Meter Akten", half bei der Klärung von Inhalten und den Recherchen.

Der Anhang des Katalogs umfasst unter anderem Anmerkungen, Literaturhinweise und systematisierte biografische Daten. Für Forschungen und Recherchen gewährt das Archiv Ruhnau Interessierten Einsicht in sämtliche Unterlagen.

Das M:AI Museum für Architektur und Ingenieurkunst NRW ermöglichte die Umsetzung dieses Projekts und übernahm die Rolle des Gesamtkoordinators. - Mein persönlicher Dank gilt an dieser Stelle Kerstin Gust vom M:AI für ihr souveränes und zuverlässiges Projektmanagement.

Die vom M:AI organisierte Ausstellung im Musiktheater im Revier, Gelsenkirchen, zeigt als erste Station die Gesamtschau des Werks von Werner Ruhnau, die im Anschluss in Monaco und Dresden präsentiert wird.

Wolfgang Roters
Mehr Ruhnau wagen

Alles andere als zufällig ist die erste vom neuen Museum für Architektur und Ingenieurkunst (M:AI) initiierte internationale Ausstellung dem Gesamtwerk Werner Ruhnaus gewidmet. Wem sonst? Und nicht weniger zufällig präsentiert sich diese Werkschau im Gelsenkirchener Musiktheater im Revier. Wo sonst?

Das M:AI ist kein traditionelles Architekturmuseum und versteht sich als Werkstatt, Laboratorium und - wenn es gut geht - Kraftwerk für gutes Bauen. Es nimmt Architektur und Ingenieurkunst museal ernst, wirklich ernst. Zu diesem Zweck interpretiert es „Architekturmuseum" neu, dezentral und nomadisch: Es bringt nicht die Abbildung eines Bauwerkes in ein Museum, sondern „musealisiert" interessante Architektur selbst; da, wo sie steht, im gesamten Land, auf Zeit. Da, wo die Werke der Entwerfer, Gestalter und Konstrukteure in der realen Welt authentisch erfahr- und erlebbar sind, entwerfen sich temporäre Bühnen und Diskussionsforen. Wo anders als im MiR also, einem Schlüsselwerk Werner Ruhnaus, sollte das M:AI diese große Architektenpersönlichkeit feiern und sein Lebenswerk ins Schau-Spiel-Fenster stellen? Insofern ist die Ausstellung „Werner Ruhnau. Der Raum, das Spiel und die Künste" keine bloße Werkschau, sondern eine weit gefasste Kampagne für gutes Bauen - ganz im Sinne des M:AI: Museum, Laboratorium, Kampagne.

Werner Ruhnau: Architekt, Intendant, Künstler, Erfinder, Spieler, Philosoph, Brückenbauer zwischen Entwerfern, Konstrukteuren und Künstlern. Den Architekten zum Tanzen bewegen, um Raum erfahren zu können! Architektur und bildende Kunst als Einheit begreifen, nicht als sequenzielle Gedankenschritte! Und: das Spiel nicht vergessen - homo ludens. Nicht zuletzt: der Humanist Werner Ruhnau. Diese Architektenpersönlichkeit ragt mit ihren jetzt 85 Jahren haushoch aus dem heutigen Allerwelts-System sich auseinander entwickelnder Berufsbilder rund um das Bauen, Ausbildungsgängen, Disziplinen und Gewerken heraus, der allenfalls Mittelmäßigkeit produzierenden pfründesichernden Abgrenzung dessen voneinander, was zusammmen gehört.

Die Zukunft des Bauens - wohlgemerkt keineswegs die baukulturelle Zukunft allein; es geht um die wirtschaftliche Wettbewerbsfähigkeit von allein 100.000 Architekten und Ingenieuren in Nordrhein-Westfalen - die Zukunft des Bauens liegt nicht in der Fortschreibung der Gegenwart, sondern in deren Veränderung: für mehr Qualität, mehr Innovation, mehr Transdisziplinarität, mehr Internationalität, für neue Studiengänge und neue Berufsbilder. Spielerische Revolutionäre der „Baukunst" wie Werner Ruhnau also braucht es. Es gilt, eine junge Generation mit diesem Elan, diesem Engagement und dieser Freiheit der Gedanken vertraut zu machen. Mehr Werner Ruhnau wagen!

Veranstalter der Ausstellung ist die Stadt Gelsenkirchen, heimliche Hauptstadt der Baukultur! Nur Steinwürfe voneinander entfernt finden sich Kleinode der Baukultur: das Nordstern-Parkgelände mit dem Sitz der Treuhandstelle für den Bergarbeiterwohnungsbau in der meisterhaft umgebauten ehemaligen Sieberei, das zu neuem Leben erwachte Consol-Ensemble, der Wissenschaftspark, der Stadtbauraum und anderes mehr; viel noch Unentdecktes, Unbekanntes. Und selbst bei der Debatte um den Erhalt des ehrwürdigen Hans-Sachs-Hauses hat die Stadt schließlich Haltung bewiesen. Von der Stadt der 1000 Feuer zur Solarstadt und Stadt der Baukultur - welche Zukunftschancen!

Ohne die tatkräftige Unterstützung des Ministers für Bauen und Verkehr NRW, Oliver Wittke, wäre diese Ausstellung nicht möglich gewesen. Als Gelsenkirchener weiß er, welchen Schatz es zu heben gilt, wenn sich das Musiktheater im Revier als eines der hervorragenden Bauwerke der Nachkriegszeit und maßstabsetzend für die internationale Theaterbaugeschichte auf die Bühne der nordrhein-westfälischen Stadtgesellschaft hebt. Und wenn es einen Mann mit seinem Lebenswerk zu ehren gilt, der in seinem Denken so unvergleichlich jung ist wie das Musiktheater im Revier, das heute so aussieht, als lade es erst jetzt zum Neubezug ein.

Jean Albou, Oliver Sodeik, Ludger Vlatten
Der Traum vom Gesamtkunstwerk
Das Gelsenkirchener Blau in Monaco

Die späten 50er Jahre waren die Zeit der Expansion der Künste, die Zeit der Grenzüberschreitungen zwischen den klassischen Kunstgattungen sowie der Einbeziehung von Licht, Bewegung und Raum, Wort und Klang in das interdisziplinäre Kunstwerk.

Werner Ruhnau war der große Integrator, Architekt und Künstler, der diesen Geist lebte und katalysierte.

Mit dem Gelsenkirchener Blau und Projekten wie „Klimatisierung des Raumes", „Entwicklung der Kunst zum Immateriellen" und „Schule der Sensibilität" schufen Werner Ruhnau und Yves Klein entscheidende Inhalte und Identifikationen.

Die Präsentation in Monaco ehrt die Kooperation von Werner Ruhnau und Yves Klein - hier in der Nähe von Nizza, des Ortes, an dem die Schule der Sensibilität entstehen sollte und Yves Klein vor fast 80 Jahren geboren wurde.

Bei Werner Ruhnau und Yves Klein entstand eine Verbindung mit einer philosophisch-mythischen Auffassung von Raum, Zeit, Rhythmus, Klang, Materie und Bewegung, die das Blau der Côte d'Azur in das Gelsenkirchener Blau trägt.

Hermann Kokenge, Reinhild Tetzlaff
Der Architekt Werner Ruhnau und Dresden

Die UNIVERSITÄTSSAMMLUNGEN.**KUNST**+TECHNIK der Technischen Universität Dresden schätzen sich glücklich, einen der großen Architekten unserer Zeit, Werner Ruhnau, anlässlich seines 85. Geburtstags mit einer umfassenden Ausstellung seines Gesamtwerks zu würdigen. Und dies umso mehr, als sich das Werk des Erbauers des weltberühmt gewordenen Musiktheaters Gelsenkirchen im hiesigen Ambiente des Görges-Baus - 1905 fertig gestellt vom Architekten Karl Weißbach, benannt nach Johannes Görges, dem verdienstvollen Ordinarius des Elektrotechnischen Institutes - in mehrfacher Hinsicht in den Kontext gestellt sehen wird: Backsteinarchitektur mit großer Innenhofgestaltung des frühen 20. Jahrhunderts, Technikhistorie und Hightech, pulsierende Lehre und Forschung einer mit Exzellenzinitiative ausgestatteten Universität.

Das avantgardistische Wirken des Architekten und Stadtplaners Werner Ruhnau hat bereits 1957 durch das Zusammenspiel von Architektur, bildender und darstellender Kunst, künstlerischem und industriellem Design, angewandter Technik und Umweltgestaltung entscheidende Kapitel progressiver Architekturgeschichte des 20. Jahrhunderts geschrieben. Er gab bereits bei der Ausstellung zum Frühjahrssemester 2005 „POESIE+RATIO. 5 internationale Positionen: Eugen Gomringer - Heinz Mack - Yves Klein - Werner Ruhnau - Shizuko Yoshikawa" unseren UNIVERSITÄTSSAMM-LUNGEN.**KUNST**+TECHNIK die Ehre und Freude eines thesenhaften Einblicks in sein Werk. Damals stand der Erbauer des Gelsenkirchener Musiktheaters und Förderer Yves Kleins im Blickpunkt der präsentierten Kollektion.

Aber spätestens zu dem Zeitpunkt wurde in uns der Wunsch geweckt, insbesondere analog zum Studienprogramm der Fakultät Architektur und der Kunstgeschichte unserer Universität, eine komplexe Werkschau zu zeigen. Die TU Dresden bietet mit ihren Geistes-, Natur- und Ingenieurwissenschaftlichen Instituten, ihrem gut erhaltenen wie gestalterisch wohl konzipierten Campus beste Möglichkeiten für ein studienbezogenes und zugleich öffentlichkeitswirksames Ausstellungsprojekt. Darüber hinaus ist die Kunststadt Dresden mit ihren architektonischen Glanzlichtern bestes Terrain für vergleichende Studien und Forschungen - um nur einige der berühmten Baumeister zu nennen: Matthias Daniel Pöppelmann, Zacharias Longuelune, Gaetana Chiaveri, Johann Christoph Knöffel, George Bär, Hans Erlwein, Hans Poelzig, Hugo Zehder, Wilhelm Kreis, Adolphe Appia und Heinrich Tessenow, letzterer war Assistent des Architekturprofessors Martin Dülfer an der damaligen TH (König-Bau mit Chemischen Instituten der TUD).

Während seines Vortrags beim Symposium „Immaterialisation und Imagination", im Kontext der Ausstellung POESIE+RATIO in 2005, sprach Professor Werner Ruhnau unter dem Thema „Architektur - BauKunst - Bildende Kunst" das Credo seines Wirkens an: Immaterialisierung, Klimatisierung des Raumes, Leere, Variabilität, Spiel der Elemente. - Und auf Dresden bezogen: „Da mir dennoch vieles im realisierten Gelsenkirchener Theaterneubau noch zu unbeweglich, zu starr geblieben war, entwarf ich 1958 und 1959 für die Theaterneubauten in Bonn und Düsseldorf das „Podienklavier". Dieses ist eine Weiterentwicklung der von Hand stapelbaren Holzkisten-Elemente, die Adolphe Appia 1911 zum Bau seiner Bühnenräume für das Festspielhaus von Tessenow in Hellerau entworfen hatte. - Beim Podienklavier gibt es keine Grenzen mehr zwischen Bühne und Saal, Innen- und klimatisiertem Außenraum; die Architektur war nun vollkommen von Stützen, Wänden, Proszenium leer geräumt, war reduziert auf ihren beweglichen Boden und ihre bewegliche Decke. In diesem klimatisierten und instrumentierten Spielraum können nun neben dem Gegenüber von Besuchern und Spielern, dem Theater, auch andere Spielformen stattfinden, zum Beispiel solche, in denen die Bürger ihre Beziehungen zwischen Spiel- und Platzflächen mit dem Podienklavier auf Knopfdruck schnell und geräuschlos umbauen können. - Dieses von mir im Geist der Gelsenkirchener Bauhütte entworfene „Spielinstrument" hat sich seitdem nicht nur in der Bundesrepublik durchgesetzt. Hellerau habe ich bereits zu DDR-Zeiten immer umschlichen und wollte, als Initiator des Fördervereins 1991 zur Rettung von Hellerau und als geistiger Erbe von Adolphe Appia, das Podienklavier dort bauen..."

Als wir in der Folge der Ausstellung POESIE+RATIO Professor Ruhnau zu einer Präsentation seines Gesamtwerkes an die Technische Universität Dresden und somit in unsere UNIVERSITÄTSSAMMLUNGEN. **KUNST**+TECHNIK einluden, begeisterte sich der Architekt mit freudiger Empfehlung: „Ihre Idee, im historischen Görges-Bau eine Einzelausstellung von mir anzugehen, begrüße ich und will Ihnen gern zuarbeiten. Mein Interesse an der Stadt Dresden hat eine Geschichte, die ich an folgenden Nachkriegs-Beispielen aufzeigen möchte: 1958/59 war das Festspielhaus in Hellerau mit dem „leeren" Raum und den „Praktikablen" von Adolphe Appia für mich Vorbild und Anstoß zum Entwurf meines „Podienklaviers" für die Theater in Düsseldorf und Bonn. Die erste deutsche „Gartenstadt" in Hellerau wurde 1981 mit zum Anlass für die Werkbundsiedlung in Oberhausen-Alstaden, die in meinem Hause entstand und von hier gesteuert wurde. Beides führte 1991 hier im KunstOrt am Bögel zum Aufruf, den „Förderverein zur Rettung von Hellerau" zu gründen. Daraus entstand in Dresden der Förderverein. Schließlich ist die Technische Hochschule der Ort, an dem vor 100 Jahren vier Architekturstudenten ihre Hochschule verließen, um die Künstlergruppe „Die Brücke" zu gründen. Für mich lagen demnach Architektur und Kunst in Dresden immer eng beieinander! Es zog mich immer wieder dorthin; und ich würde mich schon deswegen freuen, in Dresden mein Gesamtwerk zu zeigen."

Wir heißen Professor Werner Ruhnau an der Technischen Universität Dresden sehr herzlich willkommen und freuen uns auf seine Ausstellung in unseren UNIVERSITÄTSSAMMLUNGEN.**KUNST**+TECHNIK. Wir danken für das uns entgegengebrachte Vertrauen, in Dresdens jüngstem Museum und sehr begehrtem Ausstellungsforum Werke eines großen Zeitgenossen präsentieren zu können. Und wir danken ebenfalls sehr herzlich den Kooperationspartnern von Ausstellung und Katalog „Werner Ruhnau. Der Raum, das Spiel und die Künste".

Unser besonderer Dank gilt

dem Archiv und Büro
WERNER und ANITA RUHNAU, Essen
Herrn Prof. Werner Ruhnau
Frau Anita Ruhnau
Frau Elisabeth Stelkens
Frau Dr. Dorothee Lehmann-Kopp
dem Museum für Architektur und Ingenieurkunst NRW, Gelsenkirchen
Frau Kerstin Gust
Herrn Dr. Wolfgang Roters
sowie Frau Patricia Ferdinand-Ude,
Galerie Ferdinand-Ude, Gelsenkirchen.

Bazon Brock
Spiele und Regie

Nachdrücklicher Hinweis
auf ein Lebensthema von
Werner Ruhnau

Es gibt eine herrliche Anekdote zu Yves Kleins Versuch, sein metaphysisches Blau dem Himmel zuzuschreiben. Man erzählt, Yves sei am Abend nach dem TV-Bericht über die Rückkehr des Kosmonauten Jurij Gagarin von seinem Freunde Ruhnau angerufen worden, der ihm mit leicht ironischem respektive als hämisch missverständlichem Ton die Frage stellte, ob er soeben auch gehört habe, dass Gagarin das Weltall als pechschwarz, die Erde hingegen als den blauen Planeten bezeichnet habe. Yves Klein habe dem Anrufer eine wüste Szene gemacht - mit der Androhung, ihn für diese Sabotage seiner blauen Metaphysik bei nächster Gelegenheit im schwarzen Wasser eines Tagebausees versenken zu wollen.

Man kann die Empörung Yves Kleins über die vermeintlich platt-materialistische und gegenpoetische, kalte Korrektur der alltagssinnlichen wie christlich-ikonographischen Himmelsfarbe Blau gut nachempfinden, wenn man beispielsweise der Zumutung ausgesetzt wäre, das Chartres-Blau, also das Blau des Paradieses und des Vorscheins vom himmlischen Jerusalem, wie auch das Blau der Schutzmantelmadonna als Konsequenz des Blauseins, also des Verlustes von Kontrolle über die Sinne, verleumden zu müssen - wenigstens im ersten Augenblick der Empörung; dann aber macht man sich klar, um wie viel bedeutsamer Yves' Einbläuungen erscheinen müssen, wenn sie nicht den Himmeln, sondern diesem einen, unserem Planeten Erde eine kosmisch einmalige Gestalt attestieren.

An das vermeintliche Ruhnau-Sakrileg wurden wir erinnert, als 2004 Volker Rattemeyer im Rahmen seiner Wiesbadener Ausstellung über die Kooperation von Klein und Ruhnau die Mitteilung des zuständigen französischen Patentamtes veröffentlichte, es sei niemals ein Patent auf das Yves-Klein-Blau erteilt worden. Anders als Yves verstanden Rattemeyer und Ruhnau den

Hinweis auf die banale Herkunft des besagten Blaupigments aus deutschem Ultramarin und Bindemittel von einer Gelsenkirchener Malermeisterwerkstatt nicht als Abqualifizierung eines metaphysischen blauen Reiters, den schon Kandinsky und Marc 1912 als Himmelsreiter ausmalten. Vielmehr werteten sie Gagarins Feststellung, derzufolge das Blau des Himmels und das Schwarz der fetten Erde nunmehr als schwarzer Himmel und blaue Erde besungen werden müssten, als einen göttlichen Fingerzeig, der uns alle zu animieren, zu beseelen versprach.

Werner Ruhnau hatte man stets als einen solchen beseelten Festmeister des irdischen Lebens vor Augen gehabt - ganz im Sinne der Mitteilungen zu seiner Spielkonzeption, dass „alles höher organisierte Leben um drei Vitalbereiche zentriert sei, nämlich den der Sexualität, den der Kratien und den des Konsumatorischen". Das heißt auf gut Deutsch: Es geht um das große Fressen, die große Kopulation und das große Imponieren. Die sinnlichen Erschließungen dieser menschlichen Anforderungen, nämlich seinen Lebensraum gewinnen und verteidigen zu müssen, Nahrungsquellen zu erschließen und sich fortzupflanzen, was bekanntlich nur vergesellschafteten, also sozialen Ordnungen verpflichteten Individuen gelingt, nannte Ruhnau Gestaltungen. Das ist eine nicht geläufige Begriffsbestimmung; sie hat sich aber als höchst stimulierend erwiesen - nicht nur für Werner Ruhnau, sondern für alle, die von seinen Ideen inspiriert wurden wie der Lehm vom Odem des Weltarchitekten.

Ja, der Ausdruck von sinnlicher Bewegtheit als Gestaltung umfasst eine anthropologische Begründung von Architektur, wie sie Ruhnau zu realisieren versuchte. Das griechische Arché bezieht sich auf das Letztbegründende, das Unvordenkliche und Immergeltende. Es ist eine Kennzeichnung der Modernen aller Sparten, dass sie als dieses Letztbegründende die Natur ansehen.

Für die Ausprägung von Arché im Leben des Anthropos, des Menschen, gilt, dass Menschen von Natur aus kulturpflichtig sind. Angesichts der Annahme aller Modernen, dass aber auch die Natur sich erst evolutionär entfaltet, also durch Entwicklung im Spiel der Elemente im Rahmen von Naturgesetzen, geht es bei der kulturellen Entfaltung um das Spiel der Kräfte von Individuen nach Regeln, die zwar weitgehend von den Beteiligten verabredet werden können, aber niemals ins Belieben der Teilnehmer gestellt sind. Werden die Regeln nicht eingehalten, gehen die entsprechenden kulturellen Spielgemeinschaften zu Grunde, worin sich wiederum die Geltung der Naturgesetze manifestiert.

Ruhnau verkürzte diese hier selbstredend nur angedeuteten Ansätze der anthropologisch argumentierenden Architekten, Künstler, Musiker etc. auf die Formel Spiel im Raum, wobei Raum der Geltungsraum von Regeln ist. Dafür stehen exemplarisch die Architekturen der Theater, der Spielstätten, der Spielräume. Ruhnau sah lebenslang die gewichtigsten Aspekte seiner Arbeit darin, besagte Architekturen für die verschiedensten Spiele vielgestalig, das heißt multifunktional werden zu lassen. Die variablen Räume ermöglichen vielfältige Grenzziehungen für das Aktionsfeld Spiel und damit die spielerische Entfaltung der kulturellen Kräfte nach je anderen Regeln. Für Ruhnau waren also die Architekturen der Spielstätten Möglichkeitsformen ihrer Nutzung für das Spiel der kulturellen Kräfte. Ruhnau begann mit diesen variablen Architekturen, etwa Podienklavieren, Mitte der 50er Jahre - wahrscheinlich ohne Bezug auf die gleichzeitige Neuveröffentlichung von Musils „Mann ohne Eigenschaften" durch Adolf Frisé (im Werk ist das Verhältnis von Potentialität und Aktualität, von Möglichkeitssinn und Wirklichkeitssinn zentral). Ruhnau führte später die Genealogie seiner Auffassungen mit Vorliebe auf Heinrich Tessenows Hellerauer Festspielhaus von 1911 zurück.

Seit seinen Konzepten für das Gelsenkirchener Theater 1957 über die Entwicklung der Spielstraße zu den Olympischen Spielen in München 1972 bis zur Konzeption des Folkwangfestes in der Essener Zeche Carl 1985 entwickelte Ruhnau Dramaturgien der Provokation von Spielenden durch die Regeln und den Raum des Spiels. Da für ihn Gestaltung der Inbegriff sinnlicher Ergriffenheit von den Bedingungen der jeweiligen Lebensäußerungen ist, heißt Gestaltung als Spielen, die Fähigkeit auszuweisen, in immer anderer Weise auf die Grenzen des Spielraums und der Spielregeln zu reagieren: Eine Form der Entfaltung von Freiheit als autonomer Entscheidung über die Art und Weise, wie man auf gesetzte Bedingungen zu reagieren vermag. Andersherum gesagt, versteht Ruhnau die Architekturen, die Spielräume und Spielformen als Simulationen. Simuliert, also dargestellt, wird das Gegebene im Bewusstsein seiner jederzeitigen Veränderbarkeit oder Andersartigkeit. Nicht zu simulieren ist die Freiheit von Regeln und ein Handlungsraum ohne Grenzen. Den Spielern wird also die Erkenntnis als Spielgewinn geboten, dass Freiheit, ja Autonomie nur darin bestehen kann, sich die Regeln selbst vorzugeben und die Begrenzungen zu setzen - nicht aber in Entgrenzung und regelloser Beliebigkeit. In dieser Hinsicht verträgt sich das Ruhnau'sche Konzept im weitesten Sinne mit der Pädagogik der Aufklärer. Die bei solchen Hinweisen nahe liegenden Vorstellungen von Schulmeisterei entkräftet Ruhnau, wie die Nachfolger Rousseaus, mit der ständigen Betonung, dass Simulationen durchaus auf Täuschung und Enttäuschung, Verführung zum Falschen und Ernüchterung durchs Wirkliche beruhen sowie durch das Hantieren mit bloßen Attrappen, bewussten Fälschungen, Bauernfängerei und Taschenspielertricks ihre Wirkung tun - also keiner Federfuchserei in der Durchsetzung von ein für alle Mal geltender Normativität huldigen.

Wer als Architekt derartig arbeitet, riskiert häufig, einerseits als bloßer Spielstättendekorateur und andererseits als Animateur, als Kindergärtner geschmäht zu werden. Dagegen hat sich Ruhnau mit Hinweisen auf die hohe kulturelle Funktionstüchtigkeit seiner Arbeiten zu verteidigen versucht, inbegriffen deren Vorläufigkeit und Widerrufbarkeit bis hin zur völligen Aufhebung. Ruhnau hielt Abnutzung und Vernutzung gerade für Zeichen der Akzeptanz; in dieser Hinsicht stimmt er mit den postmodernen Selbstaussagen vieler Architekten überein, denen zufolge gerade Vergänglichkeit als Abriss, Umbau und Umwidmung die Arché zur Geltung kommen lässt. Ruhnau war vom ZEN-Buddhismus wie jeder Moderne fasziniert - insbesondere aber seit der Programmatik von ZEN 49 im Ruhrgebiet und seit der Bekanntschaft mit ZEN-Praktizierenden wie Yves Klein. So lernte Ruhnau, dass es zum Beispiel in Japan keinen Kult der authentischen Antiquitäten als Architekturen gibt. Die Tempelbauten werden seit Jahrhunderten von Zeit zu Zeit alle abgerissen und mit neuem Material wieder errichtet - eben nach den Formen und Gesetzen, die seit Vorzeiten gelten, also Arché-tektur im Wortsinne bekennen. Gerade der unaufhaltsame, also zwangsläufige Wandel ermöglicht es, die Arché herauszubilden.

Wie viele Aktivisten der westlichen Moderne hatte auch Ruhnau gerade durch seinen anthropologischen Ansatz kulturelle Produktionen im Allgemeinen höher zu schätzen gelernt als etwa die Produktionen der Wissenschaften und Künste im Besonderen. Die Leidenschaften für das Archaische, Primitive, für die Art Brut, für das Volkstümliche und Kindliche wie für das Religiös-Kultische entfalteten sich im Spielkonzept stärker als das Pathos der Kunst oder die mächtige Askese der Wissenschaften. So wie Ruhnaus Freund Hugo Kükelhaus mit seinen Provokationen zur Klangerzeugung im höchsten Falle Simulationen des Musizierens bot, die gerade nicht auf Musik als Kunsterzeugnis orientiert waren - und so wie die diversen Sozialtherapeuten das Theaterspielen als Simulation von Lebenskonflikten und nicht als Übung für Dramatiker anbieten - sah und sieht auch Ruhnau sein Ziel nicht in der Zeitenthebung eines Werkes, sondern in dem Wirksamwerden von Zeitlichkeit, vornehmlich in der Eigenzeit des Spielens, also in Spielzeit; desgleichen zielt Ruhnau ausdrücklich immer wieder auf die Variabilität der Spielräume in Abhängigkeit von den jeweils gewählten Regeln, um aller Dogmatik der hochkulturellen Wertschätzungshierarchien entgegen zu wirken.

Das Wirksamwerden manifestiert sich immer auch als Selbstaufhebung, als ein Verbrauchen durch intensiven Gebrauch, wofür seit alters das Lebenslicht Sinnbild ist. Auf sinnbildliche Formulierungen hat Ruhnau stets großen Wert gelegt - am intensivsten ausgewiesen für das Folkwangfest in der Zeche Carl, für das Sinnbilder und Sinnsprüche ausdrücklich als Gestaltungsresultate im Programmheft genannt werden. Gerade die Betonung von Verfallsdaten und Sollbruchstellen stärkt dabei den Sinn für die Arché der natürlichen wie kulturellen Formen und der Prozesse ihrer Wandlung durch Verwandlung. Man muss alt werden, um solche Konstanz im unaufhörlichen Wechsel zu erkennen und auch für sich zu akzeptieren. Das ist leichter gesagt als getan, oder leichter postuliert als realisiert. Zum Gesetz der Wandlung nach der Arché allen Lebens, also nach denen der Genetik, entstehen in hohem Maße auch völlig unvorhersehbare Mutationen, die sich doch erst im Laufe der Zeit als bedeutsam oder ephemer herausstellen - und diese Zeit hat man als Mensch naturgemäß eben nicht, selbst wenn man biblisches Alter erreicht. Aus dieser Einsicht ergibt sich eine wesentliche Funktion von Spielen als Simulationen der Autonomie und der Freiheit. Jeder kennt die Selbstvergessenheit im Spiel, also das Phänomen der totalen Vereinheitlichung aller

Zeiterfahrung in der Gegenwart, im jetzigen Augenblick, in der Spielzeit. Die Spielenden verlieren die Angst vor der Unbestimmtheit der Zukunft und der Unwiederbringbarkeit der Vergangenheit in der Erfahrung von Zeitlosigkeit. Im Unterschied zu den Museen oder Archiven, die ja gerade Zeitschöpfungen bieten in der immer wieder erneuten Herausarbeitung neuer Zeiten als Epochen oder Gleichzeitigkeiten des Ungleichzeitigen, also durch Vervielfachung der Zeit zu Zeiten, hat die Selbstvergessenheit des Spielens den Gewinn von Zeitfreiheit, von Auszeit, was keineswegs mit den religiös verwalteten Zeitformen der Ewigkeiten gleichzusetzen ist. Ruhnaus Konzepte galten auch einer Reformulierung des eigentlichen großartigen Gehalts von Freizeit und Auszeit. Selbstredend war ihre Wirksamkeit als Angebot zur Reaktion auf seine Vorgaben gering, aber in dem Konzept Spielzeit, Freizeit, Auszeit steckt immer noch ein großes Potential des Zeitwandels.

Wie erklärt man sich halbwegs sinnfällig, dass die Modelle der Partizipation, also des Mitspielens auf allen Ebenen und in allen Kontexten, die vor Jahrzehnten sogar polit-programmatisch Bedeutung erlangten, heute wenig Interesse finden? Den auf Unterhaltungsattraktivitäten dressierten Zeitgenossen, die von den Oberkellnermedien prompte Bedienung an jedem Ort und Örtchen, zu jeder Zeit der Tage und Nächte glauben erwarten zu können, entheben sich aller Vorwürfe, verantwortungsunwillig und verantwortungsunfähig zu sein, indem sie mit wegwerfender Geste konstatieren, die Anstrengungen zur Mitbestimmung in der Montanunion und bei den Happenings der 50er Jahre, bei den Willy-Brandt'schen Aufrufen zur Compassion als Mitfühlen und Mitarbeiten der 60er Jahre bis zu den Aktivisten der Entwicklungshilfe der 70er Jahre hätten außer Anmaßungsgesten der 68er nichts Bleibendes erbracht.

Gelenkt wird dieser Chor der Stumpfsinnigen von den Dirigenten der Politischen Korrektheit, die gegen alle historische Wahrheit etwa die 50er Jahre als Zeit der muffigen Adenauer'schen Restauration, die der 60er Jahre als studentischen Puff zur Stillung des Hungers nach Luxus und Wohlleben im Namen aller Hungernden und die 70er Jahre als Deutschen Herbst leider traurigen Scheiterns menschlich großartiger Visionen darstellen. Diese Urteile sind nichts als Medienfaschismus, der umso schlimmer wirkt, als er demokratisch legitimiert zu sein scheint. Der demokratisch legitimierte Totalitarismus und Fundamentalismus heutiger Medien funktionieren nach der wahnsinnigen Methode: Wenn Demokratien Angriffskriege führen, ethnische Säuberungen als Pazifizierungsmaßnahmen ausgeben, Euthanasie und Eugenik erlauben, Schutzhaft gegen Gegner verhängen etc., dann seien diese Vorgehensweisen deswegen nicht faschistisch, totalitär und fundamentalistisch, weil diese Maßnahmen eben von Demokratien und nicht von Diktaturen genutzt werden.

Mit dem Blick auf die Würdigung von Ruhnaus Arbeit kann man zum Beispiel nicht genug auf die historische Wahrheit verweisen, dass die 50er Jahre - entgegen der Diffamierung als muffige Adenauer Restauration - mit den unglaublich radikalen Kampagnen gegen die Wiederbewaffnung, gegen die Atomrüstung, gegen das KPD-Verbot wie auch mit den bis dato nie gesehenen radikalen Veränderungen der Sozialgesetzgebung eben ein Zeitalter ungeheurer Kämpfe und fortschreitender politisch-sozialer Bürgerbeteiligung gewesen sind, vor dem das Studentengehopse von 68 als Spielplatzversion für verzogene Gören bewertet werden muss. Das soll heißen, wir müssen Ruhnaus Konzeptionen gerade als Ausdruck geschichtlicher Entwicklungen in den westeuropäischen Gesellschaften des 20. Jahrhunderts zu würdigen lernen. Man müsste begreifen, dass die

Spielkonzepte nicht durch den Hinweis erledigbar seien, schon die Wandervögel und Sportvereine, die Heimatbünde und Glaubensgemeinschaften der Barfußpropheten hätten sich derartiger Vorstellungen bedient, ganz abgesehen von HJ und FDJ, von schlagenden Studentenverbindungen und den Ringvereinen. Diese Belegung des Mitspiel- und Mitmachkonzepts ist schon mehrfach als ideologische Indienstnahme analysiert worden.

Der Gedanke der Selbstorganisation, wie ihn Ruhnau etwa aus den Erkenntnissen der Kollegen um den Göttinger Naturphilosophen Manfred Eigen übernimmt, hat gerade nichts mit Mitspielen als Einpassung und Mitmachen, als Verabschiedung des Autonomieanspruchs zu tun. Im innersten Kern sind nämlich Ruhnaus Konzeptionen allesamt auf die Möglichkeit gerichtet, durch architektonisches Gestalten Prozesse der Selbstorganisation von Individuen im Sozialverband zu befördern. Der Hinweis auf die Regelhaftigkeit wird heute eher als Frage nach den zureichenden Rahmenbedingungen für derartige Prozesse in Wirtschaft, Gesellschaft, Wissenschaften und Kulturgemeinschaften gestellt. In besonderer Weise scheint Ruhnaus Ansatz dadurch ausgezeichnet zu sein, dass ihm die Logik des unzureichenden Grundes stets wirklichkeitsnäher gewesen ist als die des zureichenden. Auch im Hinweis auf dieses Prinzip unserer Logiken erscheint Ruhnau wie ein Beispielgeber für die von Musil prognostizierten Entfaltungslogiken unserer Moderne. Gibt es ein nachhaltigeres Bekenntniswort der Bewunderung?

Dorothee Lehmann-Kopp
Der Raum,
das Spiel
und die Künste

Interview mit Werner Ruhnau

I. Spielräume

Vom Theaterbau
zum Instrument für
darstellende Kunst

Der junge Architekt

Herr Ruhnau, wie kamen Sie zur Architektur?

In meiner Geburtsstadt Königsberg gab es moderne
Bauten, an die ich mich gut erinnern kann. Zum Beispiel an das Schlosshotel im Bauhausstil mit Stahl-
rohrmöbeln und Schwingerstühlen von Marcel Breuer
und einer Bar, in der ich Jazzmusik hören und tanzen
konnte. Zuhause ging es liberal zu. Vater war Kaufmann
und Freimaurer, meine Mutter Malerin. Viele Architekten und Künstler waren bei uns zu Gast. Mitte der
30er Jahre zog Mutter nach Italien. 1938 besuchte ich
sie in Bologna, einer wunderbaren Stadt, und lernte mit
ihr Rom kennen. Da war ich 16 Jahre alt.

Die Atmosphäre zu Hause änderte sich, nachdem meine Mutter weggezogen war. Vater heiratete später eine
Ärztin, und ich überlegte, Medizin zu studieren. Als ich
vom Arbeitsdienst zur schweren Artillerie kam, konnte
ich auf meinem linken Ohr durch den Lärm immer
schlechter hören und wurde zum Studium freigestellt.
Mein Praktikum in einem Lazarett machte mir klar, dass
ich es nicht aushalten würde, als Arzt zu arbeiten. Als
Mutter zu Besuch nach Königsberg kam, sagte sie lapi-
dar: „Geh nach Danzig, da gibt es an der Technischen
Hochschule eine gute Architekturabteilung." So kam ich
zur Architektur.

*Gertrud, Werner und Alfred
Ruhnau, Winter 1922*

Gertrud Ruhnau, um 1960

*Werner, Gertrud und Wolfgang
Ruhnau (1924 - 1947), um 1939*

Ich begann mein Studium in Danzig 1941, meldete mich aber 1944 freiwillig noch einmal zum Kriegsdienst, weil so viele weit schwerer verletzte Schulfreunde immer wieder zurück an die Front mussten. Nach Kriegsende studierte ich bis zum Vorexamen in Braunschweig, dann bis zum Diplom 1950 in Karlsruhe.

Was prägte Sie in Danzig?

Dort lernte ich Architektur als „Mutter der Künste" kennen. Zum Beispiel war Aktzeichnen für die Architekten Pflichtfach. Prof. Pfuhle, der in seinen wunderbaren Ateliers Architektur- wie Kunststudenten unterrichtete, forderte uns auf: „Nun zeichnet mal die Menschen, für die Ihr bauen sollt!" So lernten wir Aktzeichnen mit Bleistift oder Kohle. Prof. Karnapp lehrte Freihandzeichnen von städtischen Motiven, antiken Profilen, Kapitellen, Proportionen und sprach von der Einheit der Künste am Bau. Bereits in der Antike gaben die Architekten die Risse vor, schufen die eigentliche Gestaltung und Ausformung aber gemeinschaftlich mit Malern und Bildhauern. - Die Idee der Architektur als „Mutter der Künste" hat mich nie verlassen.

Welche Lehrer und Vorbilder beeinflussten Sie während Ihres Studiums nach 1945?

Ich wechselte aus zwei Gründen von Braunschweig nach Karlsruhe: Es hieß, dort gebe es selbst in dieser „mageren" Zeit besseres Essen, nicht nur Maisbrot und Pferdefleisch… Außerdem unterrichteten an der Technischen Hochschule zwei tolle Lehrer, Egon Eiermann

und Otto Ernst Schweizer. Dort habe die Moderne Einzug gehalten. - Im Amerika-Haus las ich mit Inbrunst die amerikanischen Bauzeitschriften und mir stockte der Atem bei dem, was ich von Richard Neutra und Ludwig Mies van der Rohe sah. Dessen Barcelona-Pavillon von 1929 war für mich eine Erleuchtung.

Wir hatten großartige Lehrer, die auch meine intellektuellen Bedürfnisse befriedigten. Eiermann lag mir nicht so sehr, aber umso mehr Prof. Haupt, der Innenarchitektur lehrte. Besonders prägte mich Otto Ernst Schweizer: Zum Beispiel seine Philosophie über rationale und irrationale Architektur, die er an französischen Barock- und englischen Landschaftsgärten demonstrierte. Wichtig war Schweizers Empfehlung: „Besuchen Sie Willi Baumeister in Stuttgart!" Baumeister beeindruckte mich sehr: Seine Bilder, seine Art zu unterrichten, seine Anmerkung, dass er in den ersten Semestern die Köpfe seiner Studenten „entrümpeln" müsse, verstand ich sofort. Letzteres galt ja auch für mich: Beim Entwerfen von Innenräumen zeichnete ich zunächst immer das, was ich von zu Hause kannte, also Wohnzimmer, Esszimmer, Schlafzimmer und so weiter. Plötzlich zeigte Mies van der Rohe, dass es auch ganz anders geht! Meine erste Jugendliebe verließ mich übrigens deswegen: Misa konnte sich eine Ehe mit mir nicht vorstellen, weil ich von Stahlmöbeln schwärmte, die sie in einer Wohnstube unannehmbar fand.

Misa Neumann und
Werner Ruhnau, um 1948

Kläranlage in Wetter an der Ruhr,
Pumpenhäuschen, 1951

1950 machten Sie Ihr Diplom. Gab es damals Stellen oder Aufträge für junge Architekten?

Ich bewarb mich beim Architekten Brecklinghaus in Essen, dessen Sohn mit mir in Karlsruhe studiert hatte. Aber Brecklinghaus hatte schon zwei Leute eingestellt. Er empfahl mich seinem Kollegen Willy Maximilian Schneider, der vor allem Kneipen und Kirchen baute. Man sieht meine Spuren noch am Ausflugslokal „Schwarze Lene" in Essen mit typischen Otto-Ernst-Schweizer-Profilen an der Dachausbildung und den Stützen. Sie ähneln denen einer Kläranlage, die ich entworfen hatte: Es war eine überzeugende Idee Schweizers, „Plastizität" ins Bauwerk zu bringen. Plastizität bedeutet, Stützen und Gesimse, Dachvorsprünge als skulpturale Ereignisse zu formen.

Nach einem halben Jahr hatte Schneider keine Aufträge mehr, entließ mich und ich stand auf der Straße inmitten der kriegszerstörten Stadt Essen. Die Straßenbahnen fuhren zwar wieder, aber in einer Trümmerlandschaft. Nicht nur, dass die Mittel für Kirchen und Kneipen versiegten; auch für den Wohnungsbau gab es (noch) kein Geld.

Kaum zu verstehen angesichts des großen Bedarfs. Wann bauten Sie Ihre ersten Wohnungen oder Wohnhäuser?

Erst während meiner Zeit als Architekt der Landwirtschaftskammer Münster, also ab 1952. Das war nicht immer lukrativ: Ein Bauunternehmer der Firma Holzmann ließ sich zum Beispiel sein Wohnhäuschen von mir planen. Als ich das Honorar abfragte, wurde ich mit der Bemerkung überrascht: „Aber Herr Ruhnau, Sie haben doch so oft bei uns gegessen!" Bei den Wohnhäusern in Wuppertal und Coesfeld bekam ich allerdings reguläres Honorar.

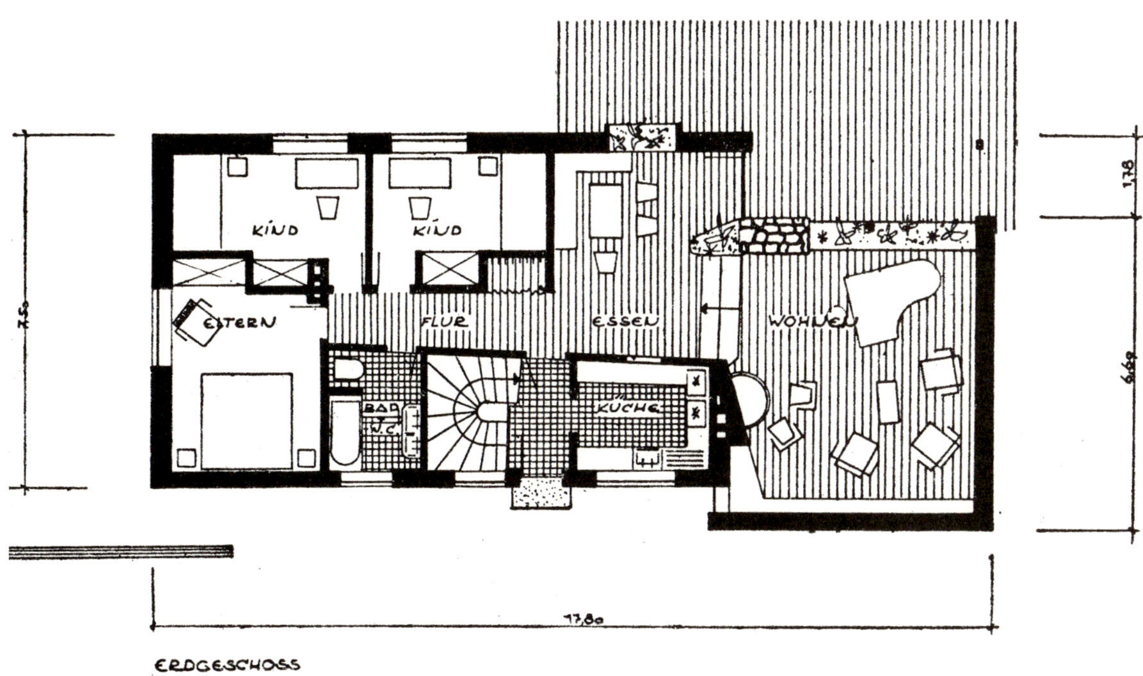

*Grundriss Wohnhaus Haimbach
in Münster, 1953*

Wohnhaus Platte in Wuppertal, 1955

Wohnhaus Richter in Coesfeld, 1956

Mit der Landwirtschaftskammer in Münster erhielten Sie bereits 1952 einen großen Auftrag. Wie kam es dazu?

Der Onkel einer Freundin in Essen schickte mich zu seinem Bundesbruder Dr. Alexander Löfken nach Münster, der als Leiter der Bauabteilung der Landwirtschaftskammer Architekten suchte. Löfken stellte mich weniger wegen meines Diplomzeugnisses mit „sehr gut" ein, sondern aufgrund unserer gemeinsamen Mitgliedschaft in der akademischen Seglerverbindung ASV. So lief das damals. Und heute ja auch noch. Löfken hatte volles Vertrauen zu mir und übergab mir die Entwurfsverantwortung beim Neubau der Landwirtschaftskammer, weil der bisherige Chefarchitekt, Prof. Walter Hämer, die Kammer verließ. Das schöne Konzept für die Verwaltung der Landwirtschaftskammer stammt von Hämer. Ich arbeitete Plastizität im Stile Schweizers heraus und entwarf den Innenausbau. „Schweizer"-Spuren sieht man auch am Münsteraner Theater, etwa bei den Lamellen des Zuschauerhauses und anderen Details. Die glatten Fassaden im Stile Eiermanns, bei dem Max von Hausen studiert hatte, konkurrierten mit meiner Schweizer-Tradition. - Es ist eine gelungene Mischung.

Landwirtschaftskammer Münster, 1952-54

Landwirtschaftskammer Münster, 1952-54

Das Theater in Münster planten Sie ab 1953 im Team mit Max von Hausen, Ortwin Rave und Harald Deilmann…

In der Landwirtschaftskammer besuchten mich oft Leute, die es toll fanden, dass in Münster endlich auch ein moderner Bau entstand. Besonders Dr. Anton Henze, Feuilletonchef der Westfälischen Nachrichten, berichtete darüber und ermunterte mich. Eines Tages sagte er: „Herr Ruhnau, das Theater soll wie der Prinzipalmarkt wieder historisch aufgebaut werden." Auf meinen Einwand, ich verstünde nichts vom Theaterbau, regte er an: „Sprechen Sie allgemein über moderne Architektur!" Er würde mit entsprechenden Artikeln eine Debatte in dieser auf historischen Wiederaufbau fixierten Stadt anregen. Gesagt, getan: Ich hielt meinen Vortrag, parallel dazu protestierten auch andere Initiativen wie der Bund Deutscher Architekten (BDA). Letztendlich beschlossen die Stadtoberen, jeder Architekt in Münster könne innerhalb von sechs Wochen einen Gegenentwurf einreichen. Da der Kammerdirektor Dr. Tasch zu diesen Meinungsmachern gehörte, bot er mir einen Raum in der Landwirtschaftskammer an: Im Rinderstammbuch, Schorlemerstraße 2, begann ich den Theater-Entwurf; zunächst mit meiner Freundin, der Architektin Helga Debusmann. Dann kamen Max von Hausen und Ortwin Rave dazu, kurze Zeit später Harald Deilmann. Sie warfen die Frage auf: „Bringen wir alle unsere Frauen mit?" - die auch Architektinnen waren - „Oder machen wir Männer es allein?" Ich wurde überstimmt. Und so wurde Helga Debusmann ausgebootet, ich schäme mich heute noch.

Aber keiner aus Ihrem Team hatte sich bis dahin mit Theater-Architektur auseinander gesetzt?

Richtig, Theater bestand für uns aus einer Bühne und einem Auditorium. Peng! So einfach war das! Und wie bringen wir jetzt 900 Plätze unter? - Das Grundstück hatte die Stadt festgelegt. Als Ruine stand darauf noch teilweise die Renaissance-Fassade des Romberger Hofes. Ich wollte sie - schon in der Planungsphase mit Helga Debusmann - als lebendige Kulisse in das Theaterensemble einbeziehen. Mich hatte in Italien der Umgang mit historischer Bausubstanz beeindruckt, deren Erhalt oder Integration in moderne Bauten: Ein wunderbares Miteinander von Alt und Neu! Deswegen mussten wir die Gebäudeachse diagonal an der Fassade vorbei entwerfen. Und weil das Grundstück zu klein war, „stapelten" wir die Zuschauer übereinander; so kam es zu den vier Rängen. Im Grunde ganz simpel: Hier die Bühne, gegenüber der Saal und dann das Foyer mit der Ruine. Als Theater ein konventionelles Haus in moderner Formensprache.

Gleichwohl wurde der Neubau als „Donnerschlag" des Theaterbaus auch international gefeiert. Viele Prominente wie Rockefeller reisten nach Münster. Was beeindruckte so sehr?

Der „Donnerschlag" war die moderne Architektursprache mitten im historischen Münster, umringt von drei denkmalgeschützten Kirchen. Und natürlich das Stehenlassen der historischen Fassade als authentische Kulisse, als Denkmal und lebendige Erinnerung an die Kriegszerstörungen.

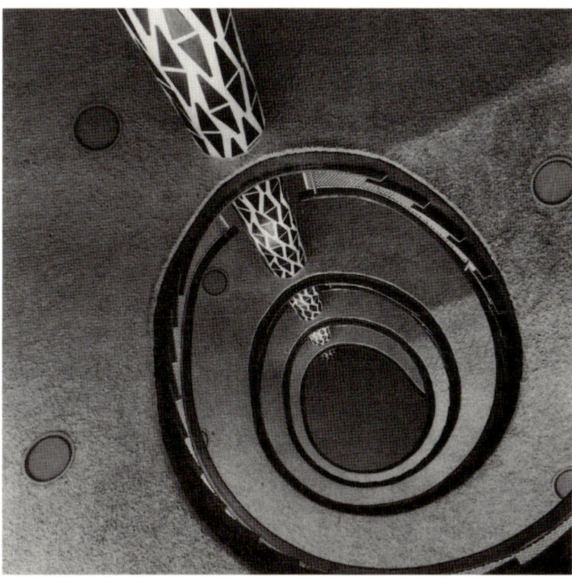

Modern war außerdem der „Picassoblitz" des Bildhauers Norbert Kricke. Wie gelang es, avantgardistische Kunst im konservativen Umfeld durchzusetzen?

Schon beim Bau der Landwirtschaftskammer hatte ich bildende Kunst berücksichtigt: Meine Mutter, die zu mir nach Münster gezogen war, wollte gerne als Malerin am Bau mitwirken. Ich musste sie zurückhalten, weil ihre Formensprache nicht zu der modernen Architektur gepasst hätte. Für die Landwirtschaftskammer gestaltete der Bildhauer Vincenz Piper eine Säule. - Beim Theaterbau schlug ich Norbert Kricke vor, den ich bei einer Ausstellung des Künstlerbundes in Düsseldorf entdeckt hatte. Es kam zu einem Wettbewerb mit geladenen Künstlern. In der Jury saßen neben mir unter anderem Dr. Anton Henze und John Anthony Thwaites, der als britischer Besatzungsoffizier für Kunst zuständig war und die Moderne förderte. So konnten wir Kricke ohne große Mühe durchsetzen.

Wie reagierten die Münsteraner auf Krickes Arbeit? „Picassoblitz" hat sich zwar als (eher) liebevoller Spitzname durchgesetzt, spielt aber auch auf das sehr Neue, Ungewohnte an. Picasso war in der breiten Öffentlichkeit nicht unbedingt beliebt...

Ja! Aber im Großen und Ganzen haben die Münsteraner das Theaterprojekt und auch die Kricke-Skulptur trotz der Modernität angenommen. Natürlich gab es auch negative Stimmen. Der Oberbürgermeister zum Beispiel entschuldigte sich noch Jahre später für diesen Fremdling im Stadtbild. - Auch die Ruine war umstritten: „Lassen Sie doch aus Versehen mal einen Bagger dagegen fahren, damit das Ding endlich umfällt", riet mir der Vorsitzende des Bauausschusses ernsthaft.

Aber wir erhielten auch viel Unterstützung: 1954 wollte das Ministerium in Düsseldorf unseren Entwurf zunächst nicht genehmigen. Die Münsteraner Stadtverordneten empörten sich darüber und machten den Düsseldorfer Beamten nachdrücklich klar, dass die alte preußische Theaterbauordnung der vergangenen Jahrhunderte nicht mehr aktuell sei: Wir arbeiteten mit Stahl, Glas, Beton, hatten Glühbirnen statt Gaslampen, neue Brandsicherungstechniken und so weiter. Dr. Konrad Rühl, Ministerialdirektor im Bauministerium, begleitete dieses Genehmigungsverfahren. Wir setzten eine Überprüfung der geltenden Theaterbauordnung durch. In den Arbeitskreis „DIN 18600" berief die Landesregierung NRW unter anderem den Berliner Architekten Fritz Bornemann und mich. Wir erarbeiteten die neue Bau- und Betriebsverordnung für Versammlungsstätten. Sie gilt bis heute, mit geringfügigen Modifikationen.

**Konrad Rühl hatte Sie bereits beim Bau der Landwirt-
schaftskammer unterstützt…**

Ja! Als ich angstvoll nach Düsseldorf fuhr, um die
Genehmigung für den modernen Bau einzuholen, war
ich beglückt, Rühl zwischen Bildern und Möbeln im
Bauhausstil anzutreffen! - Rühl und Henze gehörten
dem Werkbund an. Sie empfahlen mich später als
Mitglied; für den Eintritt war damals eine Berufung erforderlich. Ich verdanke beiden viel. Der Werkbund war
gerade in den 50er und 60er Jahren eine sehr wichtige
Institution.

**Sie haben sich später intensiv mit Spielraum,
 -formen, -techniken und auch mit dem Spiel an sich
beschäftigt. Was waren die entscheidenden Anre-
gungen, die Sie aus Münster mitnahmen?**

Der Direktor der Staatsoper Berlin, Gustav Rudolf Sellner, und sein Chefdramaturg Claus Bremer besuchten
uns 1955 auf der Baustelle. Claus Bremer machte
mir klar, warum unser Theaterraum konventionell sei:
Dieses historische, vom Architekten nicht in Frage
gestellte frontale Gegenüber von Bühne und Auditorium
schließe andere, experimentelle Formen darstellenden
Spiels aus. Theater funktioniere aber nicht ein für alle
Mal so, wie die Griechen es erfunden haben! Er wünsche sich variable Räume!

**Und noch etwas hat sich in Ihrer Arbeit nach
Münster geändert: Der „Picassoblitz" war noch
„Kunst am Bau"…**

Ja, Bremer sagte: „Deine Art, mit Kunst umzugehen,
ist Kunst am Bau. Beim Spielraum stellst Du Besucher
und Spieler gegenüber und hier bildende Kunst und
Bauwerk. Du musst integriert denken!" Das leuchtete
mir ein: Bildende Künstler müssen als „Sonderfachleute für Ästhetik" schon während der Bauplanung beteiligt sein – genauso wie Techniker, Statiker, Akustiker
und so weiter. Sonst wird die Kunst zur nachträglichen
Dekoration, zur Kunst am Bau eben.

„Denke Baukunst!", schrieb mir Claus Bremer ins
Stammbuch, „denke darstellendes Spiel!"

**Erhielten Sie nach dem Erfolg des Münsteraner
Theaters sofort neue Aufträge?**

Als unser Entwurf in Münster 1954 zunächst nicht
genehmigt wurde, saßen wir da und zeichneten in der
Hoffnung auf Aufträge fieberhaft Entwürfe für Wettbe-
werbe. Das Theater Gelsenkirchen war dann ein großer
Wettbewerbserfolg; im September 1954 sprach uns die
Jury den ersten Preis zu. Zeitlich überschnitten sich die
Fertigstellung des Theaters Münster und der Entwurf
für Gelsenkirchen: Im Februar 1956 eröffnete das
Münsteraner Theater, im Juni 1956 fand die Grund-
steinlegung in Gelsenkirchen statt.

*Heft zur Grundsteinlegung des
Theaterneubaus Gelsenkirchen mit
Abbildung des Modells, 1956*

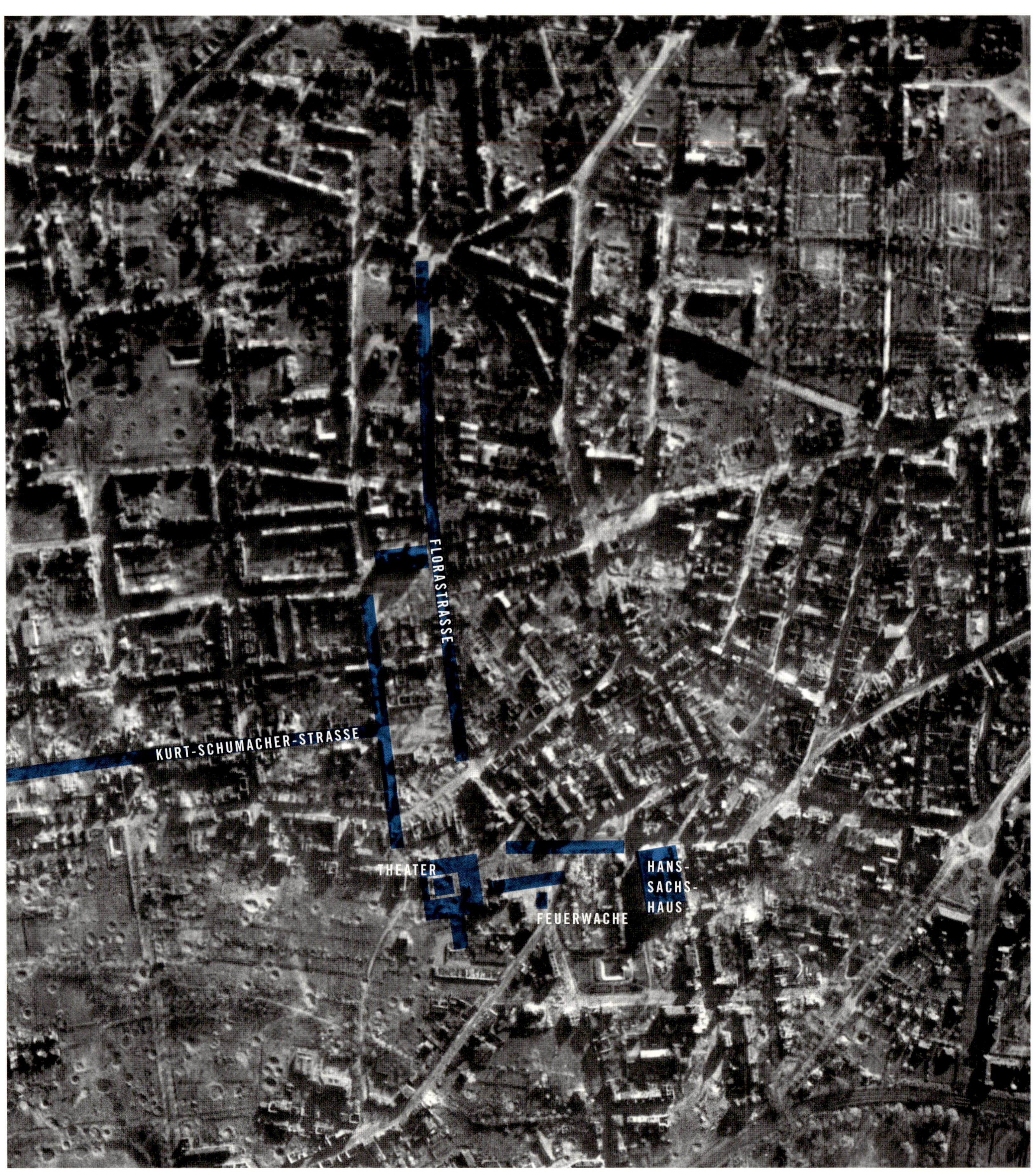

*Stadt Gelsenkirchen und Schalke, Luftaufnah-
me der US-Armee, April 1945 (Ausschnitt mit
Einzeichnungen Hans-Sachs-Haus, Feuerwache
und Theaterbauplatz)*

Der realisierte Bau in Gelsenkirchen unterscheidet sich allerdings deutlich vom Wettbewerbsentwurf...

Bereits bevor sich das Architektenteam Deilmann, von Hausen, Rave, Ruhnau auflöste, war ich der Projektbearbeiter für Gelsenkirchen. Nachdem wir den Wettbewerb gewonnen hatten, trat Stille ein. 1955 traf ich bei einem Vortrag in der Freimaurerloge - damals war ich noch Freimaurer - den Oberspielleiter der Gelsenkirchener Oper, Rudolf Schenkel, und erkundigte mich nach dem Stand der Dinge. Er sagte: „Ja, Herr Ruhnau, da soll der zweite Preis gebaut werden!" Ich: „Wie bitte? Was kann ich tun?" Schenkel riet mir, mit der Vorsitzenden des Kulturausschusses, Elisabeth Nettebeck, Kontakt aufzunehmen. Auch sie verstand nicht, warum die Verwaltung nun beabsichtigte, den Entwurf des Architekten Fritz Bornemann aus Berlin zu bauen. Grund für das Umschwenken der Verwaltung war die Sorge, mein riesiges Foyer würde ein Vielfaches des Bornemann-Entwurfs kosten. Letztlich erhielten Bornemann und ich den Auftrag, die Kosten nach DIN 276 zu schätzen. Zur letzten Überarbeitung zog ich mich nach Norderney zurück. - Dort lernte ich Anita Lange kennen; kurz darauf verlobten wir uns und heirateten 1956.

Während des Kostenschätzens änderte ich den Entwurf stark: Vom Dreirang- zum Zweirangtheater, das nördliche Magazingebäude fiel weg, die Magazine wurden in den Bau integriert, aus der Studiobühne wurde ein Kleines Haus, die Künstlergarderoben und Verwaltungsräume zog ich bis an die Hauptfassade. Kurzum - um Kosten zu sparen, gab es einen neuen Entwurf. Was blieb, war die städtebauliche Figur. Und aus der immer noch schamhaft mit Metallfliegen zugehängten Glasfassade entwickelte sich nach und nach ein zur Stadt hin offenes, vollkommen verglastes Foyer, wie es Ludwig Mies van der Rohe in seinem Mannheimer Theater-Entwurf von 1953 auch geplant hatte.

Sie besuchten Mies van der Rohe in den 60er Jahren in Chicago. Erklärte er Ihnen, warum sein Mannheimer Entwurf nicht realisiert worden war?

Mies scheiterte an zwei Problemen. Die elegant gekleideten Theaterbesucher fürchteten, sich hinter der transparenten Glasfassade im erleuchteten Theater ungeschützt zu fühlen: Die Damen und Herren wollten in Abendkleidung nicht „auf der Straße stehen". Dieser Konflikt existierte ebenso in Gelsenkirchen: Ich musste Halteschienen für einen Vorhang an der riesigen Glasfassade im Foyer einplanen, um schnell nachrüsten zu können, sollten die Besucher sich tatsächlich zu exponiert fühlen. Dazu ist es aber nie gekommen. Mies hatte ebenfalls einen Vorhang angeboten, der aber abgelehnt wurde. Ein weiterer Grund lag in der deutschen Baubürokratie und den weit unkonventionelleren Auftragsvergaben und Bauabläufen in den USA. Mies sagte mir, er habe keine Ahnung, was die verlangte Kostenschätzung nach DIN 276 sei. „Hier vergebe ich meine Aufträge oft telefonisch. Ich weiß, was eine Fassade kostet, und meine Bauherrn glauben mir das."

Entscheidend für das Scheitern des Mannheimer Entwurfs war sicher ebenfalls der Umstand, dass Mies nicht vor Ort wohnte. Ich zog nach Gelsenkirchen, wohnte und arbeitete in der Alten Feuerwache in unmittelbarer Nähe der Baustelle und konnte immer direkt mit allen Beteiligten verhandeln.

Ludwig Mies van der Rohe,
Entwurf für das Nationaltheater
Mannheim, 1953

Zentrale Idee der vollverglasten Fassade ist die Öffnung des Theaterfoyers zur Stadt hin und vice versa das Theaterfoyer als Verlängerung des Stadtraums…

Bei Beleuchtung des Gelsenkirchener Foyers wird der Theaterbesucher, von der Stadt aus gesehen, selbst zum Akteur. Durch die Integration von Innen und Außen sollen die Passanten zur Teilnahme eingeladen, Hemmschwellen abgebaut und das Theater Bestandteil des urbanen Lebens werden.

Entwurf für Theatervorplatz mit Pavillons und Tempel der Elemente

Detailansicht des beleuchteten Theaterfoyers: „Besucher als Akteure"

Das Verhältnis von Bühne und Saal ist im Großen Haus noch weitgehend klassisch; das baulich fixierte Gegenüber von Besuchern und Spielern wird allerdings durch die konsequent einheitlich schwarze Gestaltung der Wände und Decken optisch gemildert. So entsteht wenigstens visuell der Eindruck eines einheitlichen Raumes. Ansätze einer weitergehenden Öffnung scheiterten an den alten Brandschutzbestimmungen.

Im Kleinen Haus konnte ich die Idee „Theater als szenische Werkstatt" weiter vorantreiben; Foyer, Sitzplätze und Spielflächen gehen ineinander über. Durch variable Bestuhlung, Podeste und Beleuchtungstechniken können beliebige Spielsituationen wie Arena-, Raum-, Mehrbühnen- und Guckkastentheater geschaffen werden.

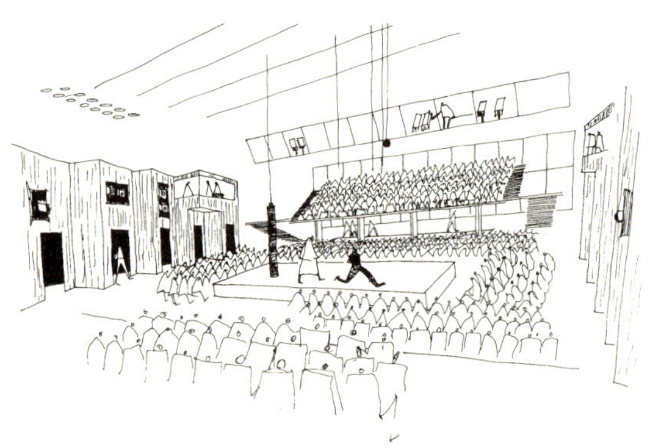

Die Integration der bildenden Künste haben Sie bei diesen Bauten konsequent praktiziert…

In Gelsenkirchen konnte ich als federführender und verantwortlicher Architekt die Idee der Baukunst als „Mutter der Künste" ins Werk setzen. Ich bezog bildende Künstler als „Sonderfachleute für Ästhetik" ein, gleichberechtigt mit den Experten für technische Gewerke wie Statik, Heizung oder Lüftung. In unserer „Bauhütte" in der Alten Feuerwache realisierten wir die Idealvorstellung, den Bau gemeinsam mit Technikern und Künstlern zu gestalten: Es ging nicht mehr um künstlerische Einzeldisziplinen - wir bauten gemeinsam. Der Begriff „Bauhütte" knüpft an die Traditionen der Dombauhütten des Mittelalters und der Werkstätten des Bauhauses an.

Mich beschäftigten immer wieder Gedanken von Martin Heidegger aus den Darmstädter Gesprächen 1951: „Mensch sein heißt: als Sterblicher auf der Erde sein, heißt: wohnen. (…) Der eigentliche Sinn des Bauens, nämlich das Wohnen, gerät in Vergessenheit."[1] Bauen ist demnach Wohnen - und umgekehrt. Das sollte jeder Architekt begreifen!

Die lebendige Wirksamkeit der Theaterbaustelle als Werkstatt, um Räume für darstellende Kunst zu schaffen, zeichnete unsere Bauhütte aus: Wir machten die visuelle und szenische Qualität der Räume auch für die Besucher erlebbar. Für Yves Klein, der gern auch als „Schauspieler" agierte und es genoss, sich selbst zu inszenieren, war es eine wunderbare Chance zur Selbstdarstellung: Man denke an die Fotos, die er von sich aufnehmen ließ, zum Beispiel als Dirigent des leeren Saales, oder an die Filmaufnahmen…[2]

*Yves Klein bei Aufnahmen im
Düsseldorfer Atelier von Charles Wilp*

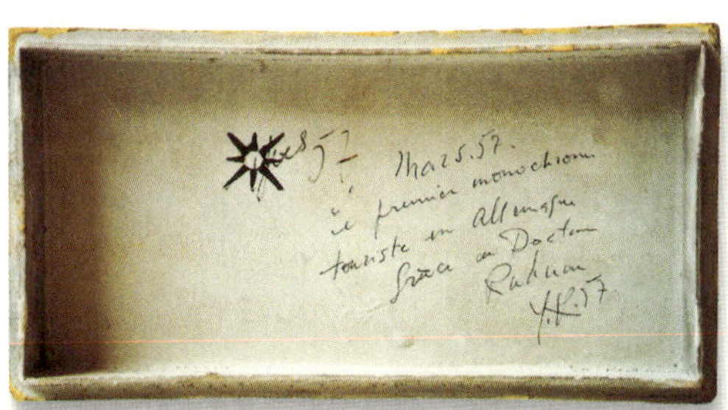

Neben Norbert Kricke und Yves Klein arbeiteten unter anderem Paul Dierkes, Jean Tinguely und Robert Adams mit. Wie kam die Auswahl zustande?

Nach der Grundsteinlegung intensivierte ich die Suche nach ästhetischen Mitstreitern. Krickes Mitarbeit stand für mich von vornherein fest. Im März 1957 besuchten Anita und ich die Eröffnung seiner Ausstellung in der Galerie Iris Clert in Paris. Die Galeristin stellte uns einen jungen Maler, Yves Klein, und seine Verlobte, die Architektin Bernadette Allain, vor. Yves zeigte uns seine Arbeiten, die in einem winzigen Hinterraum der Galerie hingen: Kleine monochrome Täfelchen in unterschiedlichen Farben. Ich hatte sofort Spaß daran! Das war ein Künstler, der so dachte wie ich! Yves' Idee, im Bild auf Formen und Vielfarbigkeit zu verzichten, entsprach meinem Gedanken, die Theater-Architektur von materiellen Elementen wie Stützen, Proszenium,

Anita und Werner Ruhnau im März 1957 vor der Galerie Iris Clert, Rue des Beaux Arts, Paris

Yves Klein, Gelbes Monochrom (23,5 x 12 cm), auf der Rückseite die Widmung „Das erste ‚Monochrome Touriste' in Deutschland, dank Dr. Ruhnau, Y.K. 57"

Modell des Foyers, Heft zur Grundsteinlegung, 1956

Wänden und Vielfarbigkeit zu befreien, um einen „leeren" Spielraum für darstellende Kunst zu gewinnen. Am nächsten Tag besuchten wir ihn in seinem Atelier. Ich lud Yves zur Mitarbeit nach Gelsenkirchen ein, zeigte ihm eine Abbildung des Modells aus dem Heft zur Grundsteinlegung und bot ihm an, beide Seitenflächen des Hauptfoyers monochrom zu gestalten – wobei ich schon damals Blau favorisierte[3]. Yves war beglückt. Wir kauften ein blaues Monochrom, zusätzlich schenkte er uns ein gelbes und signierte beide rückseitig. Als er uns im Sommer 1957 in Gelsenkirchen besuchte, überwältigten ihn die Ausmaße der Baustelle und der für ihn vorgesehenen Flächen. Überschwänglich verkündete er: „Wenn ich diese Arbeiten machen darf, schenke ich Euch zehn große Monochrome, je 2,8 mal 1,5 Meter. Es wird das Foyer des Jahrhunderts!"

War zu diesem Zeitpunkt Yves' Mitarbeit schon von der Stadt bestätigt?

Nein! Anfang April bat ich Elisabeth Nettebeck, Yves und Kricke direkt beauftragen zu dürfen. Nach einigen Tagen Bedenkzeit sagte sie: „Wir können die Gelsenkirchener Künstler nicht übergehen! Zumal es hier die Künstlersiedlung Halfmannshof gibt. Wir müssen einen Wettbewerb machen. Achten Sie darauf, dass die Jury Ihre Architektur versteht - dann werden wir das schon schaffen." Das geschah dann auch: Eine im Sinne der Architektur votierende Jury, der auch ich angehörte, entschied den Wettbewerb im Oktober 1957 und ich konnte mit meinem Wunschteam ans Werk gehen.

Letztlich gestaltete Robert Adams das große Relief an der Kassenhalle, Kricke die (nicht realisierten) Wassersäulen und das Stahlrelief an der Außenwand des Kleinen Hauses, Klein die Seiten- und Stirnwände, Dierkes die Reliefs an der Rundwand des Auditoriums. Jean Tinguely kam erst später hinzu: Yves, der kein Wort Deutsch sprach, hatte ihn ursprünglich als Übersetzer eingeladen. Aber Tinguelys künstlerische Ideen passten wunderbar ins Kleine Haus: Er gestaltete Mobiles mit unregelmäßigen Flächenformen, die mit den sich wandelnden Spielsituationen korrespondieren.

Robert Adams, Relief an der Außenwand der Kassenhalle des Großen Hauses

Norbert Kricke, „Flächenbahn", Relief aus Stahlrohrbündeln an der Außenwand des Kleinen Hauses

Blick in den östlichen Foyerbereich

Paul Dierkes, Relief, Detailansicht

Bauliche Vorbereitung zur Anbringung des mobilen Reliefs von Jean Tinguely

Werner Ruhnau, Yves Klein und Jean Tinguely (auf der Leiter) vor dessen Relief

**Mitten im Wirtschaftswunderland der 50er Jahre
setzten Sie Monochromie statt Nierentisch durch. Wie
überzeugten Sie Verwaltung und Bürger?**

Die politische Stimmung in Gelsenkirchen war offener
als in Münster, wo unser Theater teilweise als Affront
gegen die historische Stadt empfunden worden war.
Aber es gab natürlich auch in Gelsenkirchen Streit.
Viel verdanke ich Elisabeth Nettebeck, die mir mit
unerschütterlichem Vertrauen und großem Verständnis
für das künstlerische Gesamtkonzept zur Seite stand.
Unvergessen sind ihre Besuche auf der Baustelle. Für
mich war es wichtig, ihr die Raumsituation an Ort und
Stelle zu zeigen. Aber Frau Nettebeck war schwer geh-
behindert. Also was tun? Zwei meiner Mitarbeiter, Fero
Freymark und Reinhard Pietrowski, bauten aus einem
alten Stuhl und ein paar Eisenrohren eine „Sänfte", in
der wir sie durch die Baustelle trugen.

*Werner Ruhnau, Yves Klein,
Anita Ruhnau und Paul
Dierkes vor dem Modell des
Gelsenkirchener Theaters*

*Robert Adams, Werner Ruhnau
und Elisabeth Nettebeck*

Auch andere Stadtverordnete und Gewerkschaftsführer
unterstützten uns. - Besonders schwierig war es, die
monochromen Bilder durchzusetzen. Die Einfarbigkeit
fanden einige Politiker und Verwaltungsleute langweilig, das Blau nicht festlich genug. Den letztendlichen
Ausschlag für die Farbwahl gab Willi Müller, damals
Stadtverordneter und Vorsitzender des Sportaus-
schusses, ein „echtes Gelsenkirchener Urgestein",
fest in der Arbeiterschaft verwurzelt. Er erzählte der
Theaterbaukommission von blauem Samt, den er seiner
Frau geschenkt und aus dem sie sich ein Theaterkleid
geschneidert hatte. Und beim nächsten Theaterbesuch drehten sich alle Damen und Herren - auch die
der „feinen" Gesellschaft - nach ihr um. Er überlegte:
„Was gucken die so? Stimmt irgendetwas mit dem Kleid
nicht?", und bat seine Frau, einige Schritte vorzugehen.
Und da sah er, dass das Blau in tausend verschiedenen
Nuancen und Farbtönen schillerte; es war nicht „einfach blau", sondern ungeheuer prächtig und leuchtend.
Damit war der Bann gebrochen: „Ja, Willi, wenn Du das
meinst, dann soll der Ruhnau sein Blau haben." - Bis
dahin war auch ein pompejisch-rotes Modell von Yves
in der Diskussion. Außerdem hatten wir eine Zeitlang
überlegt, die Schwammreliefs weiß zu lassen. Nach
Ausrufung der „Blauen Revolution" und Gründung der
„Partei der Blauen Patrioten" wurde schließlich alles
blau.

Ganz ausgestanden war die Diskussion auch nach
Willi Müllers Eingreifen noch nicht: Als man mir wegen
der Reduzierung auf die Farben Grau, Blau und Weiß
gar „Farbenblindheit" vorwarf, wurde ein Farbberater,
Prof. Debus aus Stuttgart, hinzugezogen. Zum Glück
verstand er mein Anliegen sofort und trat vor der Theaterbaukommission für mich ein.

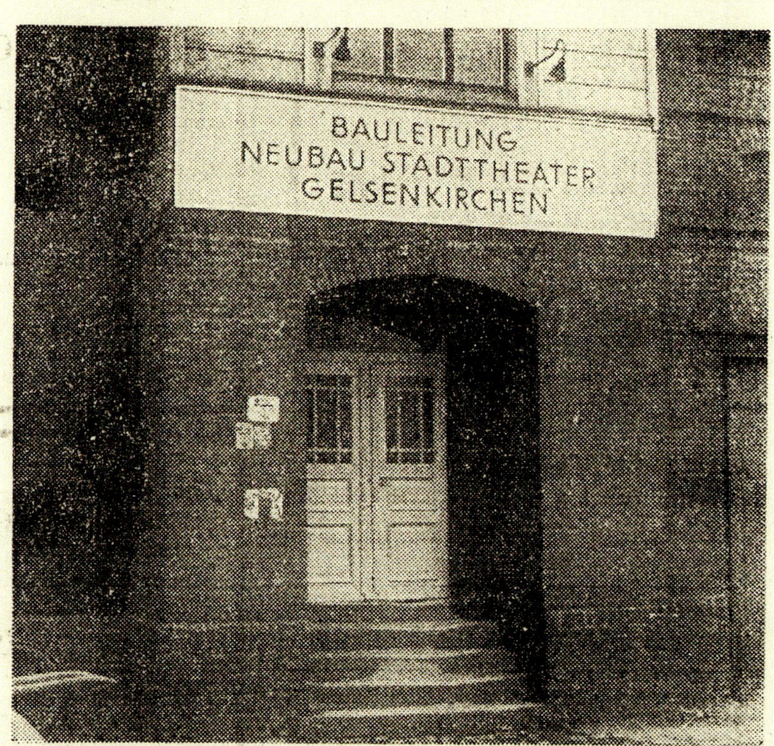

Bauleitung nahm Arbeit auf

„Hauptquartier" für Theaterbau in der Feuerwache

In der Alten Feuerwache an der Wiese hat sich die Bauleitung für den Theaterbau niedergelassen. Von hier aus wird der Bau gesteuert.

Die Bauleitung für den Theaterneubau   Besonders Architekt Schimmack, der die

In der Alten Feuerwache, die Ihnen die Stadt zur Verfügung gestellt hatte, lebten und arbeiteten Sie gemeinsam mit Familie, zahlreichen Freunden, Künstlern, Mitarbeitern. Wie war die räumliche Situation?

In der Alten Feuerwache befanden sich mein Planungsbüro mit Sekretariat, ein großer Zeichenraum, außerdem einige kleine Büroräume und die Wohnung mit drei Zimmern und gerade mal einer Dusche. Hier lebten Anita, unserer 1958 geborener Sohn Philip und ich, aber auch Paul Dierkes, oft Yves mit Begleitung und immer wieder andere Besucher wie Jean Tinguely, Robert Adams, Martial Raysse, Piero Manzoni oder Iris Clert. Einige Mitarbeiter, darunter Franz Krause, wohnten in der angrenzenden Häuserzeile. Außerdem gab es auf der etwa 100 Meter entfernten Baustelle im Keller eine Werkstatt, in der Yves und ich experimentierten. Auf dem Baugelände stand zudem der Wohnwagen von Paul Dierkes, in dem seine Studenten lebten und feierten. Dieser „Liebeswagen" wurde zum Stein des Anstoßes für die Bürger… Ebenso die Nivea-Fahne, die wir an der Alten Feuerwache gehisst hatten, nachdem Schalke 04 Deutscher Meister geworden war. Wir fühlten uns als Künstler exterritorial und gaben uns eigene Spielregeln. Anita arbeitete im Büro, repräsentierte und bewirtete - es waren gewaltige Vorbereitungen für Frühstücke, Mittag- und Abendessen. Gerade angesichts der sehr schlichten Ausstattungen schlossen wir einen Vertrag, der unser Zusammenleben und -arbeiten regelte. In diesen „Hexenkessel" wurde im Oktober 1959 unser zweiter Sohn Moritz geboren.

Ruhr Nachrichten, 16. November 1955

Blick vom Hans-Sachs-Haus auf das Theater,
links: Häuserzeile neben der Alten Feuerwache

VERTRAG

Dieser Vertrag wird abgeschlossen zwischen den Bewohnern der Wiese und soll Rechte und Pflichten der Unterzeichner für die Zeit Ihrer Anwesenheit am Bau des neuen Theaters regeln. Es wird festgelegt, daß jeder Anwesende alle anfallenden Kosten zu gleichen Teilen übernimmt. Es gehören hierzu Getränke und Lebensmittel, Wäsche, Reinigungs- und eventuelle Reparaturkosten. Telefon- und Portokosten werden als persönliche Kosten übernommen. Die Gespräche werden mit Zeit und Dauer in ein Buch eingetragen. Sollten sich die Gespräche nicht erfassen lassen, so sollen die über 200.- DM anfallenden Telefonkosten pro Kopf umgelegt werden. Heizungs- und Lichtkosten trägt der Hausherr.

Die Schlafplätze werden so aufgeteilt, daß im Wohnzimmer Rotraud Uecker schläft, im Gästezimmer unten Paul Dierkes und Yves Klein, im Gästebett oben Robert Adams. Jedermann richtet sein Bett selbst und ist verpflichtet auf Sauberkeit und Ordnung zu achten. Rotraud Uecker benutzt das obere Bad morgens um 6.50 Uhr, Paul Dierkes und Yves Klein waschen sich im Gästezimmer. Sie tragen auch die Kosten für den Brennstoff des Ölofens von Herrn Krause und Herrn Schwarze. Die Dusche ist nach der Benutzung sauber zu machen. Es soll nicht zu viel Wasser entnommen werden, um eine Überlastung des Boilers und auch eine Überschwemmung zu verhindern. Die Tageszeiten werden streng eingehalten. Um 7.45 Uhr wird das Frühstück, um 13 Uhr das Mittagessen und um 19 Uhr das Abendessen gegeben. Rotraud Uecker steht der Hausfrau um 7, 12 und 17.30 Uhr für die Essenvorbereitung zur Verfügung. Sie muss darüberhinaus die Hausfrau in jeder Weise entlasten.

Herr Klein erhält einen Arbeitsplatz im Büroraum und verpflichtet sich seine Ausweitungstheorie zu annulieren. Darüberhinaus erhalten alle Hausbewohner einen Arbeitsplatz in den Modellräumen. Auch hier ist streng auf Ordnung zu achten. Die Räume sind stets abzuschliessen und der Schlüssel an das dafür vorgesehene Brett zu hängen. Jedermann achtet auf das Löschen der Lampen und das Schliessen der Türen. Vor dem Antritt von Reisen muss rechtzeitig eine Ab- bzw. Anmeldung erfolgen. Sämtliche Kleidungsstücke sind möglichst unter Benutzung der unteren Garderobe fortzuhängen.

Im Übrigen verpflichten sich die Vertragsschliessenden alles zu tun, um die gemeinsame Arbeit zu fördern. Die Arbeit des technischen Büros darf nicht gestört werden und es wird in jeder Weise verantwortungsvoll gegeneinander Rücksicht geübt.

Verstösse gegen den Vertrag werden mit Geldbussen und Schuheputzen geahndet. Über die Höhe der Strafen wird ein gemeinsamer Beschluss gefaßt. Bewohner, die ihre Strafe nicht verbüssen werden des Hauses verwiesen.

Gelsenkirchen, den 28. Januar 1959

Paul Dierkes, Anita Ruhnau, Rotraud Uecker, Yves Klein, Robert Adams, Werner Ruhnau

ZUSATZVERTRAG Zur Wahrung von Sitte und Anstand wird festgelegt, daß spätestens um 3 Uhr alle Betten belegt sind. Der Liebeswagen von Paul Dierkes wird zu diesem Zeitpunkt geschlossen.

Gelsenkirchen, den 28. Januar 1959

Rotraud Uecker, Paul Dierkes, Yves Klein, Robert Adams

Vertrag über das Zusammen-
leben in der Bauhütte vom
28. Januar 1959

Baustelle, gesehen vom Foyer auf
die Außenwand des Auditoriums,
1958

Theaterbaustelle,
Herbst 1957

Theaterbaustelle,
1958

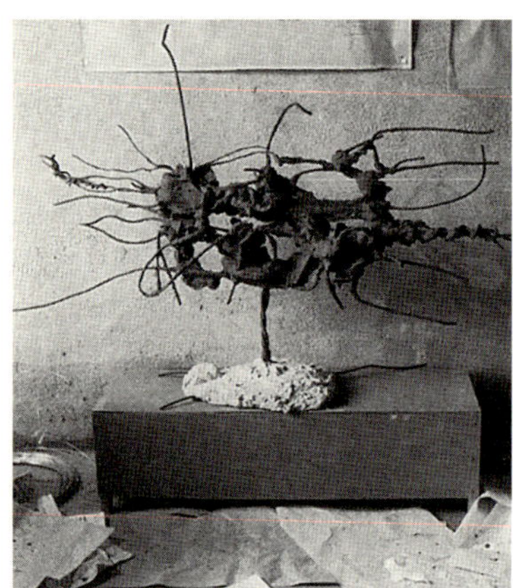

Es war ein inspirierendes Werkstatt-Treiben mit einer kreativen Atmosphäre, weil für alle Beteiligten die Theaterbaustelle das gemeinsame Künstleratelier war. Wir fanden dort für Arbeiten von Yves gemeinsam Materialien wie Metallgitter und Bewehrungsstäbe als Sockel der Schwammskulpturen. Alles war in Hülle und Fülle da! Nicht nur das Material - auch hilfreiche Arbeitskräfte, die uns an Ort und Stelle assistierten.

Die Abende schmückten herrliche „Spinnereien". Wir sangen unser Gedicht „Komm mit mir in die Leere" nach der Musik „Nasser Asphalt" von Hans Martin Majewski, veranstalteten Rennen mit aufziehbaren Fröschen, produzierten auf Anregung von Franz Krause „Schüttelbilder", träumten von einem Leben in Nacktheit in klimatisierten, paradiesischen Oasen, gründeten mit dem Schlachtruf „Vive la situation européenne" die „Partei der Blauen Patrioten", um Spielregeln im „kannibalismusfreien" Garten Eden für eine neue Gesellschaft zu finden. Mitglieder waren neben Yves und mir - als „Häuptlinge" für Frankreich und Deutschland - unter anderen Anita Ruhnau, Bernadette Allain, Franz Krause, Paul Dierkes, Charles Wilp.

Das Reizthema „Kannibalismus" hatte konkrete Gründe: Bei unseren Frühstücksrunden liebte der Oldenburger Paul Dierkes Würste, Schinken und Speck. Weil er also Tiere, „unsere Brüder und Schwestern", die Schweinchen, verspeiste, nannten wir ihn scherzhaft unseren „Kannibalen".

Unser Leben und Treiben ist im Kontext der damaligen Zeit zu sehen: Die Läden waren wieder voller Waren; es gab die erste große Fresswelle. Aber die Stadt lag noch in Trümmern, es herrschte Wohnungsnot und unsere Räume in den zum Abriss bestimmten Häusern waren begehrt. Es gab eine hoffnungsvolle Wiederaufbaustimmung, nahezu Vollbeschäftigung, die Konjunktur war überhitzt - wir konnten froh sein, überhaupt Handwerksfirmen für die Ausführungsarbeiten zu finden. Schon die Grundsteinlegung war vorgezogen worden, weil sich Baustopps abzeichneten.

Komm mit mir in die Leere
Bauhüttengesang 1957/58

Immer wenn ich an Dich denke
träum ich von den Ferientagen
da wir umschlungen die Wege gingen
und erinnere Dich
wie unser Pfad sich lichtete
alles begann zu verschwinden
die Bäume
die Felsen
das Meer
und die Blumen
nichts mehr war um uns
plötzlich hört auch der Weg auf
wir sind am Ende der Welt
werden wir zurückgehen?
niemals
komm mit mir in die Leere

Yves Klein / Werner Ruhnau

Yves Klein, Werner Ruhnau und Ilse Dwinger (Assistentin des Fotografen Charles Wilp) spielen „Theater der Leere"

Yves Klein, Werner Ruhnau und Robert Adams spielen in dessen Relief

Neben den Künstlern und Dauergästen hatten Sie auch während der Bauphase viele Besucher. Wer gehörte dazu?

Zu den Besuchern gehörten zum Beispiel der Komponist Maurizio Kagel, die Galeristen Iris Clert und Alfred Schmela, der Kunsthistoriker Paul Wember, der Tänzer Sylvano Bussotti und viele andere. Die Bauhütte hatte eine magische Anziehungskraft auf Kunstinteressierte, allen vorweg Helmut de Haas, damals Feuilletonredakteur bei der „Welt" in Essen. Er prägte den Begriff „Bauhütte" und gab unseren Manifesten und Schlachtrufen den letzten Schliff. Charles Wilp agierte als unser Bild-Berichterstatter.

Ein ganz wichtiges Mitglied der Bauhütte war der Architekt Franz Krause, weil er durch und durch Künstler war. Neben Ernst Kroeber, Winfried Ter Huerne, Karlheinz Schwarzhof und weiteren Mitarbeitern hatte er besonderen Anteil an den Planungen des Innenausbaus: Beleuchtung, Treppengeländer, Drehstühle, Theatersessel, die Farbe der Wände im Foyer und so weiter - alles musste aufeinander und auf die Arbeiten der Künstler abgestimmt werden. Krause gehörte „zur Familie".

Besonders intensiv arbeiteten Sie mit Yves Klein zusammen. Wie verlief diese Kooperation?

Yves und ich experimentierten viel in unserer gemeinsamen Werkstatt im Theaterkeller. Wir waren uns schon im März 1957 sofort sympathisch. In gewisser Weise fühlten wir uns verwandt: Seine wie meine Mutter waren Malerinnen; beide lösten wir uns aber von deren künstlerischer Formensprache. Und wir wollten beide die Künste „entrümpeln", um Freiräume zu schaffen! Ein Anliegen, das auch Yves' Verlobte Bernadette als Architektin verstand.

„Klimatisierung des Raumes", „Blaue Überspannung", „Leere", Immaterialisierung" (Yves übernahm diesen Begriff von mir; er sprach zunächst von „Dematérialisation")[4] waren unsere Arbeitstitel. In unserer Zusammenarbeit überwanden wir die Problematik der Einzelkünste durch Bauen: „Le dépassement de la problématique de l'art!"[5] schwärmte Yves.

Allgemeine Entwicklung der heutigen Kunst zur Immaterialisation (nicht Dematerialisierung) von Yves Klein und Werner Ruhnau

Leere	blaues Licht
Stratosphäre	Energie
Luft	schwere Luft u.andere Gase schwerer als Lu Wasser
Erde	Mörtel Beton Steine u. Tone Eisen u.

Architekturen aus Luft sollen hier nur als Beispiel gebracht werden. Im Wesentlichen geht es um das geistige Prinzip vom Gebrauch neuer Materialien zur Erreichung von dynamischen und immateriellen Architekturen. Luft, Gase, Feuer, Wasser und wieder Luft sind solche Materialien und sie sollen vorzugsweise beide Funktionen, die des Schutz gebens gegen Regen und Wind und der Erwärmung gemeinsam erfüllen. Es ist aber auch möglich, die Funktion der Erwärmung und dieses Schutzes zu trennen wie an den folgenden Beispielen auch aufgezeigt wird.
Erwiesen ist, daß jedem Urzustand der Natur z.B. Erde, Wasser und Luft bestimmte Konstruktionselemente entsprechen müssen und daß die Konstruktionen immer um ein Geringes schwerer sein soll als das Medium (Urzustand) in dem sie gebraucht werden (siehe obere Aufstellung) Ideal ist es, wenn die gegebenen natürlichen Verhältnisse wie Berg und Tal, Monsun usw. ohne Veränderungen verwendet werden können. Es ist schließlich eine wunderbare Vorstellung mit den Naturelementen zu s ielen, die Elemente zu beherrschen. Yves Klein mußte in seiner Entwicklung auf die Architekturen aus Luft stoßen weil er dort erst reine Sensibilität produzieren und stabilisieren kann. Bisher xx, in dem architektonisch noch sehr genau präzisierten Raum malt er einfarbige Bilder in lichter und reiner Manier. Die noch sehr materiell fatbige Sensibilität soll auf eine immaterielle reine Sensibilität zurückgeführt werden. Der dazugehörige immaterielle Raum ist beispielsweise die Architektur aus Luft.
Ruhnau ist sicher, daß sich die Architektur um die Immaterialisierung der Städte bemühen muss. Die hängenden -Dächer und Zelt konstruktionen von Frei Otto und anderen sind ein wichtiger Schritt auf diesem Wege. In der Verwendung von Luft und schweren Gasen als Architekturelementen kann dieser Gedanke noch weitergeführt werden. Es wären die drei klassischen Elemente Feuer, Wasser und Luft mit denen die Stadt von Morgen gebaut würde und sie wäre dementsprechend flexibel geistig und immateriell. Schließlich könnte durch die Verwendung reiner Energie als Baustoff im leeren Weltraum für Menschen gebaut werden.

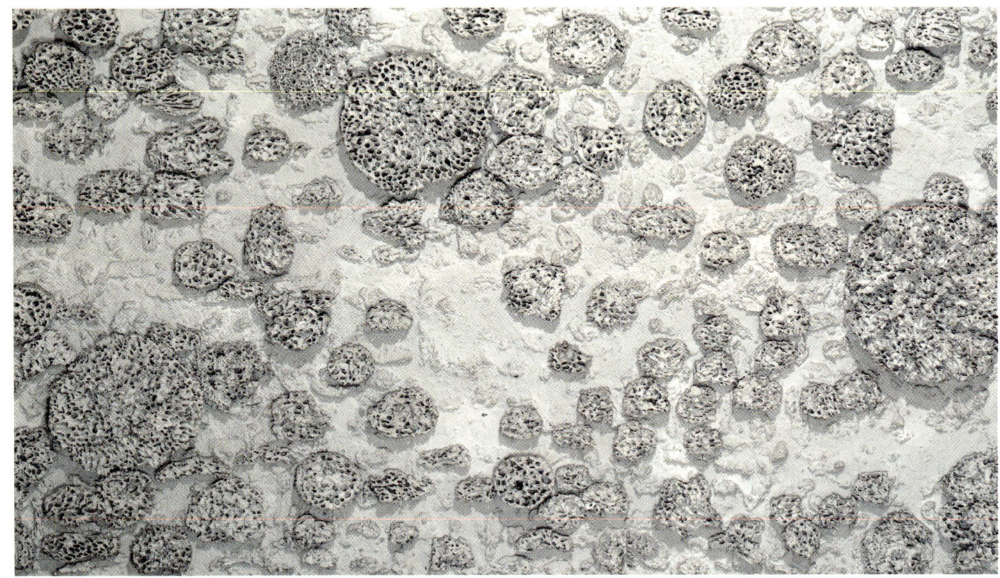

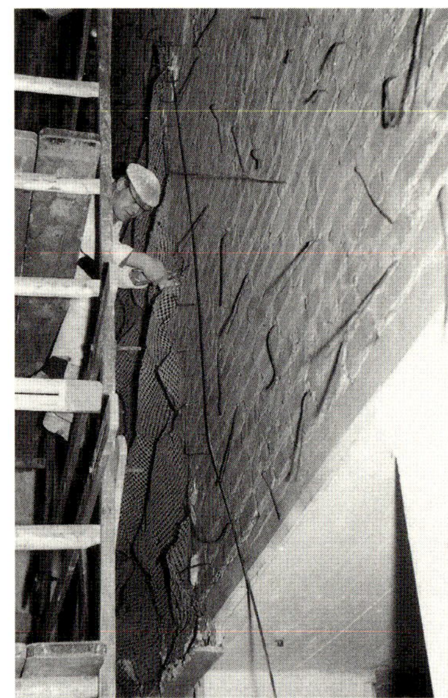

Unter anderen arbeiteten Sie gemeinsam an den Schwammreliefs und Wandbildern im Foyer…

Ja! Parallel zum Künstlerwettbewerb hatte ich mit Yves Klein begonnen, Schwammreliefs für die Stirnwände zu konzipieren. Ich brachte Yves auf die Idee, mit seinen als Pinsel benutzten Schwämmen Reliefs zu fertigen. Im Juni 1957 führte ich ihm in der Bauhütte das „aleatorische Prinzip" vor, indem ich kleine Schwämme auf den Boden fallen ließ. Wir beschlossen: „So könnte es auch auf den Stirnwänden aussehen." Daraufhin entstand das Modell des ersten weißen Schwammreliefs, aus Kostengründen noch mit geschnittenen Schwämmen. - Das alles geschah zunächst im Verborgenen: Kricke wollte für die Stirnwände Aluminiumsreliefs von Kurt Neyers durchsetzen. Dass ich letztlich von meinem Recht als federführender Architekt Gebrauch machte und die Entscheidung zugunsten der Schwammreliefs traf, führte zum Streit mit Kricke. Aus Zorn, so erzählte er mir später, zerstörte er sogar ein in seinem Besitz befindliches Werk von Yves.

Für die an den Stirnwänden geplanten großen Reliefs mussten wir zum Beispiel Schwammkombinationen mit ganzen Schwämmen und deren Härtungs- und Färbetechniken ausprobieren. - Ich überzeugte Yves mit einiger Mühe, die Schwammreliefs nicht als „Teppiche" vor die Wand zu hängen, sondern direkt darauf zu montieren, als Teil des Baus[6].

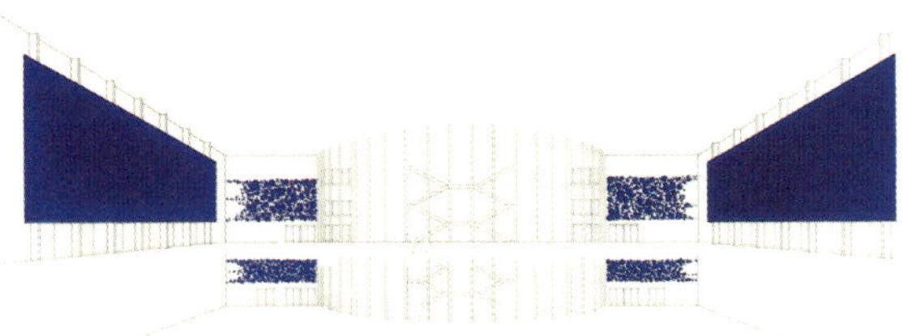

Erstes weißes Schwammrelief, 1 x 2 Meter mit geschnittenen Schwämmen

Westlicher Foyerbereich

Perspektive Foyer des Gelsenkirchener Theaters 1957 / 58, tatsächlich ausgeführter Zustand, Originalvorlage von Werner Ruhnau

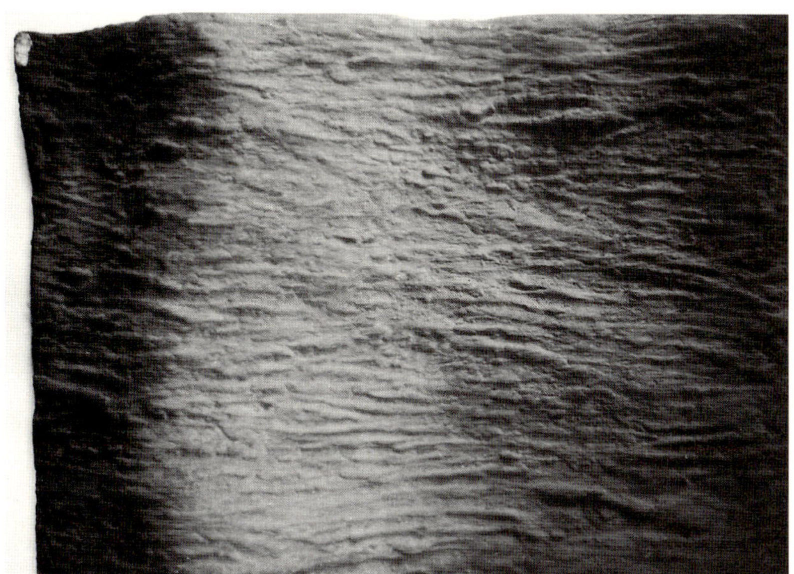

Das galt auch für die Wandbilder?

Ja. Wir mussten erst den richtigen Untergrund finden, Rotbandputz auf Ziegeldrahtgewebe, nicht auf Streckmetall, wie Yves es geplant hatte. Spontan warf ich auf die frisch verputzten Stuckateurwellen Kieselsteinchen - und die dabei entstehenden „kosmischen" Krater im noch weichen Putz begeisterten uns sofort! Mein Oberbauleiter beobachtete uns dabei und eilte kopfschüttelnd in die Bauhütte: „Ihr lieben Leute", sagte er zu meinen Mitarbeitern, „jetzt sind die beiden völlig verrückt geworden! Jetzt schmeißen sie Steinchen in den frischen Putz!" So entstand die lichtbrechende Oberflächenstruktur der Arbeiten[7]. Yves hat mit diesen Strukturen und Kratern später in seinen „Kosmischen Serien" weiter gearbeitet. Dann kam die blaue Einfärbung…

Das berühmt gewordene „Gelsenkirchener Blau" ist nicht mit dem so genannten „IKB" (International Klein Blue) identisch…

Nein! Mit Yves' geheimnisvoller Binder-Pigment-Mischung auf Alkohol- und Acetonbasis hätten die Arbeiten in den großen Foyers schlicht und ergreifend nicht realisiert werden können: Die Farbe verdunstete beim Sprühen; es kam nur ein Bruchteil auf der Putzoberfläche an - und dieser Rest hatte die Farb- und Haftwirkung weitgehend verloren. So konnte keine Leuchtkraft erzielt werden. Außerdem wurden wir wie betrunken von den giftigen Dämpfen. Und die Mischung war hoch brandgefährlich, „Gefahrenklasse A 1". Mit Ernst Oberhoff, Dozent der Werkkunstschule Wuppertal, entwickelten wir dann gemeinsam das Gelsenkirchener Blau[8]: Deutsches Ultramarinpigment mit wasserlöslichem Caparolbinder.

Die Malerfirma Graafmann[9] sprühte die Farbe nach Abschluss aller Experimente und Vorbereitungen auf Wandbilder und Schwammreliefs. - Das trug mir übrigens enormen Ärger mit der Stadt ein: Die sagenumwobene geheimnisvolle Mischung mit dem so genannten „Medium", die Yves der Theaterbaukommission vorgestellt hatte, konnte nicht benutzt werden? Eine irritierte Abordnung suchte mich auf der Baustelle auf: „Herr Ruhnau, was soll das denn? Wegen dieser kostbaren Pariser Farbe haben wir Herrn Klein den hohen Preis für die Bilder bewilligt, und jetzt sprüht ein ganz normaler Malermeister ein ganz normales deutsches Ultramarin auf?" Es kostete mich große Mühe, die Wogen wieder zu glätten. - In den letzten Jahrzehnten kursiert in der gesamten Kunstwelt die Behauptung, das „IKB" sei patentiert worden. Das stimmt nicht, wie die Nationale Französische Patentbehörde dem Museum Wiesbaden bestätigte![10]

All diese gemeinsamen Entscheidungen über Untergrund, Struktur, Klebe- und Bindemittel, Farbe und so weiter sind der eigentliche künstlerische Schaffensprozess: Sie bestimmen die visuelle und haptische Qualität und damit die künstlerische Wirkung der Werke. Wir hatten deswegen vor, unsere Foyerarbeiten gemeinsam zu signieren. Das ging in dem ganzen Trubel unter. - Allerdings trafen wir bereits um die Jahreswende 1957 / 58 eine Vereinbarung: Yves hatte eigenmächtig meine Perspektivzeichnung des Foyers[11] signiert und an Oberbaurat Breuer, Leiter des Hochbauamtes Gelsenkirchen, verschenkt[12]. Daraufhin beschlossen wir, jeder von uns beiden dürfe die gemeinsam entwickelten Gelsenkirchener Werke auch allein herstellen und signieren.

Ein weiteres gemeinsames Projekt mit Yves war die Luftarchitektur...

Ich hatte mich schon sehr früh mit Klima, Mensch und Umwelt beschäftigt: Erst als Segler, dann durch mein Interesse an der Medizin und schließlich als Architekt. Bereits im 19. Jahrhundert schufen Stadtplaner mit der Überdachung von Straßen und Plätzen wetterunabhängige Passagen, einen klimatischen Ausgleich städtischer Außen- und Innenräume. Ein spätes Beispiel solcher Bemühungen ist Buckminster Fullers Konzept der Überdachung eines ganzen Stadtviertels.

Mauern sind undurchsichtig und Fenster nur eingeschränkt transparent. Meine vollverglaste Fassade des Gelsenkirchener Theaters ermöglicht zwar eine optische Verbindung von Innen und Außen – jedoch nur nachts bei Beleuchtung des Foyers. Tagsüber und bei dunklem Innenraum stellt sich ein Spiegeleffekt ein; das Glas wird zur weißen „Spiegelwand": Man sieht Reflexionen von Wolken und Häusern, nicht aber den Innenraum.

PROJEKT EINER LUFT-ARCHITEKTUR   (Zusammenarbeit Ruhnau — Klein)

„Die Luft-Architektur war stets in unserem Geiste nur eine Etappe, die heute für die Klimatisierung privilegierter geographischer Räume vorgeschlagen wird." — Das Bild zeigt den Vorschlag, eine Stadt durch ein Dach aus bewegter Luft zu schützen. Eine zentrale Autostraße führt zum Flughafen, wodurch die Stadt geteilt wird: ein Wohnviertel und ein Viertel für Arbeit, Industrie und maschinelle Einrichtungen:

Das Luftdach klimatisiert und schützt zugleich den privilegierten Raum .
Boden aus durchsichtigem Glas .
„Stockage" im Untergrund   (Küchen, Badezimmer, Aufbewahrungs- und Betriebsräume)
Der Begriff des Heimlichen, den wir immer noch kennen, ist in dieser mit Licht überschwemmten und vollständig nach außen offenen Stadt verschwunden .
Es besteht ein neuer Zustand von menschlicher Intimität .
Die Einwohner leben nackt .
Das ehemalige Patriarchen-System in der Familie besteht nicht mehr .
Die Gemeinschaft ist vollkommen, frei, individuell, unpersönlich .
Hauptbeschäftigung der Einwohner : die Muße .
Die früher in der Architektur als lästige Notwendigkeiten hingenommenen Hindernisse sind Luxus-Objekte geworden :
Feuermauern
Wassermauern
von Luft getragene Formen
Feuer-Fontänen
Wasser-Fontänen
Schwimm-Bäder
Luftbetten, Luftsitze . . .

Das wirkliche Ziel der immateriellen Architektur : die Klimatisierung großer geographischer Wohnräume .

Diese Klimatisierung wird sich nicht so sehr durch technische Wunder vollziehen, sondern wesentlich durch eine Umwandlung der menschlichen Sensibilität in eine Funktion des Weltalls . Die Theorie der „Immaterialisierung" verneint den Geist der Fiktions-Wissenschaft .

Durch die entwickelte Sensibilität, „neue menschliche Dimension, vom Geist geführt", werden in Zukunft Klima und geistige Umstände in der Natur an den Oberflächen unserer Erde umgewandelt werden .

„Wollen heißt Ersinnen." Zu diesem Wollen fügt sich ein Wille, das zu leben, was man ersinnt, und das Wunder vollendet sich in allen Bereichen der Natur .

Ben Gurion : „Derjenige, welcher nicht an Wunder glaubt, ist kein Realist."

veröffentlicht
1961
ZERO 3

Daran entzündete sich unsere Idee einer Luftarchitektur[13], zunächst mittels Luftwänden und -dächern[14]. In den Warenhäusern gab es damals schon Lufttüren. Wir träumten von klimatisierten Oasen, von einem Leben im Garten Eden. Ich entwarf die ersten Zeichnungen von Luftdächern und Feuerwänden in Wasserbecken. Bei der Firma Küppersbusch gab ich die Modelle einer Feuerwand, einer Flammenreihe und von Düsen für ein Luftdach in Auftrag. Wir experimentierten mit Luftströmen, die das aufgesprühte Wasser horizontal ablenkten und fortschleuderten. Die Strömungstechniken waren jedoch nicht weit genug entwickelt, um sie für die Hauptfassaden der Theaterbauten einzusetzen; wir stellten sie für unser Feuer-Wasser-Luft-Café auf dem Theatervorplatz zurück.

Yves kopierte später meine Zeichnungen zur Luftarchitektur, um sie in Paris patentieren lassen. Im Gegensatz zu den Behauptungen seiner Erben ist es aber faktisch ausgeschlossen, dass er tatsächlich ein Patent erhielt: Mir wurde eine Patentierung vom deutschen Patentamt am 30. Juni 1960 verweigert - mit Hinweis auf ein französisches Patent von 1932 und ein deutsches von 1928[15].

Yves Klein und Werner Ruhnau experimentieren mit Luftdächern in der Firma Küppersbusch, Gelsenkirchen 1958

Karl Heinz Schwarzhof, Mitarbeiter des Baubüros, unter einem Luftdach in der Werkstatt des Theaterrohbaus, 1958

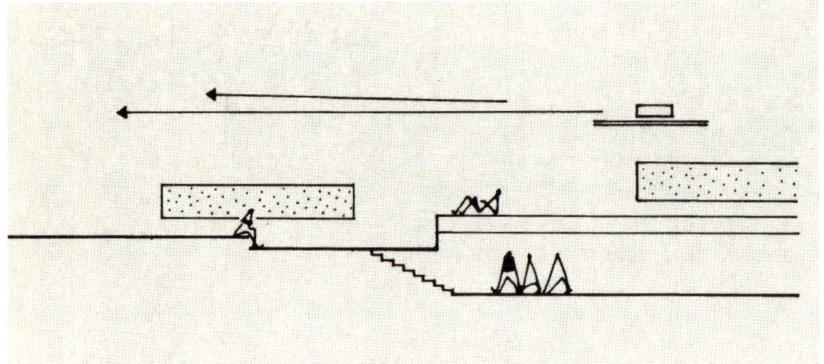

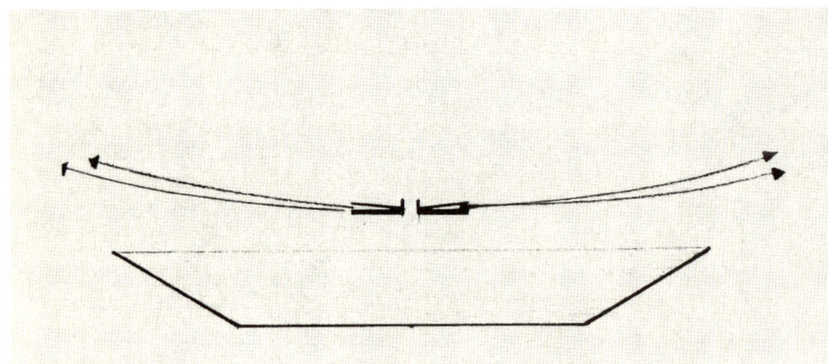

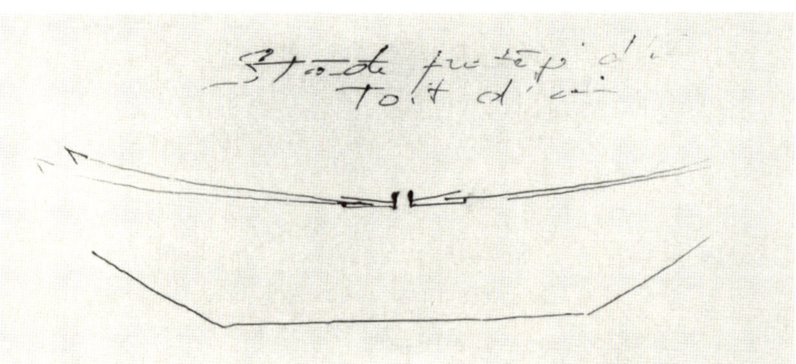

Luftarchitektur, Klimatisierung des Raumes. Vorlagen für die Patentämter in München und Paris Wohnhaus mit Luftdach und Feuerwänden, Originalzeichnung von Werner Ruhnau, 1958

Nachgezeichnet von Yves Klein

Kessel eines Stadions mit Luftdach, Originalzeichnung von Werner Ruhnau, 1958

Nachgezeichnet von Yves Klein

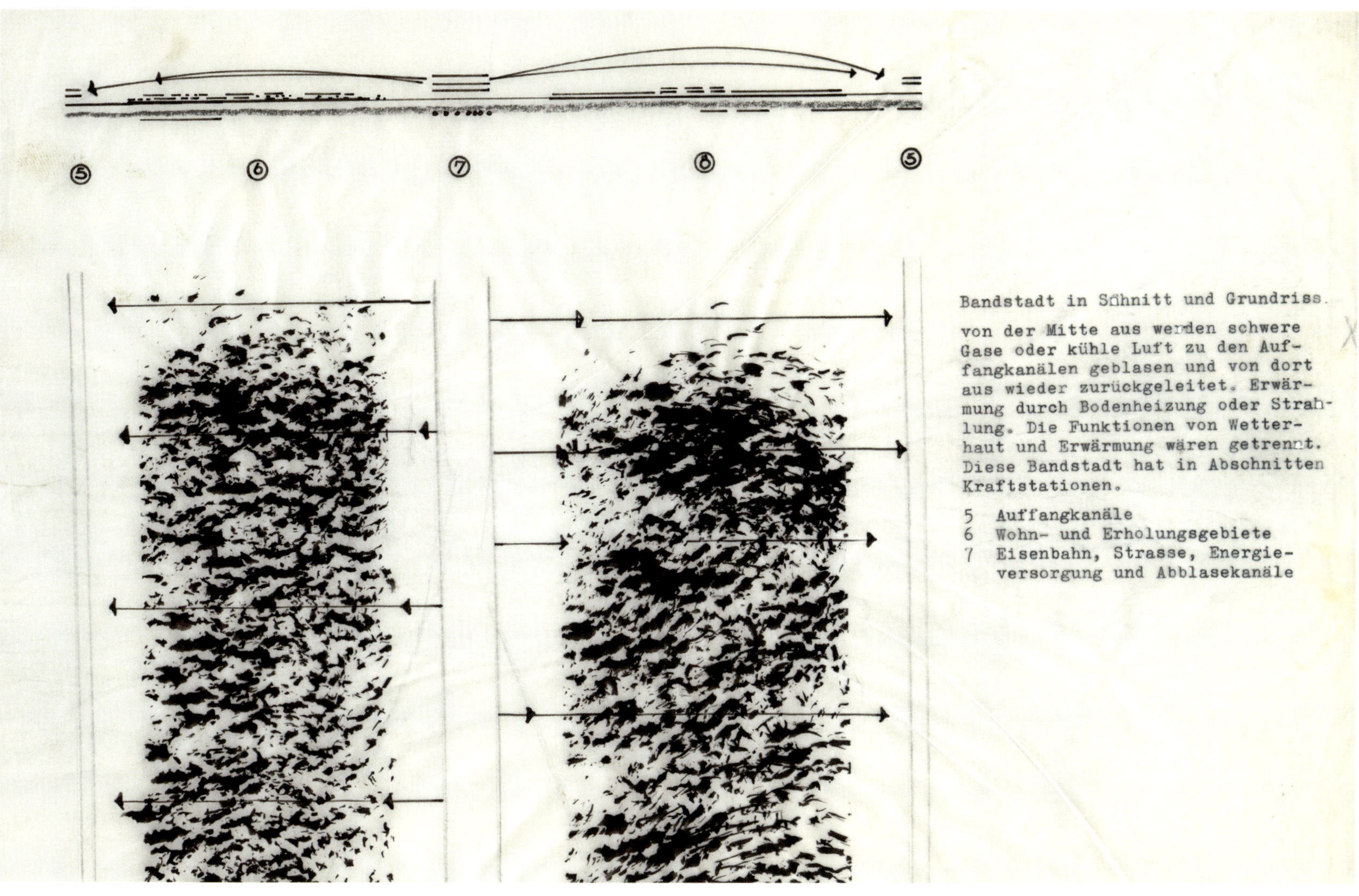

Bandstadt in Schnitt und Grundriss.

von der Mitte aus werden schwere
Gase oder kühle Luft zu den Auf-
fangkanälen geblasen und von dort
aus wieder zurückgeleitet. Erwärmung durch Bodenheizung oder Strah-
lung. Die Funktionen von Wetter-
haut und Erwärmung wären getrennt.
Diese Bandstadt hat in Abschnitten
Kraftstationen.

5 Auffangkanäle
6 Wohn- und Erholungsgebiete
7 Eisenbahn, Strasse, Energie-
   versorgung und Abblasekanäle

Werner Ruhnau, Bandstadt mit Schnitt und Grundriss.
Wohn- und Arbeitsgebiete in den Grundrissen stempelte
Werner Ruhnau mit geschnittenen Schwämmen

Wäre diese Technik denn überhaupt realisierbar gewesen?

Nein! Probleme waren der enorme Lärm, den die Düsen verursachen, und die Energiekosten. Mein Entwurf für die Stiftsruine Bad Hersfeld wurde deswegen nicht umgesetzt. Ich beriet mich 1959/60 mit Prof. Leo Brandt vom Landesamt für Forschung in Düsseldorf und bekam die eindeutige Auskunft, diese Techniken einer Luftarchitektur seien nicht realisierbar. Ab 1960 verfolgte ich einen anderen Ansatz für großräumigen Wetterschutz: Das „Abmelken" von Regenwolken durch den Einsatz von Silberjodidraketen.

Yves wollte diese technischen Grenzen jedoch nicht wahrhaben. Nachdem wir uns deswegen gestritten hatten, brachte Yves Anfang der 60er Jahre auf der Basis meiner Zeichnungen gemeinsam mit dem Architekten Claude Parent solche unrealistischen Darstellungen in Umlauf. Unsinn sind seine Phantasien von Körpern, die in klimatisierten Oasen auf Luftströmen schweben: Sie würden durch den hohen Druck platzen! Absurde Züge hatten auch unsere Diskussionen, ob die Erde eine Kugel, eine Scheibe oder eine rechteckige Tafel sei…

Le Conseiller Culturel
près l'Ambassade de la République Fédérale d'Allemagne
Bernard von Tieschowitz
vous prie d'honorer de votre présence les deux communications faites
sur le thème de ˮL'Evolution de l'Art vers l'Immatériel˝
par M.M. Yves Klein
et Werner Ruhnau, architecte
Le Mercredi 3 Juin à 21 heures précises
et le Vendredi 5 Juin à 21 heures avec projections
à la Sorbonne, Amphithéâtre Turgot 17, rue de la Sorbonne.

Invitation valable pour deux personnes dans la limite des places disponibles.

Yves sagt, daß die Erde ~~ist die~~ [eine vielleicht]
Tafel ist die dünn. Welche Rotation
as Kugel oder...

[illegible — faint offset handwriting]

...sagt die Erde ist eine Kugel und
bleibt eine Kugel. Unterschied diese
Massen ... mit der Rotation

— idée d'Yves Klein découverte
en <u>1947</u> publié sous diverses formes
en 1950 et écrite depuis 1947 :
1° La terre est plate et carrée.
2° Elle tourne sur elle même ou plutôt
à carré plat tourne sur lui même a une
vitesse X.
3° La croûte terrestre que nous foulons de
nos pieds toujours est séparée des limites
extérieures de cette forme carré plate
arrondie qui tourne à toute vitesse constante.
4° nous croyons voir les hommes à la surface
de cette croûte terrestre; poussière de l'écume
des angles du carré plat qui tourne sur lui
même.

15 déc. 1960. Paris.

Luftarchitektur war in den letzten Jahren immer wieder Thema. 2005 fand unter dem Titel „Yves Klein. Air architecture" eine Ausstellung im MAK Center for Art and Architecture, Los Angeles, statt, die 2006 ebenfalls im MAK Museum für Angewandte Kunst, Wien, präsentiert wurde…

Bereits der Titel ist irreführend: Mit „Yves Klein. Air architecture" wird suggeriert, Yves habe diese alleine erfunden. Mein Name als Urheber der ersten Entwürfe ist ausgeblendet. Obwohl Yves an meinen Entwürfen für die Stiftsruine Bad Hersfeld nicht beteiligt war, nannte ich ihn auf seinen Wunsch als Miturheber der Idee Luftarchitektur[16]. Ich hatte auch nichts dagegen, dass er meine Zeichnungen kopierte und damit zum Patentamt in Paris ging. Wir hatten uns ja darauf geeinigt, die Werke des anderen signieren zu dürfen. - Darstellungen, die Yves als alleinigen Urheber präsentieren, sind aber sachlich falsch! So geschehen im MAK-Katalog, aber auch im Katalog des Centre Pompidou, Paris, von 2006: Dort ist beispielsweise Yves' „Manifeste de l'hôtel Chelsea" von 1961, in dem er sich als alleinigen Erfinder (unter anderem) der Luftarchitektur bezeichnet, ohne kritischen Kommentar publiziert.

Die Geschichte unserer Zusammenarbeit und gemeinsamen Urheberschaften wird auch negiert, wenn Yves' Erben zum Beispiel bei einer Ausstellung im Yves-Klein-Museum in Nizza seinen Namen vom „Tempel der Elemente" entfernen lassen. Oder umgekehrt meinen Namen an der Feuerwand auf dem Museumsdach oder bei den Gelsenkirchen Werken unterschlagen.

Die „Feuerwände" entwickelten Sie für den „Tempel der Elemente" und den Theatervorplatz. Wie sollte das aussehen?

Wir planten ein „Feuer-Wasser-Luft-Café" mit Wetterschutz durch Luftdächer, mit Feuerwänden und -fontänen von Yves und mir und Wassersäulen von Norbert Kricke. „Feuerskulpturen" gab es in Gelsenkirchen bereits massenhaft: Wenn man sich der Stadt auf der Bundesstraße von Norden näherte, war der Himmel rot - ein beeindruckendes Lichtermeer aus Glühbirnen der Raffinerien, überall rote Eruptionen der Hochöfen und zahllose Abfackelfeuer! Gelsenkirchen galt damals als „Stadt der 1000 Feuer". Heute sind alle erloschen. Dafür heißt sie jetzt: „Stadt der 1000 Sonnen", in Anspielung auf die Solarindustrie, die sich im Zuge des Strukturwandels etablierte.

**Das Feuer-Wasser-Luft-Café sollte eine Verbindung
zwischen Theater und Hans-Sachs-Haus schaffen und
damit das urbane Leben bereichern...**

Ja. Wir wollten das darstellende Spiel - ausgehend von
Bühne und Foyer des Theaters - auf dem Vorplatz mit
den Bürgern fortführen. Die ganze Stadt sollte spielen!

Zur Eröffnung des Theaters im Dezember 1959 planten
wir ein großes Fest für und mit den Bürgern, inszeniert
von dem Komponisten Rainer Riehn, dem Musikkritiker
Heinz-Klaus Metzger, Claus Bremer und mir. Mitwirken
sollten unter anderen Yves und ich für Feuer- und Luft-
spiele, John Cage für Musik, Sylvano Bussotti für Tanz
und Nam June Paik für Lichtspiele. Das wurde nicht
realisiert; es fand eine ganz konventionelle Eröffnung
statt. Übrigens hat Yves das Festkleid für Anita entworfen - aus zartrosa Duchesse, in der Farbwirkung auf die
blauen Arbeiten im Foyer abgestimmt.

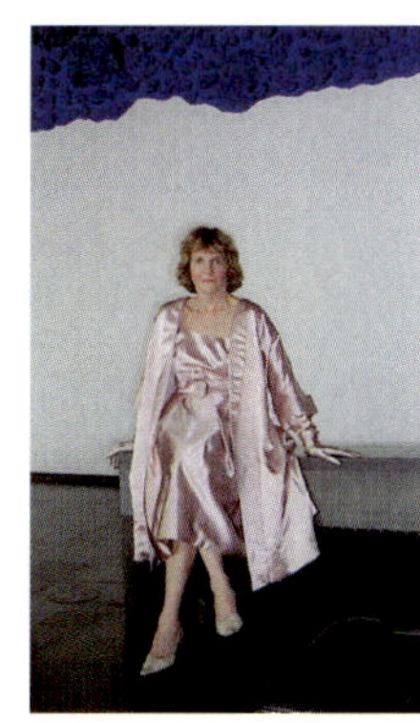

58

Schule der Sensibilität
(Center of Sensibility)

Dies Zentrum der Sensibilität soll bewirken, daß die Möglichkeiten schöpferischer Imagination als Kräfte der persönlichen Verantwortung neu geweckt werden. Es soll bewirken, daß die heute überanstrengte und überschätzte Quantität von eienm frischen Begriff, von dem eigentlichen Begriff der Qualität abgelöst wird.

Das ist zu erreichen durch Immaterialisation und Sensibilität.

Es handelt sich heute darum, die Hinfälligkeit der Problematik von Kunst, Religion, Wissenschaft zu erkennen. Im Zentrum der Sensibilität wird Problematik kein Stichwort mehr sein. Ziel ist die unproblematische Existenz des Menschen in dieser Welt.

Die Idée der Freihiet wird neu erfahrbar durch die unbedingte Imagination und deren geistige Austragsformen. " Das Universum ist unendlich, aber meßbar." Imagination ist vollziehbar. Sie ist lebbar. Sie soll gelebt werden in der Schule der Sensibilität. Das wird der Kern ihrer Ausstrahlung sein.

Immaterielle Architektur ist das Gesicht dieser Schule. Sie wird von Licht durchflutet sein. Ohne Lehrpläne und ohne Prüfungskommission arbeiten hier 20 Lehrer, 300 Schüler.-

Die Wirkung des Bauhauses Dessau beruhte nicht auf einer Spanne von Zeit, sondern auf der Konzentration von Ideen. Nach zehn Jahren kann die Schule der Sensibilität aufgelöst werden.

Um dieser Schule den Geist der Sensibilität und der Immaterialisation einzuflössen, haben die Lehrer - ausnahmslos- am Bau der Schule mitzuwirken. Schülerschaft ist eine Spielart von Mitwirkung an diesem immer entstehenden Bau.

Materialismus - Quantitätengeist überhaupt- ist als Feind der Freiheit durchschaut. Er wird schon lange bekämpft. Die tatsächlichen Gegner sind Psychologismus, Gefühligkeit, Kompositionalismus - richtig verstanden. Sentimentaler Heroismus bringt totalitäre Welten herauf. Kriege. Umzirkte Räume des Terrors. Residuen für die Bauchredner des Abendlandes.

Andere Projekte von Ihnen und Yves Klein waren das „Theater der Leere" und die „Schule der Sensibilität"…

Das „Theater der Leere" sollte im Kleinen Haus Premiere haben. Die Besucher sehen beim Öffnen des Vorhangs eine leere Bühne, hören monotone Musik[17]…

In der „Schule der Sensibilität" sahen wir die Fortführung unserer Ideen aus der Bauhütte[18]. Sie sollte im Hinterland von Nizza entstehen und alle Bereiche der Künste und des Lebens vereinen. Wir entwarfen sie als Ergänzung zu den staatlichen Lernschulen; ein unstrukturiertes „Labor" ohne Lehrpläne und Prüfungen mit Lehrern wie Frei Otto, John Cage, unseren Bauhüttenkünstlern und anderen. Um eine Institutionalisierung zu vermeiden, sahen wir vor, unsere Schule nach zehn Jahren zu schließen. Für deren bauliche Ausgestaltung hatten wir an der Theaterbaustelle Schwämme, Ziegeldrahtgewebe, Pigmente, Bindemittel und Steinchen zurückgelegt. Nach Yves' Tod 1962 wollten seine Witwe, Rotraut Klein, und der Galerist Alfed Schmela diese Materialien kaufen. Das lehnten Anita und ich ab.

Entsprechend der geplanten Lebensdauer unserer Schule begann ich zehn Jahre nach Yves' Tod, aus diesen authentischen Materialien Objekte zur Erinnerung an unsere Zusammenarbeit und gemeinsamen Projekte zu fertigen, und habe diese publiziert, ausgestellt, verschenkt oder verkauft[19].

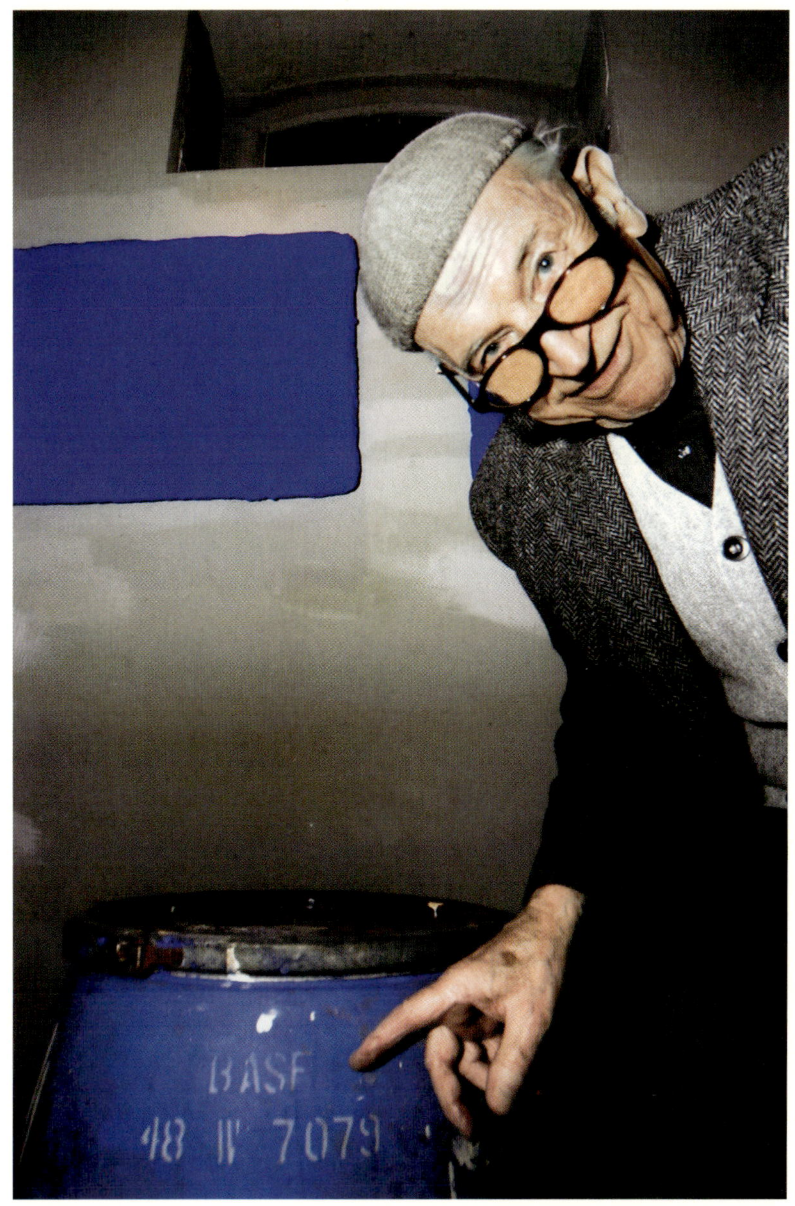

Originalmaterialien	*Kleines Querrechteck mit „perforiertem Rand", 20x25 cm, 700 Exemplare, gefertigt anlässlich der Dokumentationsausstellung in der Galerie Denise René / Hans Mayer, 1976 / Rückseite mit Signatur*	*Werner Ruhnau vor der Tonne mit dem Originalpigment „Gelsenkirchener Blau", 2006*	*Schwammrelief auf Ständer, Masse variierend zwischen 26x55 cm und 30x73 cm, 12 Exemplare*

Wie Sie erwähnten, gibt es Konflikte mit Yves' Erben. Was ist aus Ihrer Sicht der Hauptstreitpunkt?

Rotraut Klein-Moquay und ihr Ehemann, Daniel Moquay, erkennen meine Miturheberschaft an den Werken der Bauhüttenzeit nicht an, negieren die Geschichte unserer Zusammenarbeit und deren große Bedeutung für Yves' weiteres künstlerisches Schaffen. Von der Bauhüttenzeit und mir inspirierte Projekte und Arbeiten Yves' sind beispielsweise die Schwammkombinationen und -reliefs, das Gelsenkirchener Blau, die Anthropometrien, kosmischen Bildserien und Feuerskulpturen, Termini wie „Entwicklung der Kunst zum Immateriellen" oder „Klimatisierung des Raumes".

1976 fand zum Beispiel eine Ausstellung in der Berliner Nationalgalerie statt, die danach in die Kunsthalle Düsseldorf wanderte. Der Berliner Museumsdirektor Dieter Honisch wollte mich mit der Präsentation des Compartments „Gelsenkirchen" beauftragen. Dazu kam es nicht. Rotraut drohte damit, ihre Leihgaben zurückzuziehen, falls ich beteiligt würde: Sie unterstellte mir, „nicht authentische" Objekte und Informationen zu liefern. Daraufhin organisierte die Düsseldorfer Galerie Denise René / Hans Mayer eine schöne Präsentation „Yves Klein / Werner Ruhnau", die die Kunsthallen-Schau mit der Darstellung dieser für Yves so wichtigen Bauhüttenphase ergänzte. Der Kunstkritiker Heiner Stachelhaus publizierte den Katalog „Yves Klein – Werner Ruhnau", in dem erstmalig der Schriftwechsel mit Yves aus der Gelsenkirchener Zeit, der authentische Text „Schule der Sensibilität" und Pläne zur Luftarchitektur

veröffentlicht sind. - Rotraut wollte die Ausstellung bei Hans Mayer schließen lassen, scheiterte aber; ihr eigener Anwalt konzidierte meine Miturheberschaft.

Derlei, auch juristische Auseinandersetzungen gibt es leider bis heute. Ein Problem dabei ist, dass Rotraut die Gelsenkirchener Zeit nicht umfassend kennt. Während der wichtigen Planungs- und Experimentierphase von März 1957 bis zum Sommer 1958 war Yves mit der Architektin Bernadette Allain verlobt. Rotraut kam erst Ende 1958 während der Realisierungsphase hinzu, war aber auch dann nur zeitweise vor Ort. Selbst zur Eröffnung der Theater war sie nicht eingeladen; Yves' Begleitung waren vielmehr seine Mutter und seine Tante. - Diese mangelnde Kenntnis unserer Planungen und Experimente in Gelsenkirchen führte bei Rotraut zu Fehleinschätzungen und zu unseren Konflikten.[20]

In diesem Zusammenhang werden die eigenen Äußerungen Yves Kleins interessant...

Ja! Unsere schon im Vertrag[21] mit der Stadt Gelsenkirchen fixierte enge Kooperation geht aus Yves' Schriften und Briefen[22] unmissverständlich hervor. Der Briefwechsel zwischen Yves und mir ist auszugsweise im Buch von Heiner Stachelhaus abgedruckt. Das Museum Wiesbaden publizierte die Korrespondenzen 2004 vollständig und neu übersetzt im Ausstellungskatalog „Wie das Gelsenkirchener Blau auf Yves Klein kam".

Werner Ruhnau und der Kunstkritiker Heiner Stachelhaus, um 1975

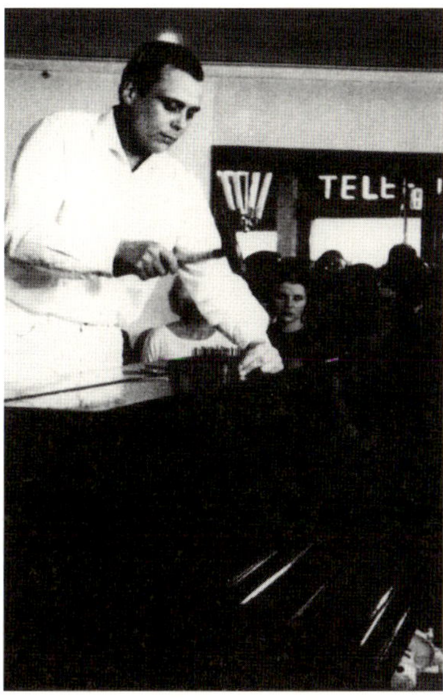

Wie ging es für Sie nach der Eröffnung des Gelsenkirchener Theaters weiter?

In Bezug auf Bauprojekte herrschte Stille. Bei der Stadt hatte ich einen schweren Stand: Einige Entscheidungsträger und Meinungsmacher verübelten mir immer noch den Konflikt um das Gelsenkirchener Blau und die nicht vollständig mit Schwämmen belegten Reliefs[23]. Zu allem Überfluss erschien 1960 ein Report im „Stern" über Yves' Anthropometrien. Sie waren damals Zündstoff, galten vielen als „Pornografie"; der Bericht wurde unter dem Tisch in Ratssitzungen weiter gereicht. Auch diesen „Skandal" lastete man mir an.

In erfreulichem Gegensatz dazu standen die weltweiten Berichte über den „Gelsenkirchener Traumpalast": Es kamen Besucher von überall her, ich hielt viele Vorträge, kurz: es war ein lebhaftes Kommen und Gehen in den großen Räumen unseres neuen Domizils in der Husemannstraße. Der Künstler Otto Piene zeigte dort sein erstes Lichtballett, Ferdinand Kriwet hielt Vorträge. Christo verpackte mich höchstpersönlich im Düsseldorfer Atelier von Charles Wilp. Aber Aufträge brachte das nicht; Anita lieh sich einmal 300 Mark bei Freunden, ich musste mein restliches Honorar bei der Stadt über ein Schiedsgericht einfordern.

Ilse Dwinger (mit Hut), Werner Ruhnau (von Christo verpackt), Victor Glasstone (mit Fotoapparat), Anita Ruhnau, David Jones (Regisseur des BBC-Films über die Theater Gelsenkirchen)

Benagelung des Klaviers, 1964 im Pianohaus Kohl, Gelsenkirchen: Anita und Werner Ruhnau kauften das Klavier und beauftragten den Künstler Günther Uecker, es gegen ein Honorar von 500 Mark zu benageln. Rechtes Bild im Vordergrund: Galerist Hans Mayer

Familie Ruhnau, 1969. Fotografie von Gerhard Richter in der Serie der Vorlagen für das Porträt der „Familie Ruhnau". Philip, Werner, Jacob, Anita, Georg, Moritz Ruhnau

Gerhard Richter, Familie Ruhnau, 1969, Öl auf Leinwand, 1,5 x 2 Meter

Die internationalen Resonanzen auf die Gelsenkirchener Theater waren in der Tat beeindruckend. Sir Laurence Olivier lud Sie anlässlich des Neubaus des britischen Nationaltheaters zu einem Planungsgespräch nach London ein. Lord und Lady Harewood, Mitglieder des englischen Königshauses, besuchten Sie in der Alten Feuerwache. Und Victor Glasstone kommentierte im 1963 commonwealthweit gesendeten BBC-Film „The most successfull building I know anywhere in the world"…

Die internationale Avantgarde würdigte mein Verständnis von Architektur und Klima, die Integration der einzelnen Künste und die Überwindung der Problematik der Künste durch Bauen.

Die Kulturabteilung des Auswärtigen Amtes in Person von Dr. Dieter Sattler förderte die Ausstellung „German Theatre today" in New York und zahlte meine Reisekosten. Aufenthalt und Modelltransporte besorgte Pepsi Cola. In Amerika wurde ich vom German Information Center „herumgereicht", Verbindungen zu Hochschulen hergestellt. So kam meine Einladung an die Columbia University zu dem Vortrag „Transition: From material to immaterial architecture" zustande. Das war im Frühjahr 1961, also noch vor dem BBC-Film. - Die Ausstellung war ein Riesenerfolg. Gustaf Gründgens spielte im New York City Theater den Mephisto, das Gelsenkirchener Theater und auch ich selbst erhielten enorme Aufmerksamkeit durch die Presse. Ständig gab es Partys inmitten der New Yorker „Snobiety"…

Einige Kontakte hielten lange Zeit; James Marston Fitch, Architekturprofessor an der Columbia University, besuchte uns 1966 in Gelsenkirchen und hielt einen Vortrag über „Environmental Design".

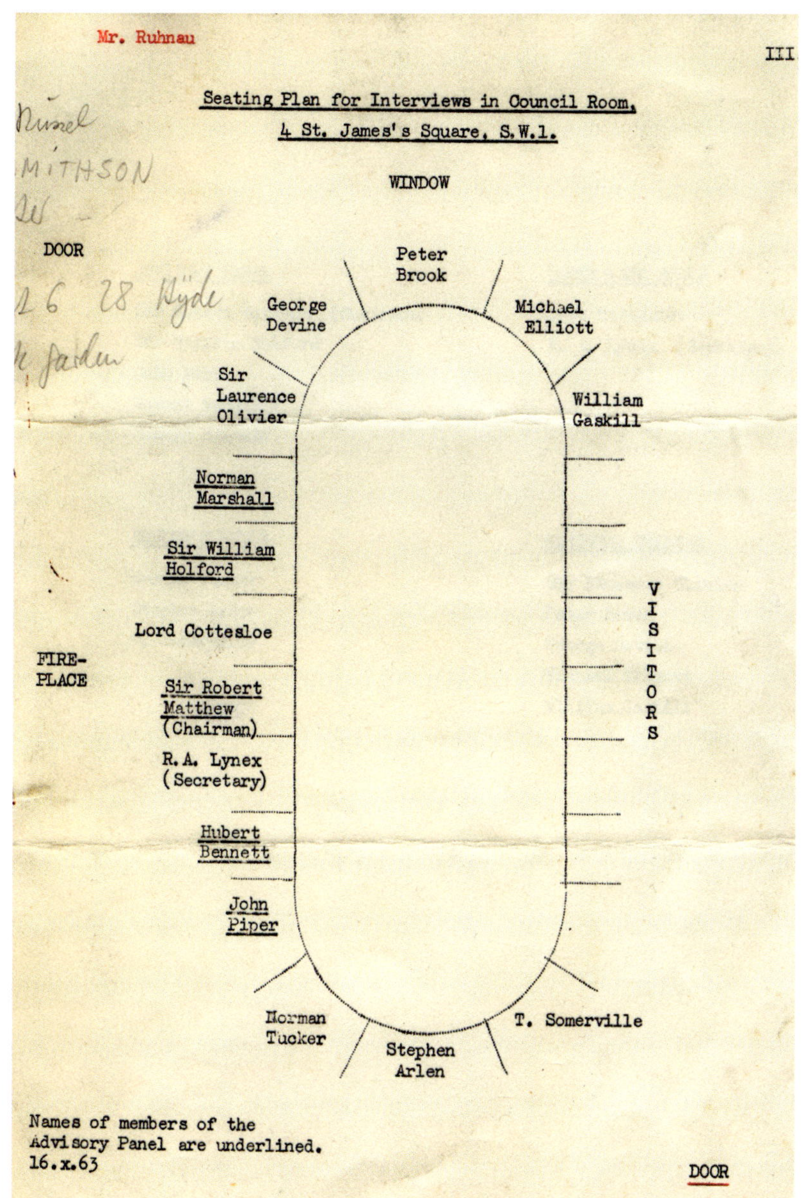

HIER IST Theaterarchitekt Werner Ruhnau in seinem Element. Er zeigt dem Earl o[f] Harewood (rechts) während einer Hausbesichtigung die Bühne des Großen Hause[s] im Musiktheater. Neben dem Carl die Counters. Neben Ruhnau seine Ehefrau[.]

(RUNDSCHAU-Bild: Kampert)

ENVIRONMENTAL DESIGN

Was verstehen amerikanische Planer und architekten darunter?

Professor MARSTON FITCH, der mit Studenten der Columbia-Universität in New York unter diesem Thema arbeitet, wird am 2. AUGUST 66, um 21 UHR, in GELSENKIRCHEN, HUSEMANNSTR. 43 darüber sprechen.

Hierzu lade ich herzlich ein !

WERNER RUHNAU

Sitzordnung bei der Diskussion des National Theatre Boards in London 1962. Zu den Besuchern (visitors) gehörten die Architekten Werner Ruhnau, Philip Johnson, Sven Markelius und Denis Lasdun

Anita Ruhnau, Werner Ruhnau, Countess und Earl of Harewood, Westfälische Rundschau, 1967

Vortrag von Prof. Marston Fitch in der Husemannstraße, 1966

Noch einmal zurück zur Auftragslage: Was waren Ihre nächsten Bauprojekte?

Den ersten Auftrag erhielt ich 1960; ein Wohnhaus für meinen Schwager Bartold von Gadenstedt in Volkersheim. Bei Planung und Bauleitung musste ich mit einem Lehrling auskommen.

Ab 1961 kam, wiederum vermittelt durch Anitas Familie, endlich „Wohlstand": Ich baute die Siedlung in Lechenich mit über 100 Atrium-Einfamilienhäusern und 60 oder 70 Wohnungen in mehrgeschossiger Bauweise. Damit vergrößerte sich mein Büro und ermöglichte mir Mitte der 60er Jahre, nach Kanada zu gehen.

Siedlung in Köln-Lechenich, ab 1961

Bereits 1958 / 59 entwarfen Sie „Podienklaviere", um variable Räume für darstellendes Spiel zu schaffen. Ihre Erfindung steht in einer geschichtlichen Entwicklung der Theater-Architektur, der Spielräume, Künste und Gesellschaftsformen. Was war damals das Neue?

Zunächst zum Theaterbau: Das griechische Wort „Thea" bedeutet „Aussicht", das Theatron ist das Aussichtsrund der Zuschauer. Deren gute Sicht auf die Scene wurde ursprünglich dadurch erreicht, dass in einem geeigneten Talkessel gespielt wurde. Dessen Gefälle „stapelte" die Besucherreihen sozusagen natürlich übereinander; die hinten Stehenden konnten über die Besucher vor ihnen hinwegschauen. Unter dem offenen Himmelsdach im vorarchitektonischen Versammlungsraum übernahmen der Sonnenstand für die „Ausleuchtung", die Windrichtung für die Akustik ihre Rollen im Spiel.

Im Laufe der Zeit verbesserten die Griechen baulich die natürliche Situation; so entstanden die Amphitheater als „künstliche Talkessel": Die Zuschauer erlebten die von den Dichtern der Antike „auf die Scene geholten" Götter und deren Probleme wie Liebe, Eifersucht, Macht, Kampf, Tod.

Dieses festgeschriebene Gegenüber von Bühne und Zuschauern wollten Künstler der Moderne erweitern: Klassische Theateraufführungen sind nur eine Variante des darstellenden Spiels! Diese wichtige Erkenntnis hatte mir Claus Bremer in Münster vermittelt. - 1911 schuf Adolphe Appia mit Heinrich Tessenow in Hellerau einen Spielraum ohne Trennung von Bühne und Saal. 16 Zentimeter hohe, einen Quadratmeter große Kisten, die so genannten „Praktikablen", ermöglichten unterschiedliche Topografien von Bühne und Saal.

Mein Podienklavier für Düsseldorf und Bonn entwickelte dieses Prinzip weiter. Das mühsame manuelle Stapeln der Kisten in Hellerau ist durch ein hydraulisches Hubsystem von vertikal beweglichen, ein Quadratmeter großen Sitzelementen ersetzt. Damit kann Sitzplatz für Sitzplatz einzeln vertikal bewegt werden, um jede gewünschte Topografie und Zuordnung von Platz und Spielflächen zu schaffen. Ich führte die Idee Erwin Piscators und Walter Gropius' fort, das Theater als „Licht- und Raumklavier" aufzufassen, indem ich die von Theaterleuten gewünschte Variabilität des Verhältnisses zwischen Spielern und Besuchern weiter perfektionierte.

Stadt, Theater, Mit-Spiel

Bremer: „In meinen Augen ist alles Kulisse"

„In meinen Augen ist alles Kulisse." Claus Bremer (Bild), Chefdramaturg und stellvertretender Intendant am Ulmer Stadttheater, Übersetzer, Dozent an an der Ulmer Hochschule für Gestaltung, Essayist und gert: Wir müssen uns von der Lebendigkeit erobern lassen. Die Stadt muß sich vom lebendigen Theater schlucken lassen.

Bremer spricht dann nur noch vom Theater. Aber es ist klar, daß er damit von der Stadt spricht. Denn sein Theater ist Stadt, ist Miteinander, ist Mit-Spiel. In Bremers neuem Theater kann der Mensch die Mischung von Entspannung und Beschäftigung finden, die er im Wirtshaus schätzt. „Wenn das Theater läßt von Film, Fernsehen und Funk

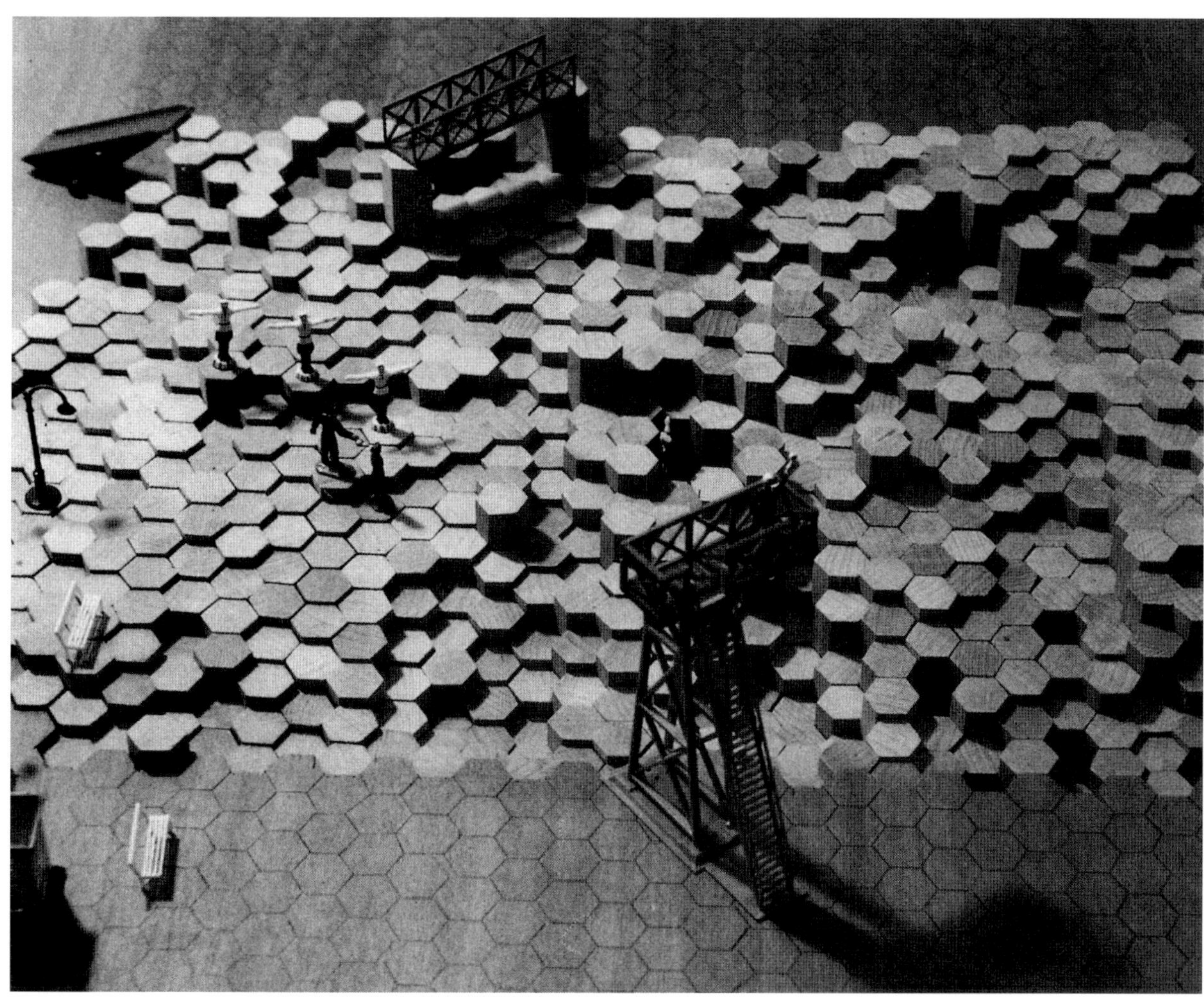

Wie wurde dieses Thema Anfang der 60er Jahre in Fachkreisen diskutiert?

Bei den Treffen des Internationalen Theaterinstituts (ITI) gab es intensive Diskussionen. Das ITI spielte für mich eine große Rolle – schon weil ich mich mit Walter Unruh, dem Wiederbegründer der Deutschen Theatertechnischen Gesellschaft, in einem geistigen Dauerstreit befand. Unruh war ein gebildeter, umsichtiger, sympathischer Mensch, der aber 1935 auf dem Volta-Kongress in Rom für des „Führers" Rückbesinnung auf die „deutsche Theaterkultur" eingetreten war. Damit positionierte er sich gegen eben jene Ideen von Gropius und Piscator, die später auch ich vertrat! - Beim ersten großen internationalen Nachkriegskongress des ITI in Berlin mit der Union Internationale des Architectes (UIA) 1960 versammelten sich alle wichtigen Theaterleute und die Architektenprominenz wie Clemens Holzmeister, Sven Markelius, Philip Johnson. Und - ich muss mir lobend auf die Schulter klopfen - ich als junger Architekt habe als Einziger darüber gesprochen, dass die Frage nach dem Proszenium, dieser Nahtstelle zwischen Bühne und Saal, an der Sache vorbei geht:

Das Proszenium werde fälschlich zum „Prügelknaben gemacht! Das eigentliche Problem des Theaters bestehe doch in der alten Denkweise, wonach Thea und Scene, Saal und Bühne, Körper und Geist nach wie vor zweigeteilt seien! Werde dieses Denken nicht geändert, bleibe es beim historischen Vorspiel, man betreibe sozusagen „Denkmalschutz". Die Zukunft des Theaters, so führte ich damals aus, sei das darstellende Spiel - nicht nur im, sondern auch mit dem Raum! Dafür sei eine variable Architektur erforderlich.

Dieses Bestreben brachte ich in den 70er und 80er Jahren in die Organisation Internationale des Scènographes, Techniciens et Architectes de Théâtre (OISTAT) weiter ein. Bei den OISTAT-Wettbewerben reichten junge Architekten aus der ganzen Welt, insbesondere aus der damaligen Sowjetunion, Entwürfe für offene, variable Spielstätten ein![24,25]

GRILLO THEATER ESSEN

UMBAU 1986 – 1990
BILDENDE KUNST
MONIKA GÜNTHER
DORIS SCHÖTTLER-BOLL

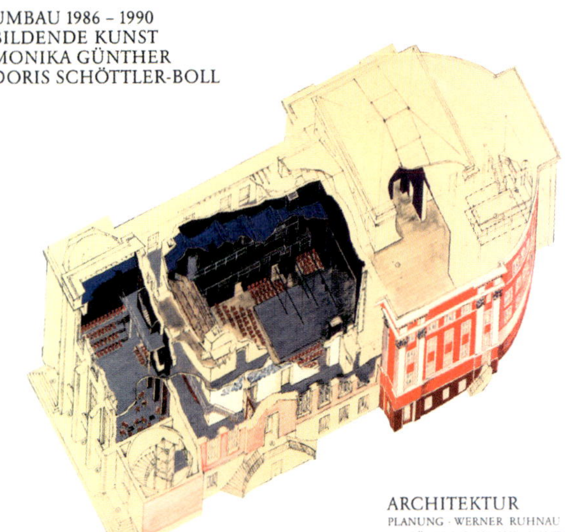

ARCHITEKTUR
PLANUNG · WERNER · RUHNAU
AUSFÜHRUNG · HOCHBAUAMT

Grillo Theater Essen, Umbau 1986-1990, Blick vom hinteren Rang in den Saal und Bühne umfassenden Spielraum (szenische Werkstatt)

Perspektivzeichnung des Grillo Theaters

Ebertbad Oberhausen, 1989: Umwandlung eines leerstehenden Schwimmbades in eine variable Spielstätte

Theater der Altmark, Stendal, 1995, v.l.n.r: Großes Haus, Kleines Haus, Rangfoyer für Kleinkunst

Hat sich das Podienklavier als Rauminstrument für darstellende Spiele durchgesetzt?

Ja! Anlässlich der Wettbewerbe für die Theaterbauten in Bonn und Düsseldorf 1958/59 schlug ich es für Düsseldorf in Sechseckform, für Bonn in Rechteckform vor.

Ungefähr zeitgleich mit mir entwickelte der Bühnenplaner George Izenour in den USA für das Loeb-Theatre an der Harvard University ein ähnliches Prinzip. Der Gedanke, variable Topografien maschinell herzustellen, kam also einige wenige Monate später auch dort auf die Welt.

Realisiert habe ich ein Podienklavier zum ersten Mal 1978 in Frankfurt. Die Intendanten Wilfried Minks und Johannes Schaaf hatten mich eingeladen, das Schauspielhaus umzubauen. Einzelpodien waren wegen der vorhandenen Betonstufen im Parkett nicht möglich. Ich sattelte auf die Stufen je ganze Sitzreihen, die mittels Scherenhubpodien auf und ab gefahren werden.

1978 verwirklichte Jürgen Sawade für die Schaubühne in Berlin ebenfalls Sitzreihen mit Scherenhubpodien. Beim Umbau des Grillo Theaters in Essen 1986-1990 fand ich wie in Frankfurt ein betoniertes Stufenparkett vor. Hierauf baute ich ein Podienklavier aus zwei mal ein Meter großen Tischen mit per Hand höhenverstellbaren Beinen.

Im Theater der Altmark in Stendal 1992-1996 realisierte ich Reihenpodien mittels Scherenhubtischen. 2000 wurde im Saalbau Essen aufgrund meiner Vorplanung ein Podienklavier mit Spirallifttechnik eingebaut.
- Heute ist meine Idee gang und gäbe und wird überall genutzt. Schade, dass ich sie nicht patentieren ließ! Gropius' „Totaltheater" ist patentiert; gebaut wurde allerdings keins.

**Auch bei den Theatern in Essen und Stendal
kooperierten Sie mit bildenden Künstlern.
Würden Sie in jedem Fall von „Baukunst" sprechen?
Oder gab es auch „Kunst am Bau"?**

Die Übergänge sind fließend; in der Regel gelang aber
Baukunst. Die Zusammenarbeit mit Künstlern ist auf jeden Fall unerlässlich! Wenn man integriert denkt, gehen
Bau und Kunst ineinander über. Aber genau an diesem
Punkt kann es Konflikte geben: Während die Leistung
beispielsweise des Statikers „im Bau verschwindet",
wollen viele Künstler ihre Arbeiten als einzelnes Kunstwerk, nicht als Teil des Baus verstanden und präsentiert sehen. – In Gelsenkirchen zum Beispiel entspann
sich ein Streit mit Kricke: Er beharrte darauf, das Relief
von Robert Adams an der Südseite der Kassenwand
in einem Abstand von rund zehn Zentimetern vor die
Wand zu stellen. Damit wäre es zu einem freistehen-
den, einzelnen Kunstwerk geworden, das wieder hätte
entfernt werden können. Dass ich mich als verantwortlicher Architekt durchsetzte und das Relief mit dem
Bau „verschmolz", verübelte Kricke mir jahrelang!

Viele Kooperationen verliefen aber reibungslos: Mit
Doris Schöttler-Boll und Monika Günther in Essen gab
es zum Beispiel keine Probleme; ebenso wenig mit
Leonardo Mosso und VA Wölfl in Stendal. Dort tauchte
allerdings ein anderes Problem der Verschmelzung von
Kunst und Bau auf: Die Theaterleute entfernten die im
hinteren Teil des Foyers positionierten Schwarzbilder
von VA Wölfl, um dort Schauspielerporträts und Fotos
ihrer Produktionen zu zeigen. Bei dieser Gelegenheit
ließen sie die künstlerisch wichtige Sichtbetonwand
irreversibel weiß anstreichen! Selbst wenn die Schwarzbilder wieder gehängt würden, wäre das Ensemble
dadurch stark beeinträchtigt. Das Mediengrab von VA
Wölfl und Jacob Ruhnau blieb allerdings erhalten.

**Sie haben mit Norbert Kricke, Leonardo Mosso, Adolf
Luther, Rupprecht Geiger und anderen auch Multiples
produziert, die visuell als „autonome" Objekte funktionieren…**

Ja, aber es sind genau die Objekte, die wir für den
Bau entwickelten. Wir schlossen jeweils Verträge über
die Auflagenhöhe; die Künstler und ich erhielten je 50
Prozent der Erlöse.

*Theater der Altmark, Stendal,
Lichtturm von Leonardo Mosso*

*VA Wölfl mit Jacob Ruhnau,
Mediengrab im Foyer des
Theaters der Altmark, Stendal*

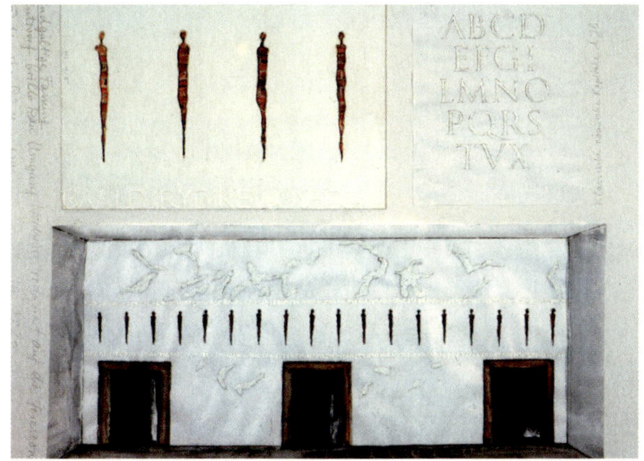

*VA Wölfl, Schwarzbilder
im Foyer des Theaters der
Altmark, Stendal*

*Monika Günther, Arbeiten
an der nördlichen Wand
des Foyers im Grillo
Theater, Essen*

*Doris Schöttler-Boll, Arbeiten an
der südlichen Wand des Foyers im
Grillo Theater, Essen*

Wir haben keine Monarchie.
Wir brauchen keine neuen Hoftheater.
Wir wollen keine formierte Gesellschaft.
Wir wollen keine bedingungslose Parteidisziplin.
Wir wollen keine Hofschranzen.
Wir wollen keine Gesundbeter, Medizinmänner, Heilsverkünder, Levitenleser.
Wir wollen selbstbewusste und verantwortungsfähige Mitbürger & Mitspieler.
Wir wollen eine offene Gesellschaft.
Wir leben Im Zeitalter der Kybernetik, Automation,
Weltraumfahrt, Telekommunikation und elektrischen Information.
Wir sehen nicht mehr nur um die nächste Straßenecke,
sondern sind an das weltumspannende Informationsnetz
der Massenmedien Rundfunk, Fernsehen, Fernschreiber, Telefon, Bildfunk
angeschlossen.
Unser Horizont hat sich erweitert.
Wir leben nicht eindimensional.
Wir erleben nicht einperspektivistisch.
Die Gleichzeitigkeit unterschiedlicher Reize, Informationen, Aktionen und
Reaktionen im täglichen Leben hat die multisensorische Wahrnehmung
zur zeitgemäßen werden lassen.
Zeitgemäßes Theater muss diesen veränderten Wahrnehmungsgewohnheiten
gerecht werden und die Sinne der Zuschauer, Zuhörer, Mitspieler
für sie schärfen.
Nur im Theater kann die Gleichzeitigkeit unterschiedlicher Ereignisse
auf verschiedenen, räumlich getrennten Spielebenen im
mehrperspektivischen Raum verwirklicht werden.
Nur das Theater vermag alle zeitgemäßen Informationsmedien
produktiv zu vereinen.
Nur Theater und Musik entstehen öffentlich und vor dem Publikum
und sind von diesem beeinflussbar.
Das Hoftheater macht einem passiven Publikum etwas vor und verweigert
ihm schon architektonisch jede räumliche Veränderung.
Das Guckkastentheater richtet den Menschen aus und
bestimmt seinen Blickwinkel.
Die Kommunikation zwischen Bühnenakteuren und Zuschauern ist einseitig.
Wer einmal in der Reihe sitzt, sitzt fest im Plüsch.
Einlass nur während der Pausen.
Rauchen, trinken, essen, sprechen verboten.
Stille und Andacht geboten.
Einer offenen Gesellschaft entsprechen offene Theaterspielformen.
Offene Theaterspielformen verlangen offene Theaterbauformen.
Offene Theaterbauformen schließen alle vergangenen und
gegenwärtig gewünschten Theaterspielformen ein.
Der Guckkastenbau des Hoftheaters dagegen schließt
alle Theaterspielformen außer denen des Guckkastens aus.
Offene Theaterspielformen animieren das Publikum zur Auswahl
zwischen einzelnen und unterschiedlichen Formteilen.
Der Mitspieler kann das Stück innerhalb seiner Regeln verändern.
Das Ritual der Gläubigen in der Kirche während der Messe
ist hingegen ein Nachvollziehen festgelegter Verhaltensweisen.
Offene Formen aktivieren das Publikum.
Das Prinzip offener Formen ist die Variabilität.
Offene Theaterformen verlangen daher veränderbare Theaterarchitekturen.
Variabilität statt Monumentalität.
Eine offene Gesellschaft statt einer geschlossenen Gesellschaft.

22.1.1968

FERDINAND KRIWET WERNER RUHNAU

GESELLSCHAFTSFORM THEATERFORM THEATERFORM GESELLSCHAFTSFORM
Veranstaltung der Freunde Neuer Kunst Dortrnund • Museum am Ostwall • 2.2.1968

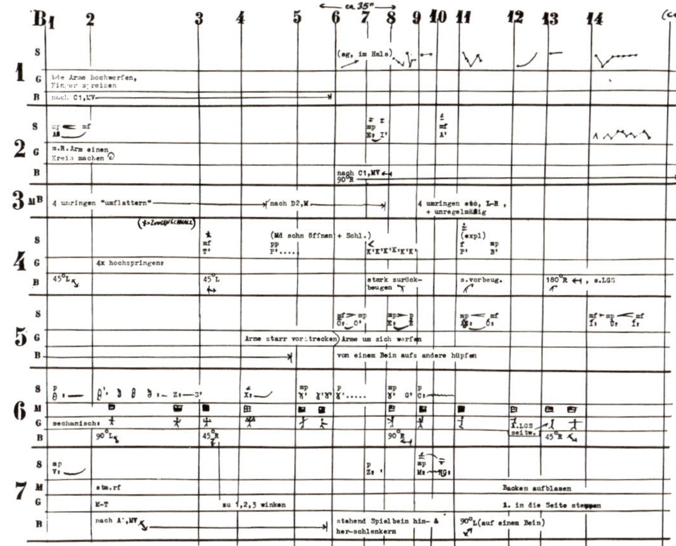

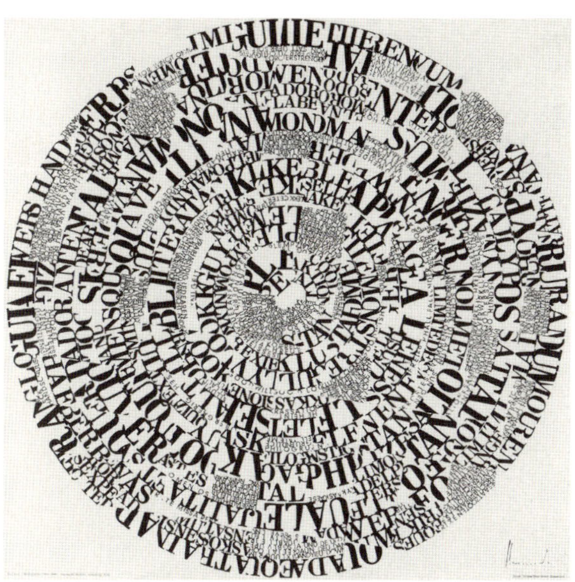

Gesellschaftsform – Theaterform: Experimentelle Stücke

Als Architekt engagierten Sie sich intensiv für variable Räume und darstellendes Spiel. Welche experimentellen Theaterstücke waren Ihnen in den 60er Jahren wichtig?

Mit Yves Klein hatte ich 1959 für das variable Kleine Haus in Gelsenkirchen das „Theater der Leere" entworfen. Eine gemeinsame Aufführung war nach Yves' Tod 1962 nicht mehr möglich. 1963 wollte ich mit dem Künstler Ferdinand Kriwet „Aspektakel" produzieren, ein Stück für mobiles Theater. Es sollte auf dem Vorplatz beginnen und in das Kleine Haus „hineinwandern", Garderobe, Foyer ins Spielgeschehen mit einbeziehen und die Zuschauer zu Mitspielern machen. Dafür sind neben einer mobilen, offenen Bauform auch experimentierfreudige Mitspieler, Akteure, Techniker, Verwaltungsleute notwendig - und die waren damals in Gelsenkirchen nicht ausreichend zur Stelle. Die Theaterleute spielten nicht mit: Sie protestierten zwar nicht laut, „schlichen" sich aber sozusagen davon; einer nach dem anderen meldete sich „krank".

Partiturauszüge des „Aspektakels" veröffentlichten wir 1968 in „Gesellschaftsform - Theaterform, Theaterform - Gesellschaftsform", einem Begleitheft zu unserer Ausstellung im Museum am Ostwall in Dortmund. Darin erschien auch unser Manifest, das im Namen der „Freunde der neuen Kunst in Dortmund" zu neuen Spielformen aufrief: „Eine offene Gesellschaft fordert offene Theaterspielformen und diese eine offene Theaterarchitektur!"

1964 führte das Theater Essen das Stück „Gilda ruft Mae West" in der Essener Messehalle auf. Die szenischen Ereignisse spielten sich um die auf Hockern sitzenden Besucher herum ab. Zwar blieben diese noch Zuschauer, wurden nicht Mitspieler, aber immerhin gab es eine ständig wechselnde räumliche Beziehung zwischen ihnen und den Akteuren.

Werner Ruhnau und Ferdinand Kriwet, „Aspektakel", Partiturauszug

Ferdinand Kriwet, Sehtext

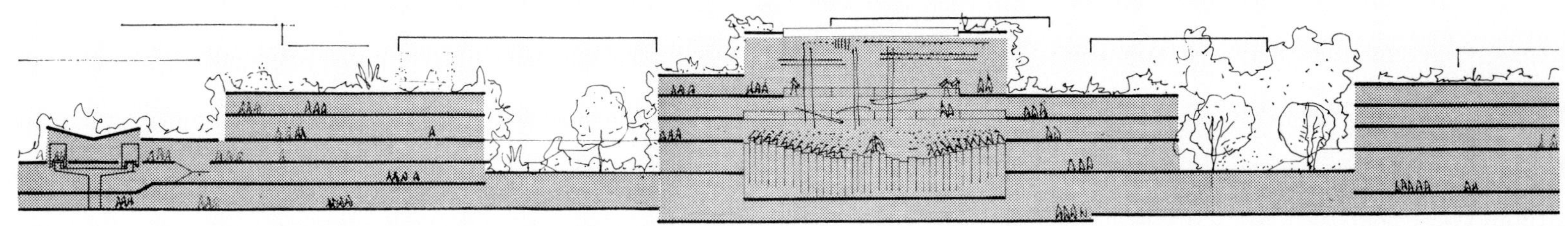

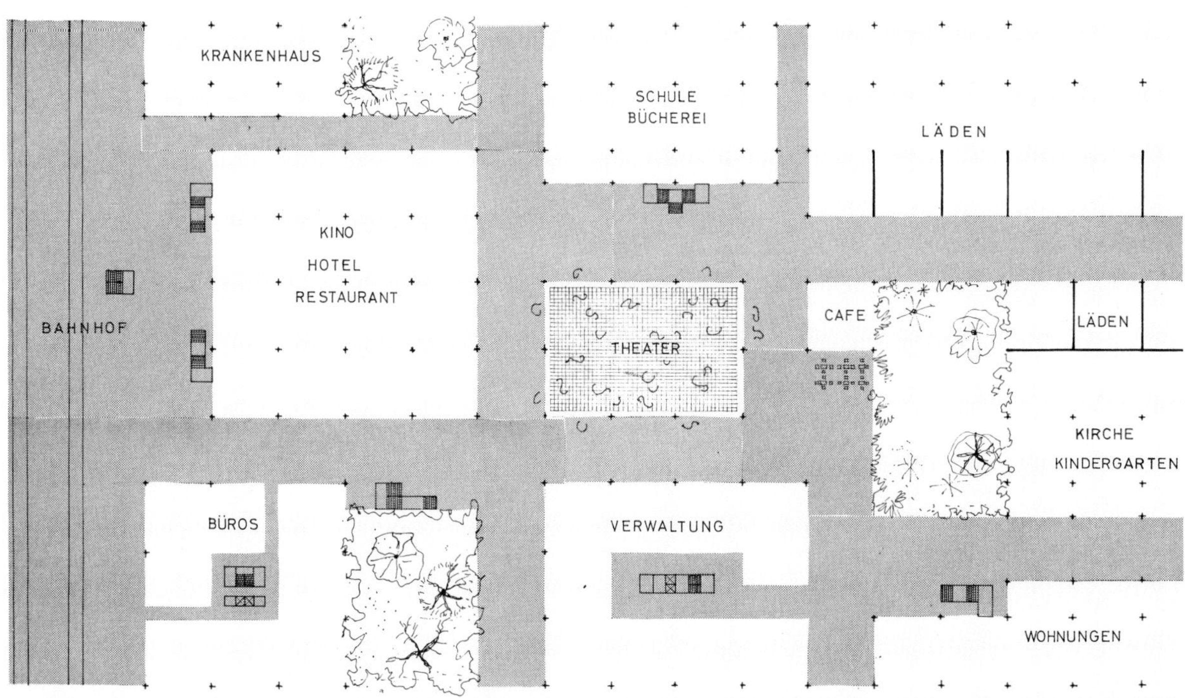

Werner Ruhnau, Schnitt Passagenstadt　　　*Werner Ruhnau, Passagenstadt*

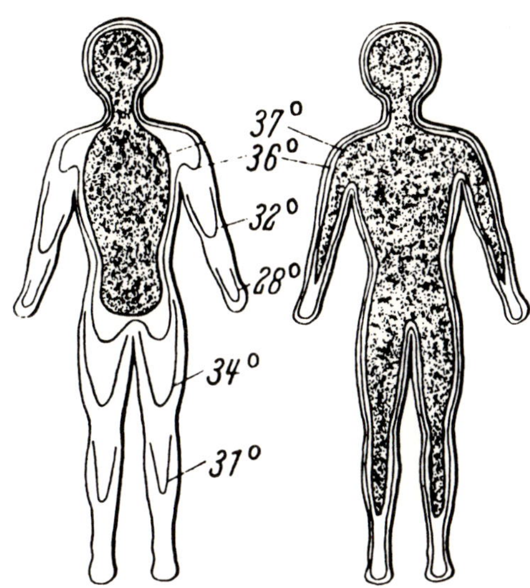

Isothermen des Menschen

Klima - Stadtplanung - Spielraum

Spiel, Raum und Klima waren Themen Ihrer Vorlesungen und Seminare als Professor in Kanada. Wie kam es zu diesen Lehraufträgen?

Nach der Ausstrahlung des BBC-Films von Victor Glasstone 1963 im gesamten Commonwealth war man auf mich als Erbauer des Gelsenkirchener Theaters aufmerksam geworden. 1965 / 66 berief mich die Université Laval in Québec als „professeur attaché à plein temps". Die Architekturabteilung dort war schulähnlich nach Jahrgängen geordnet; ich unterrichtete die Abschlussklassen. Das Gleiche galt auch für Montréal an der École d'architecture, wohin ich 1967 wechselte.

In der geographischen Fakultät der Université Laval begegnete ich einer Kollegin, die mein Interesse an der Bedeutung des Klimas für unser Leben teilte. Wir untersuchten die Zusammenhänge zwischen Mikro-, Meso-, Makro-, Krypto-Klima, Städtebau und der Physiologie des Menschen.

Was heißt das konkret?

„Mikroklima" bezeichnet das Klima der bodennahen Luftschichten, „Meso" das Klima zum Beispiel in der Stadt, in Tälern und so weiter, „Krypto" das Klima im Innenraum. Das Makroklima ist bedingt durch die geographischen Breitenlagen und die großen Land- und Wassermassen.

Da die Kerntemperatur des Menschen von 37 Grad Celsius in Gehirn und Rumpf Voraussetzung für das Funktionieren seiner wichtigsten Lebensorgane ist, konnte sich der Homo sapiens zunächst in geeigneten Naturklimata wie in Afrika entwickeln. Erst die Erfindung des Hausbaus schuf eine zweite Klimaschutzhülle neben der Kleidung. Sie ermöglichte die Besiedlung der Erde, das Vordringen der Menschen in weniger begünstigte klimatische Zonen.

Im Innenraum begannen jedoch nun die Probleme mit künstlicher Belüftung, künstlicher Beleuchtung - besonders in Versammlungsstätten wie Theatern! So suggeriert der gemalte Wolkenhimmel auf der wetterschützenden Holzdecke des Teatro Olimpico in Vicenza, 1585 posthum nach den Entwürfen von Andrea Palladio erbaut, die freie Natur. Aber die Finsternis im Innenraum auch bei Tag, die stickige Luft, der Geruch nach Keller, die Akustik einer Holzkiste entlarven den gemalten Himmel als optische Täuschung. Alle Theaterkatastrophen, etwa die Brände durch Gaslampen, erklären sich durch die Abgeschlossenheit der Versammlungsräume von der Außenwelt; Gefahren, die mit der Schaffung von künstlichen Innenwelten entstanden.

Als Sterblicher, der ich nach Heidegger bauend auf dieser Erde wohne, ließen mich diese einmal bewusst gewordenen Zusammenhänge zwischen Körper, Innen- und Außenraum, zwischen Leben und Klima nicht mehr los. Ein urbanes Ineinandergreifen von Wohnen, Lernen, Erholen, Arbeiten kann nur dort gedeihen, wo das Naturklima humanverträglich ist. Aber sogar im Süden sind Straßen und Plätze bei „schlechtem Wetter" wie leergefegt… Die „Klimatisierung des Raumes", auch von Außenräumen wie Straßen und Plätzen, der „Garten Eden", von dem wir schon in Gelsenkirchen träumten, gehören für mich zu den grundlegenden Aufgaben des Architekten.

Zu diesem Thema publizierten Sie viele Artikel. Umfänglich stellten Sie es in Ihrem 1969 erschienenen Buch „Versammlungsstätten" dar…

Ja! Schwerpunkte des Buches sind die Bedeutung des Klimas für die Entwicklung des Theaterbaus und die Beziehung zwischen Platz und Spielstätte für die darstellende Kunst.

Welche Konsequenzen zogen Sie aus der Umweltklimatologie für den Städtebau?

1968 veröffentlichte ich meinen Vorschlag für die Stadt im Norden: Ein Passagensystem mit Marktplatz in der Mitte, der, ausgestattet als Podienklavier, zu bestimmten Zeiten auch darstellenden Spielen dienen sollte. Keine Hochhäuser, sondern eine viergeschossige Atriumbebauung. Der Marktplatz, die Agora, inmitten dieses klimakontrollierten Stadtviertels ist der Treffpunkt, auf dem die Bürger miteinander diskutieren, feiern, im multiperspektivischen Raum spielen können. Läden, Büros, Wohnungen, Kirchen, Restaurants befinden sich unter dem gleichen Passagensystem wie die Agora: Die Ghettoisierung der verschiedenen Bereiche des Lebens wird zugunsten eines verflochtenen Miteinanders aufgehoben! Eine derartige „Indoor-" oder „Krypto"-Stadt ist mit dem Naturklima zum Beispiel durch Gartenhöfe verbunden, die eine natürliche Be- und Entlüftung der Plätze und überdachten Straßen erleichtern.

Hatten Sie Mitstreiter für diesen Ansatz?

Ja! Ganz wichtig war die Groupe d'Etudes d'Architecture Mobile (GEAM). Dort diskutierten wir diese Ideen. Yona Friedman war treibende Kraft; wir wurden Freunde. Zu Frei Otto gab es für mich schon deswegen eine gedankliche Nähe, weil er seine Zeltdächer ebenfalls als Klimaschutztechniken auffasste. - Meine Besuche in Paris in der GEAM und die Diskussionen in der Gelsenkirchener Bauhütte regten meine Beiträge zur Klimatisierung, zum Wetterschutz mittels Luftdächern oder meteorologischen Eingriffen an.

Wieweit setzten sich diese Gedanken in der Architektenausbildung an deutschen Hochschulen durch?

Leider kaum. Klima, Künste und Spiel wollte ich als wichtigen Bestandteil einer Architekturausbildung bei den neu gegründeten Universitäten in Bochum, später in Dortmund einführen. Aber meine Bemühungen bei Prof. Hans Schwippert, der die Entscheidungen beeinflusste, blieben erfolglos. - In beiden Fällen entstand eine eher klassische Architekturabteilung.

Damals war Klima für Planer ein Nebenthema. Heute, ein halbes Jahrhundert später, reden alle „vom Wetter"; Klimaveränderungen, -katastrophen und Wetterlagen sind wichtiger Teil jeder Nachrichtensendung. – In den 60er Jahren war die Bedeutung von Klimaforschung für das Umweltverhalten neu. Mich beeinflusste sehr früh die Dissertation von Albert Kratzer über das „Stadtklima", erschienen an der Technischen Hochschule München 1935. Kratzer untersuchte vor allem am Münchener Hauptbahnhof die Zusammenhänge zwischen Siedlungsdichte, Staubentwicklung und Regendichte. Er wies erstmalig die Beeinflussung des Klimas durch die Stadt nach.

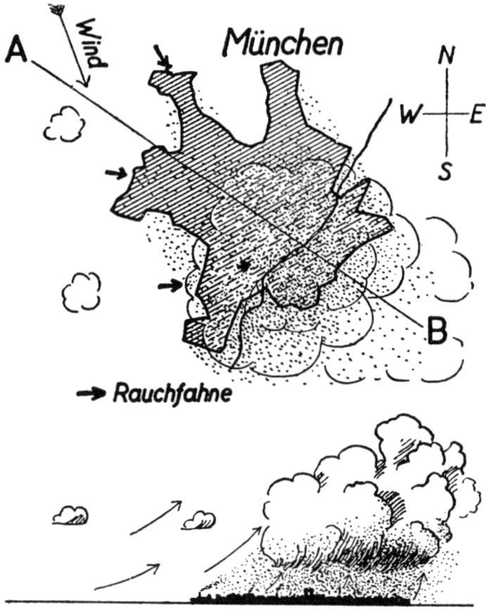

Für den Bau der Dortmunder Universität reichten Sie einen Wettbewerbsentwurf ein. Wie sah der aus?

Die Ausschreibung des Architektenwettbewerbs für die Universität Dortmund 1964 sah eine Platzierung außerhalb der City vor. Ich weigerte mich mitzumachen: Dieses Ausgrenzen schadet dem urbanen Leben! Schon die Bochumer Universität war fernab der Innenstadt gebaut worden. Gegen die Vorgaben des Wettbewerbs plante ich mit meinem Kollegen Bruno Schönhagen für Dortmund eine Passagenuniversität direkt über dem Bahnhof Dorstfeld-Süd. Natürlich wurde die Arbeit nicht gewertet; wie in Bochum steht die Universität nun auf der grünen Wiese und die Stadt selbst leidet an leer stehenden Flächen. Die Universität hätte das Stadtleben sehr bereichert!

Gab es Proteste gegen die ausgelagerten Standorte der Universitäten?

Ja! Unser BDA Ruhrgebiet zum Beispiel engagierte sich sehr - und in Essen hatten wir Erfolg. Das war Anfang der 70er Jahre. Die Landesregierung entschloss sich, die Universität citynah auf dem Gelände des ehemaligen Segeroth-Viertels zu planen. Der Segeroth war ein berühmt-berüchtigtes Arbeiterviertel mit Schrottplätzen, Brachen und Rotlichtdistrikt. Der zwischen Universitätsgelände und Berliner Platz liegende Bahndamm wird in absehbarer Zeit verschwinden, so dass die Universität dann tatsächlich Teil der Stadt wird.

P. Albert Kratzer, Darstellung des Zusammenhangs zwischen städtischer Staubentwicklung und Wolkenbildung, 1935

Neben Ihren Lehraufträgen 1965 - 1968 in Kanada
führten Sie in Gelsenkirchen ein aktives Architekturbüro, hatten nicht zuletzt eine große Familie mit vier
Kindern. Wie klappte die Koordination?

Genau deswegen war die Hochschultätigkeit in Kanada
problematisch: Das Büro in Gelsenkirchen lief zwar gut
- wir hatten ja den Auftrag für die Lechenich-Siedlung
in Köln. Aber familiär sorgte meine zu lange Abwe-
senheit für Schwierigkeiten… Immer drei Monate in
Kanada, drei Monate in Deutschland - was auch die
Universitäten nicht gerne sahen; „à plein temps" hieß
wirklich „die ganze Zeit". - Ich nutzte die vielen Reisen,
um die USA kennen zu lernen: Chicago mit Besuchen
bei Mies van der Rohe, Besuche in Boston bei Gropius.
An der Harvard University gehörte ich auf Empfehlung
von Prof. Jerzy Soltan zur Prüfungskommission bei
Diplom-Examina - und hinzu kamen immer wieder
Aufenthalte in New York. Es war eine interessante, an-
strengende, aber der Familie abträgliche Situation. Da
Anita mittlerweile ein Haus in Essen gekauft hatte, fiel
meine Entscheidung: Ich bleibe in Deutschland.

**Sie organisierten in Kanada Ausstellungen, mit denen
Sie Künstler der jungen deutschen Avantgarde vorstell-
ten. Wie sah das kulturelle Leben in Kanada aus?**

Die zwischenmenschlichen Verhältnisse, das soziale
Leben waren von angelsächsischer Prüderie geprägt,
die mir fremd war. Das kulturelle Leben erschien mir,
verglichen mit unserem, provinziell; die Museen verstanden sich eher als Lehranstalten mit pädagogischem
Auftrag. Das war teils interessant, teils langweilig: Das,
was wir Avantgarde nannten, gab es dort nur beim Film,
nicht in der bildenden Kunst.

Auf Wunsch meiner Kollegen an der Universität und
der Museumsleute zeigte ich, was ich in der bildenden Kunst unter Avantgarde in Deutschland verstand.
Als „Collection Ruhnau" wanderte diese Ausstellung
von der Université Laval zum Museum in Québec, zur
Universität und zum Museum in Montréal. Winfried Ter
Huerne, Büroleiter und Freund in Gelsenkirchen, und
der Künstler Ferdinand Spindel stellten diese Arbeiten
von Spindel, Adolf Luther, Günther Uecker, Christian
Megert, Raimund Girke, Marianne Aue und anderen
zusammen. Ich ließ die Werke auf meine Kosten nach
Kanada transportieren, versichern und wandern. Die
Verabredung mit den Künstlern lautete: Ich mache
Euch dort bekannt, übernehme sämtliche Kosten und
nach Abschluss der Aktionen verbleiben die Arbeiten in
meinem Eigentum.

**1967 fand in Montréal die Weltausstellung statt. Sie
entwickelten ein „Spielkonzept" für den deutschen
Pavillon…**

Gemeinsam mit Claus Bremer, dem Dramatiker Paul
Pörtner und anderen schlug ich vor, den deutschen
Pavillon von Frei Otto und Rolf Gutbrod auch szenisch
zu bespielen. Die verschiedenen Ausstellungsebenen
boten sich als Bühnen an. Unsere Pläne scheiterten
aus finanziellen Gründen. Dennoch war dieses Projekt
fruchtbar. – Die Architekten Paolo Nestler, Gutbrod und
andere, mit denen ich dabei in engeren Kontakt kam,
fanden meine Idee so interessant, dass sie mich für die
Vorbereitung der Olympischen Spiele in München 1972
vorschlugen.

**Die Vorbereitungen begannen also 1967, unmittelbar
nach Ihrer Rückkehr aus Kanada?**

Ja, zum einen die Vorbereitungen für die Münchener
„Spielstraße", die für mich fast noch wichtiger wurde als
das Gelsenkirchener Theater. Zum anderen begannen die Planungen des neuen Verwaltungsgebäudes
der Herta KG in Herten, für das ich eine klimatisierte
Arbeitslandschaft entwickelte.

*Modell Passagenuniversität Dortmund,
1964*

II. Heilige
(und andere) Spiele

1. SPIELSTRASSE MÜNCHEN 1972

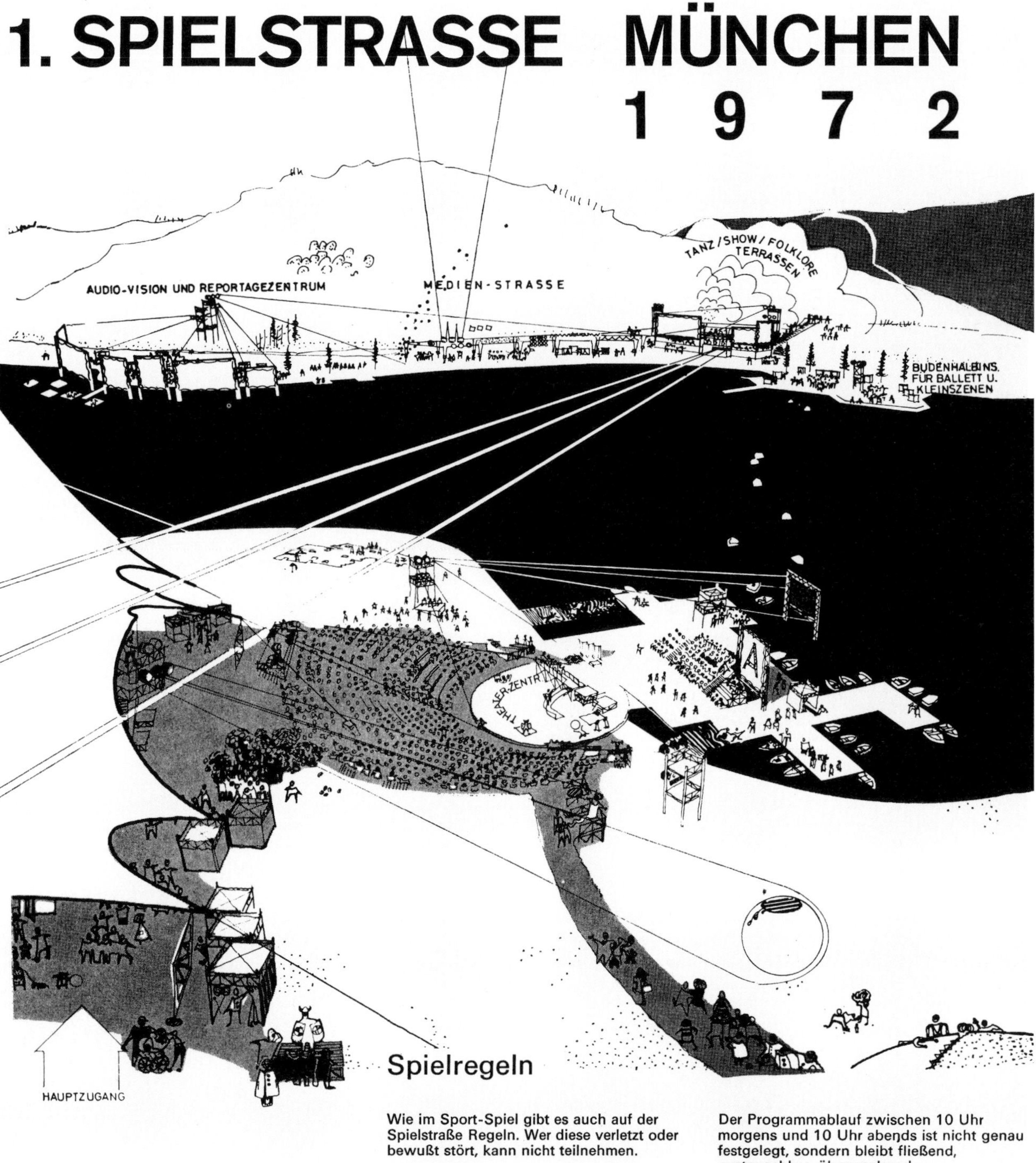

Spielregeln

Wie im Sport-Spiel gibt es auch auf der Spielstraße Regeln. Wer diese verletzt oder bewußt stört, kann nicht teilnehmen.

Im Gegensatz zu den Sport-Spielen kann der Zuschauer auf der Spielstraße viele Spiele zugleich sehen, frei herumgehen, mit den Spielern reden und gegebenenfalls mitspielen.

Zuschauer können dann in das Geschehen eingreifen, wenn Schauspieler, Maler, Bildhauer, Artisten, Musiker dazu auffordern, oder Spielobjekte und Materialspieler dazu einladen.

Der Zuschauer kann aus dem vielfältigen, simultan laufenden Programm frei auswählen.

Der Programmablauf zwischen 10 Uhr morgens und 10 Uhr abends ist nicht genau festgelegt, sondern bleibt fließend, austauschbar, überraschend.

Schiedsrichter gibt es nicht.

Auf meßbare Ergebnisse kommt es nicht an.

1968 begannen Sie mit der Vorbereitung der Spielstraße für die Olympischen Spiele in München. Wie kam es zu diesem Auftrag?

1966 erhielt München den Zuschlag für die Durchführung der Olympischen Spiele 1972. Treibende Kräfte waren Willi Daume, Präsident des Nationalen Olympischen Komitees für Deutschland, und Dr. Herbert Hohenemser, Stadtrat und Kulturdezernent von München. Sie hatten dem IOC versprochen, die zentralen Ideen der antiken Olympischen Spiele - Sport und Kult - wieder miteinander zu verbinden.

Es sollten „heitere Spiele" werden. Auf Vorschlag der Architekten Paolo Nestler und Rolf Gutbrod, die mein Konzept für den Deutschen Pavillon bei der Weltausstellung in Montreal kannten, luden mich Hohenemser und Daume nach München ein. Ich regte an, die Sportspiele als darstellende Leistungsspiele aufzufassen und diese mit den Mitteln der Künste kritisch zu kommentieren. Dieses Konzept könne in Form einer „Spielstraße" auf vielen kleinen Bühnen und in Buden[26] rund um den Olympiasee verwirklicht werden. Ich höre noch Herbert Hohenemser zu dieser Form der Integration von Kunst, Kult und Sport sagen: „Herr Ruhnau, das ist es! Das machen wir!"

Otl Aicher, verantwortlich für das visuelle Erscheinungsbild der Olympischen Spiele, Willi Daume, Präsident des Nationalen Olympischen Komitees, Herbert Hohenemser, Kulturdezernent München, Werner Ruhnau, Intendant Spielstraße

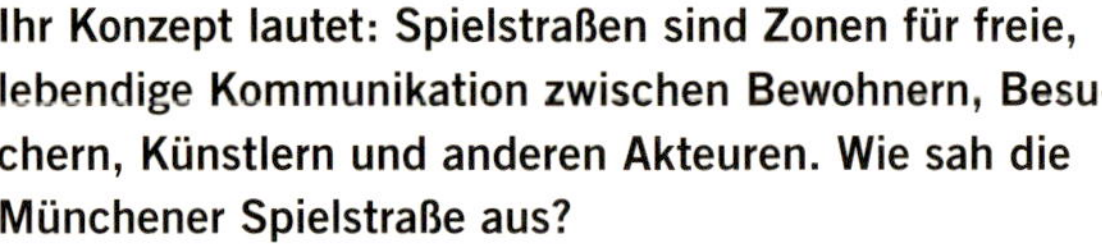

Ihr Konzept lautet: Spielstraßen sind Zonen für freie, lebendige Kommunikation zwischen Bewohnern, Besuchern, Künstlern und anderen Akteuren. Wie sah die Münchener Spielstraße aus?

In die Sportlandschaft rund um den See wurde eine Architektur aus kleinen variablen Aktionsfeldern integriert, die eine offene szenische Form ermöglichen. Die Aktionen der Schauspieler, Artisten, Maler, Bildhauer, Musiker und Filmer eröffneten den Besuchern Auswahlmöglichkeiten. Einige Gruppen bezogen die Besucher mit ein; wer wollte, konnte mitspielen. Essen und Trinken, Diskussionen, Theater, Musik, bildende Künste und Film verbanden sich zu einem interaktiven Ereignis. Wir hatten täglich bis zu 30.000 Besucher!

In welcher Form und mit welcher Funktion wurden Sie verpflichtet? Als Architekt? Als Intendant?

Beides! Zunächst als Entwickler des Programms und der Konzepte, später als Intendant und künstlerischer Leiter. Nachdem das Programm feststand, kamen Aufträge als Architekt für Entwurf und Bau der Spielstätten hinzu. Von Anfang an hatte ich dabei eine kleinteilige, offene Anlage befürwortet - als Gegengewicht zur Monumentalität der Sportstadien. So plante ich das Medienzentrum[27], die Showterrassen, die Budenhalbinsel. Gemeinsam mit dem Architekturbüro Behnisch und Partner entwarf ich das Theatron am Olympiasee. - Das große Modell, das alle Spielstätten und szenischen Ereignisse anschaulich darstellte, führte zur Genehmigung.

Henning Collin, Rechtsanwalt und Justiziar des Burda-Verlags in München, wurde bei den vielen Vertragsgestaltungen unentbehrlich.

Sie behielten Ihr Haus in Essen und mussten also pendeln. Wie liefen die Vorbereitungen ab?

In der vierjährigen Vorbereitungszeit plante ich zunächst das künstlerische Konzept, wählte dann Spartenleiter aus und schlug sie dem Kunstausschuss des Organisationskomitees zur Genehmigung vor. Gemeinsam suchten wir dann geeignet scheinende Künstler, denen das Komitee ebenfalls zustimmen musste.

Die Sitzungen leitete Herbert Hohenemser. Er stand in engem Kontakt mit Willi Daume: Sobald die Stimmung mal wieder zu Ungunsten der Spielstraße umschlug, war Daume zur Stelle, unmissverständlich auf seinem Entschluss beharrend, dieses Projekt zu realisieren. - Dem Kunstausschuss gehörten unter anderem Erich Kästner, Günter Grass, Herbert von Karajan an; letztere habe ich aber nie getroffen, während Kästner immer anwesend war und mir insgeheim wohl auch nachdrücklich half.

Jahrelang bin ich fast jeden Montagmorgen nach München geflogen; eher ein Fremdling unter den mitreisenden, dunkel gekleideten Geschäftsleuten mit ihren kleinen schwarzen Aktenköfferchen. - Ab 1970 stellte mir die Stadt München in der Funkerstraße ein großes Haus zur Verfügung. Je näher der Eröffnungstermin rückte, umso dichter wurde die Schar der Besucher und der dort Wohnenden. Während der olympischen Spiele entwickelte sich die Funkerstraße zu einer Art Hort der Kritik an der Gigantomanie der Sportspiele.

Modell Theatron mit Seebühne und Szenenflächen im Auditorium

Werner Ruhnau bei der Eröffnungsrede der Spielstraße im Theatron

Team des Büros „Spielstraße" in Essen

Wie wählten Sie die Künstler aus?

Alle darstellenden Künstler fanden Anita und ich, gemeinsam mit Anke Roeder, Frank Burckner und Frieder Weber, in Amsterdam, dem Treffpunkt der Theateravantgarde. Alle darstellenden Künstler entdeckten wir dort - wie Jérôme Savary (Frankreich), Mario Ricci (Italien), die Kipper Kids (England), Shuji Terayama (Japan) und das Marionettentheater Stockholm.

Schwieriger gestaltete sich die Auswahl der bildenden Künstler - obwohl wir diese Szene seit Jahren sehr gut kannten. Hierfür fielen mehr Reisen an: Für ein Treffen mit Mario Ceroli musste ich zum Beispiel nach Rom fahren, Anita reiste nach Paris und New York, wo sie mit Andy Warhol, Roy Lichtenstein, Robert Rauschenberg und anderen sprach; die Einladung New Yorker Künstler scheiterte aber aus finanziellen Gründen. - Karl-Heinz Hering, Vorsitzender des Düsseldorfer Kunstvereins, war in Sachen bildender Kunst Anitas Hauptinformant. Er empfahl Timm Ulrichs, Anatol Herzfeld, Renate Göbel, Fritz Schwegler und viele andere.

Jérôme Savary, Le Grand Magic Circus, Frankreich, Prozession auf der Spielstraße. Savary beschäftigte sich mit Pierre de Coubertin (1863-1937), dem Begründer der Olympischen Spiele der Neuzeit

Mario Ricci, Italien, Olympische Spiele Los Angeles 1932

Jérôme Savary, Le Grand Magic Circus, Frankreich

Wie viele Künstler nahmen teil?

Mit den Technikern waren es ungefähr 500 Personen!
Für ihre Teilnahme erhielt jeder Künstler ein Honorar
von etwa 3.000 Mark und freie Unterkunft. Letztere
musste im überfüllten München erst einmal gefunden
werden! Und natürlich gab es Beschwerden; einige
hatten sich 4-Sterne-Hotels, nicht Untermietzimmer
vorgestellt… Mario Ceroli und Saskia de Boer reisten
sogar ab. Die Theaterleute waren unkomplizierter; sie
akzeptierten Turnhallen als Quartier. Anita managte die
Betreuung der Künstler.

Außerdem hatten wir in der Funkerstraße viele Besucher. Beispielsweise Karl Ludwig Schweisfurth, Eigentü-
mer der Herta Fleischwarenfabrik, für die ich zeitgleich
das neue Verwaltungsgebäude in Herten plante. Er
besuchte uns oft auf der Spielstraße und brachte dort
natürlich Herta-Würstchen ins Angebot: Als Kontrast zu
Dorothee Selz' und Antoni Miraldas grünem Mais, roten
Kartoffeln und ultramarinblauen Brötchen, die unsere
Spielstraßen-Bauchladenverkäuferinnen dem erstaun-
ten Publikum anboten.

*Herb Schneider, Gestalter des
Signets der Spielstraße*

*Peter Mell, Hans Poppel und Uwe Streifeneder entwarfen während der
Olympischen Spiele Siebdrucke zu aktuellen Tagesereignissen:
Die geheimen Sieger, Olympische Fitnesswoche, Medaillenspiegel*

Herb Schneider, Plakat „Spielstraße"

Tetsumi Kudo, Siegerehrung: Japan als Weltmeister der Umweltverschmutzung

Franz Falch, Hinkelsteine. Die Besucher waren aufgefordert, die Gruppierung zu verändern und mit den Hinkelsteinen zu spielen.

Anatol diskutiert Phänomene des Leistungssports mit den Zuschauern.

Timm Ulrichs, Hamsterrad, Ben Vautier, „Li(f)e is competition" (Lüge / Leben ist Wettbewerb)

Bildende Künstler auf der Spielstraße: Anatol, Toni Burckhardt, Renate Göbel, ganz rechts: Fritz Schwegler

Roy Adzak bei der Arbeit an der Säule „Friedenstauben"

Wie ging es mit der Spielstraße nach dem Anschlag der palästinensischen Terroristen auf die israelische Mannschaft weiter?

Das Attentat vom 5. September warf einen schweren Schatten auf die „heiteren Spiele". Wir waren überzeugt, nun können eigentlich nur noch unsere Kunstspiele weiterlaufen… Das Gegenteil trat ein; wir mussten büßen, die Spielstraße wurde geschlossen, während die Städtischen Theater weiterhin „Die lustige Witwe" aufführten und der Sport weiterging. „The games must go on", so tönte es aus den Lautsprechern, aber bei uns trat gähnende Leere ein. Meine Söhne verkauften viele der zu tausenden übrig gebliebenen Werbeheftchen, Otto Piene ließ zum Abschluss seinen Regenbogen über dem Olympiasee erstrahlen, die Wasserfontäne von Heinz Mack funktionierte auch weiter, aber viele unsere Künstler packten ein und fuhren nach Hause. Terayama verbrannte in einer letzten Aktion einen riesigen Vogel aus Balsaholz, eine Friedenstaube.

Wir fanden diese Entscheidung gegen die Spielstraße besonders widersinnig, weil sich zum Beispiel Shuji Terayama in seinem Stück mit der Gewalt in Mexiko-City unmittelbar vor den Spielen von 1968 auseinander setzte; damals hatte das Militär eine Studentendemonstration blutig niedergeschlagen, es gab viele hundert Tote. - 1972 waren wir im Olympischen Dorf wiederum mit Gewalt konfrontiert.

Wie wichtig waren für Sie damals theoretischen Grundlagen des Spiels?

Die ersten Überlegungen zu dem Phänomen des Spiels formulierte ich mit Hans Curjel und Claus Bremer, denen ich wichtige Anstöße verdanke. Curjel hatte als Direktor der Berliner Oper in den 20er Jahren experimentelle Stücke inszeniert. Der Poet und Dramaturg Claus Bremer gab mir bereits in Münster und Gelsenkirchen wichtige Impulse. Sicher kam bei unseren Beratungen auch der „Homo ludens" von Johan Huizinga zur Sprache – nach meiner Erinnerung prägten wir so den Begriff „Spielstraße".

In Ihrem Gesamtwerk messen Sie der Münchener Spielstraße einen sehr hohen Stellenwert zu. Warum?

Es geht mir um die Bedeutung des öffentlichen Raumes in der Stadt und den sich dort artikulierenden mündigen Bürger. Die Spielstraße war eine Initialzündung! Die Bürger entdeckten gemeinsam mit Künstlern öffentliche Räume und nahmen diese für szenische Spiele in Besitz.

Reflexionen zu den Spielen 1972 in München

Willi Daume und der Kulturreferent Herbert Hohenemser bewarben sich für die Olympischen Spiele in München mit der Idee, die Sportspiele wieder mit den Künsten zu verschwistern.

Um diese Idee umzusetzen, begannen wir im Auftrag des Organisationskomitees 1968 in Workshops in Essen mit ersten Überlegungen, Sport- und Kunstspiele zu integrieren. Zur gleichen Zeit bemühten sich Stadtplaner, Arbeits-, Bildungs- und Wohngebiete zu verflechten, um mehr Lebensqualität in den Städten zu gewinnen. Claus Bremer, Hans Curjel und ich erkannten, dass die Sportspiele ebenso wie der Tanz oder das Theater darstellende Spiele sind. Bei allen diesen Spielformen sitzen die Zuschauer wie im Theater (griechisch Thea = Aussicht, Theatron = Aussichtsplatz) den Sportlern auf deren Bühnen wie Fußballfeld, Laufbahn oder Rennstrecke gegenüber, verfolgen die Darbietungen, identifizieren sich mit Athleten oder Künstlern und bewerten deren Leistungen.

Sowohl in Sport- wie auch in den Kunstspielen stellten wir gleichermaßen ein „Konsumverhalten" der Besucher gegenüber den Darstellern fest. Um dieses aufzubrechen, bauten und betrieben wir schließlich inmitten der auf große Zuschauerzahlen ausgerichteten Sportstadien rund um den Olympiasee viele kleine, variable Aktionsfelder, die vielfältig bespielt werden konnten und offene szenische Formen ermöglichten. Wir versuchten, die großen Maßstäbe der Arenen mit dem Gegenüber von Spielern und Besuchern aufzulösen und zum Mitspiel anzuregen:

Anstelle der mehr passiven Teilnahme des Publikums am Sportgeschehen konnten sich die Besucher auf der Spielstraße frei bewegen, sich aus einem reichen, simultan laufenden Angebot von szenischen, bildnerischen, Klang- und kulinarischen Darbietungen ihr eigenes Programm entwickeln, konnten mit den Spielern reden und in das Geschehen eingreifen, wenn Schauspieler, Maler, Bildhauer, Artisten oder Musiker sie dazu einluden.

Bei den Ereignissen auf der Spielstraße kam es auf messbare Ergebnisse nicht an. Der „Gewinn" für die Teilnehmer am festlichen Spiel zwischen Sportlern, Künstlern und Besuchern war deren Zuwachs an schöpferischer Mitverantwortung am Ablauf des Spiels.

So entwickelten wir das Konzept Spielstraße als unseren Beitrag zum von Willy Daume gewollten „Gesamtkunstwerk" Olympische Spiele München, 1972.

Essen, den 30. Januar 2003 | Workshop Spielstraße | Werner Ruhnau

Heinz Mack,
Wasserfontäne

Terayama, Verbrennen
des Vogels

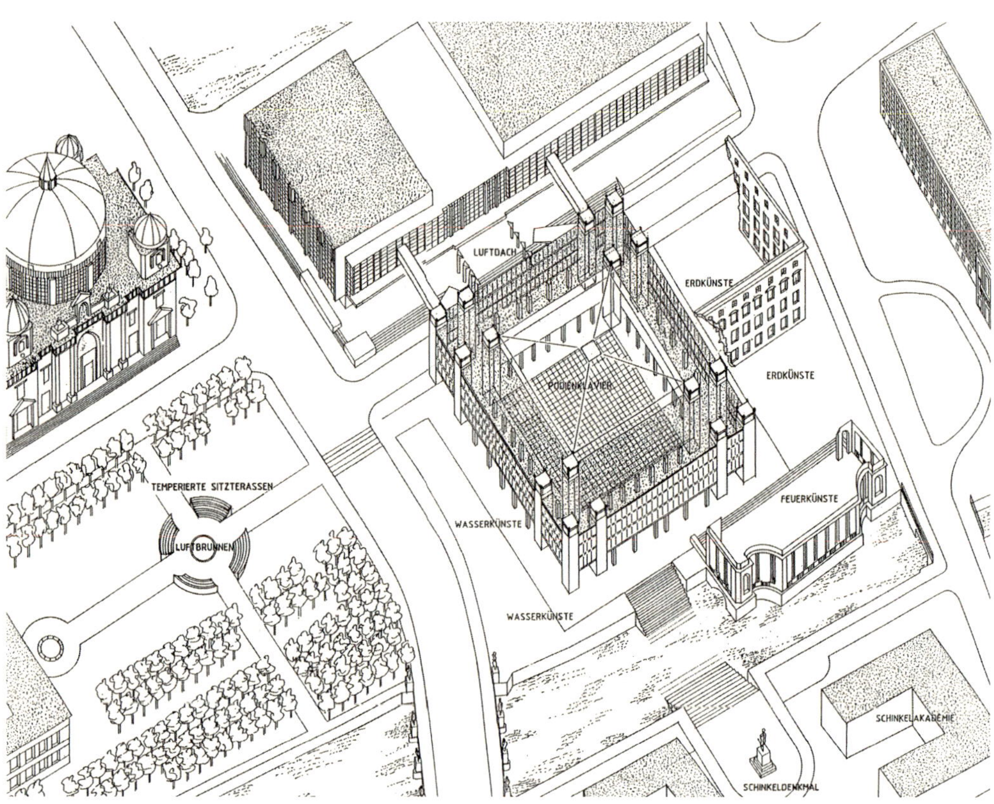

**Bund Deutscher Architekten Ruhrgebiet
Deutscher Werkbund Nordrhein Westfalen**

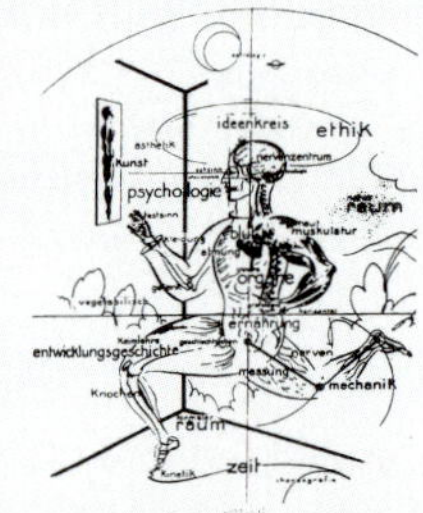

*Der Mensch im Ideenkreis
Oskar Schlemmer, 1928*

**Architektur tanzt
Darstellende Spiele im
öffentlichen Raum**

Eine Initiative des BDA Ruhrgebiet und
des Deutschen Werkbundes zur
Wahrnehmung des öffentlichen Raumes

In der über 100 Jahre alten Geschichte des Bundes Deutscher Architekten und des
Deutschen Werkbundes haben sich Persönlichkeiten wie Walter Gropius und Oskar Schlemmer
mit den unterschiedlichen Formen von Kunstproduktion, Kunstpräsentation und deren Bezug
zur Öffentlichkeit beschäftigt. Unsere Opern- und Konzerthäuser, Festspiel-, Freilichtbühnen –
sind gebaut nach dem griechischen Begriff „thea", dem „theatron" als Aussichtsplatz für
Besucher, die den schöpferisch tätigen Darstellern auf der „Scene" zuschauen und zuhören.
Theaterbauten entsprechen in ihrer Architektur diesen Spielformen der Künste und stehen – wie
die Museen – als „ästhetische Kirchen" an bevorzugten Orten im urbanen Gefüge.

In Ergänzung dazu schlagen wir vor,

jenseits dieser klassischen Spiel-Orte und Spielformen Menschen an ausgewählten Plätzen
zu neuen Spielen anzuregen: Künstler und Bürger finden sich zusammen, um „Stücke" zu
entwickeln, die die Bewohner und Passanten in das „Spiel" einbeziehen. Dafür verlassen die
Künstler ihre Ateliers, Bühnen und Museen, die Stadtbürger ihre Wohnungen, Büros und
Geschäfte, um verborgene und vergessene Qualitäten der Beziehungen zwischen Architektur
und öffentlichem Raum, zwischen Geschichte und Gegenwart und den Menschen, die sich
dort bewegen, zu diskutieren und in gemeinsamen Aktionen zu gestalten.

Wir wollen in Ergänzung zu den Highlights im Revier Spiele entwickeln, in denen über
Sprachen und Kulturen hinweg gemeinsame Inhalte von den Bürgern mitwirkend dargestellt
werden.

Ruhrgebiet, im März 2006
Moderator Werner Ruhnau

Dipl. Ing. Gunvar Blanck
Vorsitzender des BDA Ruhrgebiet

Prof. Dr. Roland Günter
Vorsitzender des Deutschen Werkbundes NW

*oben: Werner Ruhnau, Entwurf eines
Tempels der Elemente für den Schlossplatz Berlin, 1996*

Hat die Münchener Spielstraße Nachfolger gefunden?

1974 lud mich das Auswärtige Amt ein, als Beitrag zu den „Deutschen Wochen" in London die Olympische Spielstraße wieder ins Leben zu rufen. Das geschah dann eindrucksvoll im Institute of Contemporary Art (ICA). Parallel zu unseren Aktionen zeigte Joseph Beuys dort eine Ausstellung, in der Royal Albert Hall gab Karlheinz Stockhausen Konzerte. Die „Deutschen Wochen" waren eine Art Werbeveranstaltung für das Kulturleben der Bundesrepublik. Dafür gab es sogar Geld!

In Dia-Serien zum Thema Stadtplanung zeigten wir unsere großen „Schlafstädte" ohne urbanes Leben, stellten Ideen für eine Integration dergestalt ghettoisierter Lebensbereiche vor und präsentierten das Konzept Spielstraße. Theatergruppen wie die Kipper Kids, die in München mitgewirkt hatten, veranstalteten ihre Spektakel im ICA mitten unter den Besuchern. Was 1972 in Außenräumen passierte, geschah in London in Innenräumen. Hilmar Hoffmann, Kulturdezernent in Frankfurt, und Karl Richter, Leiter des Sekretariats für gemeinsame Kulturarbeit in Wuppertal, kommunizierten und diskutierten unsere Anliegen sehr engagiert. Es waren wunderbare Tage mit vielen Kunstereignissen. - Außerdem gab es in den 70er Jahren einige „Ableger" wie „Kiellinie - Spiellinie" in Kiel und „Alstervergnügen" in Hamburg.

Mit dem Sekretariat für gemeinsame Kulturarbeit in Wuppertal arbeiteten Sie bei einigen Projekten zusammen. Unter anderem fand das Symposium „Spiel Spiele Spielräume" statt...

Ja. Das Symposium fand 1984 anlässlich des zehnjährigen Bestehens des Kultursekretariats statt . Parallel gab es ein über ganz Wuppertal verteiltes Stadtfest; alles wurde zur Spielstätte, auch die Schwebebahn! - Außerdem konzipierten wir für viele Städte Spielstraßenprojekte; Stadtteilfeste hielten überall Einzug.

Für darstellende Kunst im öffentlichen Raum engagieren Sie sich bis heute. Welche Projekte gab es in den letzten Jahren?

1996 entwarf ich zum Beispiel, anknüpfend an unsere Gelsenkirchener Phantasien, einen „Tempel der Elemente" für den Berliner Schlossplatz: Luftdach, Erd-, Feuer- und Wasserkünste umstellen den zentralen „Tempel" für darstellende Spiele, der mit einem Podienklavier ausgestattet ist.

Mit Blick auf die Kulturhauptstadt 2010 konzipiere ich in der Rolle eines „Moderators" mit dem BDA Ruhrgebiet und dem Deutschen Werkbund NW das Projekt „Architektur tanzt. Darstellende Spiele in öffentlichen Räumen". Als Mentoren gewannen wir die Theater in Bochum und Gelsenkirchen, das Westfälische Landestheater in Castrop-Rauxel und Pact Zollverein in Essen. Unser Projekt soll nach Einrichtung des Kulturhauptstadtbüros vorangetrieben werden.

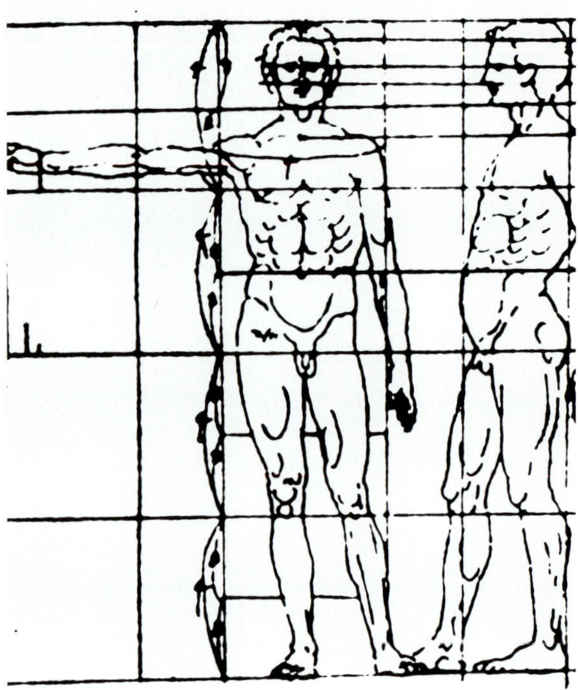

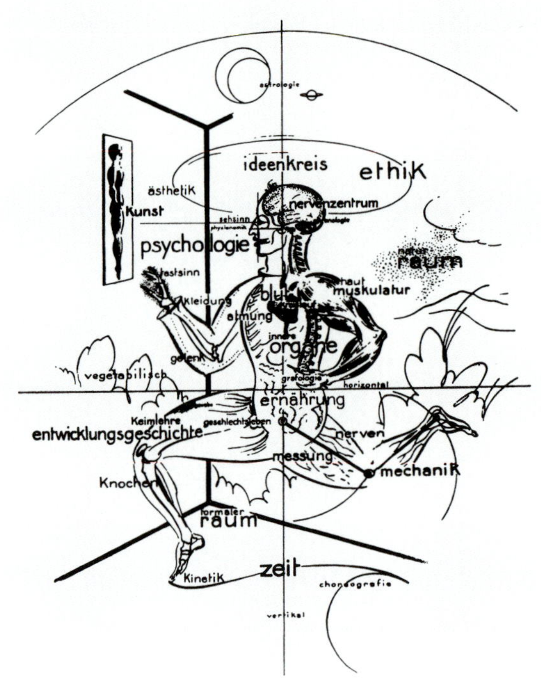

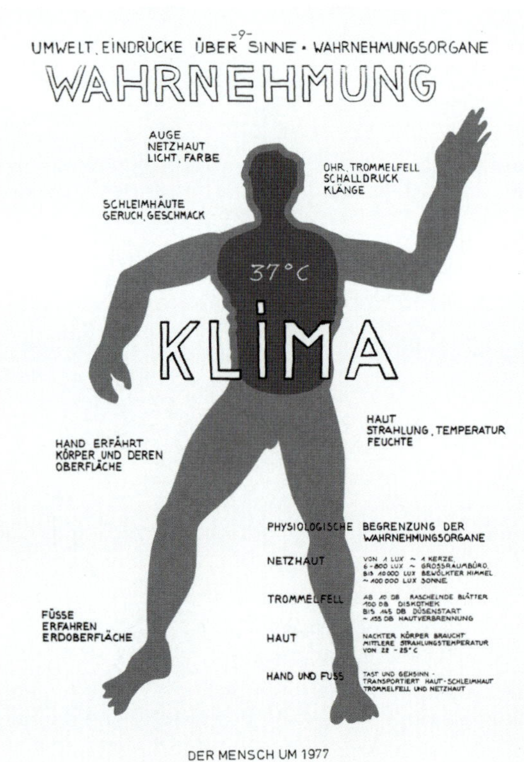

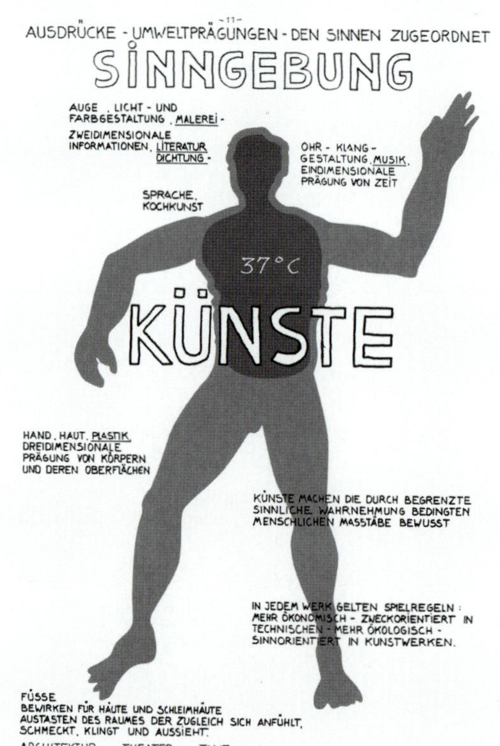

Albrecht Dürer, um 1528. Proportions-studien des menschlichen Körpers

Oskar Schlemmer, 1928. Darstellung von Wahrnehmungsorganen und Raum

Werner Ruhnau, Darstellung zwischen Wahrnehmungsorganen, Klima und Künsten, um 1977

Werner Ruhnau, Darstellung zwischen Wahrnehmungsorganen, Klima und Künsten, um 1977

**Das Spiel ist zentrales Element Ihres Gesamtwerks.
Von welchem Spielbegriff gehen Sie aus?**

Ich verstehe Spiel und den spielenden Menschen, wie
ihn der Philologe Johan Huizinga 1938 in seinem Buch
„Vom Ursprung der Kultur im Spiel" beschreibt. Sein
„Homo ludens" schließt „Homo sapiens" und „Homo
faber" ein. - Kultur entsteht durch Spiel, das Spiel ist
älter als die Kultur. Kindern braucht man das Spielen
nicht zu lehren; sie werden damit geboren. Alles und
jedes Geschehen hier auf der Erde ist in das große
kosmische Spiel eingebettet.

Die Naturwissenschaftler Manfred Eigen und Ruthild
Winkler kommen 1993 in ihrem Buch „Das Spiel" zur
gleichen Erkenntnis: „Es ist nicht der Mensch, der das
Spiel erfand, wohl aber ist es das Spiel und nur das
Spiel, das den Menschen vollständig macht. Das Spiel
ist ein Naturphänomen, das von Anbeginn den Lauf
der Welt gelenkt hat: die Gestaltung der Materie, ihre
Organisation zu lebenden Strukturen, das soziale Verhalten der Menschen. - Die Grundelemente des Spiels,
Zufall und Gesetz bestimmen jegliches Geschehen im
Universum." Mache ich mir klar, dass es die Elemente
des Spiels sind, also das Zusammenwirken von Regeln
und Zufall, die mein Leben lenken, kann ich bewusst
mitspielen, das Spiel verderben oder auch falsch spielen. Durchschaue ich dieses Spiel nicht, kann ich leicht
zum „Spielball" werden.

Mit dem Verfahren des Spiels werden alltägliche Lebensvorgänge geregelt und vergeistigt, das gilt besonders für heilige Spiele. Aber auch wenn Regeln gesetzt
werden, spielt der Zufall mit, das heißt: Jedes Ergebnis
bleibt offen!

Versuche ich jedoch bei einem Gestaltungsvorgang das
Ergebnis vorzugeben, schalte den Zufall aus, dann gerät
das Werk zur „Wachsleiche". - Kultur ist für mich der
Oberbegriff für die durch Spiel entstandenen unterschiedlichen Lebensformen.

**Huizinga untersuchte die Entwicklung der Kulturen
dieser Welt vor allem unter dem Aspekt der Sprache.
Sie legen den Akzent auf die Beziehung Mensch und
Umwelt...**

In diesem Kontext entdeckte ich zusätzlich die Bedeutung der Humanökologie als Wissenschaft der
Wechselbeziehungen zwischen Mensch und Umwelt.
Die humanökologische Gesellschaft in Wien lud mich
1975 zu einem Vortrag über die klimatischen Anforderungen einer menschengerechten Umwelt ein. Andere
Referenten beschäftigten sich mit den Triebkräften,
die unser menschliches Verhalten steuern: Sexual-,
Konsum- und Machttriebe. Das war für mich einleuch-
tend! Diese Triebe werden geregelt, um aus Chaos ein
menschliches Miteinander, also Kultur, zu gewinnen.
Die Kulturen sind in Thailand oder Grönland auch deswegen verschieden, weil die klimatischen Verhältnisse
und die sozialen Spielregeln andere sind.

Das Spiel

I

Mit dem Verfahren des Spiels werden alltägliche Lebensvorgänge vergeistigt.
„Die Grundgesetze des Spiels, Zufall und Gesetz, bestimmen jegliches Geschehen im Universum" (Manfred Eigen).
Für schöpferisches Tun gilt entsprechend:
Spielregeln steuern den Zufall,
Gestaltung ist das Gewonnene.

II

Höher organisiertes Leben kreist im Wesentlichen um
folgende Vitalbereiche:

Sexueller : Zeugen, Geborenwerden, Sterben
Konsumatorischer : Essen, Trinken, Bauen
Kratischer : Revierverteidigen usw.

Lebensvorgänge aus diesen Bereichen werden zu gestalteten,
wenn diese wahrnehmbar mit Sinn aufgeladen werden.
Durch Spiel wird dies bewirkt.

III

Das Verfahren des Spiels ist gekennzeichnet durch:

Bestimmen von Thema, Inhalt, Beteiligten
Festlegen, abgrenzen, herausarbeiten von Spielort,
Spielzeit, Spielmitteln
Gestaltung des Verlaufs von Ereignissen durch Regeln

IV

Es gibt Spieler, Falschspieler, Spielverderber
Es gibt heilige Spiele, Glücksspiele, Geschicklichkeitsspiele,
Kampfspiele, Spaßspiele

V

Künstler wirken sinngebend über die menschlichen Wahrnehmungsorgane

W.R., Essen, August 1978 – März 1979

Die Humanökologen nennen neben dem konsumatorischen, sexuellen und kratischen Vitalbereich auch den informatorischen oder sinngebenden. Sie erwähnten letztere nicht. Warum?

Die Bedeutung des informatorischen Bereichs ist mir nicht so wichtig: Das Überqueren der Straße, um einen dort entdeckten Bekannten zu treffen oder ein Geschäft aufzusuchen, um etwas zu kaufen, ist rein zweckorientiert! Anders beim heiligen, sinngebenden Spiel, etwa der Choreographie und Inszenierung eines Schreittanzes: Dabei nehme ich durch den Bewegungs-, Tast-, Seh- und Geruchssinn meine Umgebung wahr.

Das machte mir der Künstler, Handwerker und Philosoph Hugo Kükelhaus bewusst. Er war derjenige, der mich mit der Bemerkung „Sie latschen ja nur durch die Stadt, um Läden zu kieken" provozierte und das Goethezitat nachschob „'Mach ein Organ aus Dir', damit Du merkst, dass Du gehst! Wandle, schaue, lausche!"

Welche Bedeutung hat dieser philosophische Ansatz für Sie als Architekt?

Die wahrnehmenden Organe können nur durch Bewegung des Körpers im Raum ihre Funktion voll entfalten. Wie sehr die alten Baumeister um die szenische Qualität und die Bedeutung des Bewegungssinnes für die Wahrnehmung von Räumen wussten, zeigt beispielsweise die Würzburger Residenz von Johann Balthasar Neumann. Jeder Besucher kann vielfältige visuelle, akustische und haptische Ereignisse wahrnehmen, die sich nur durch seine Bewegung im Raum erschließen: Sie gehen erst über knirschenden Kies, dann über harte Steinplatten, weiter über weiche Teppiche und dann wieder über knarrendes Parkett, sehen dabei die Tiepolo-Gemälde an der Decke, fühlen die skulptural ausgebildeten Geländer, nehmen die unterschiedlichen Klänge und Gerüche der Räume wahr. - Die Würzburger Residenz wird so zu einer Art „Erfahrungsfeld" im Sinne von Hugo Kükelhaus.

Aber nicht nur das ist mir immer wichtiger geworden - auch die Erkenntnis, dass der Mensch erst mit der Bewegung im Raum Beziehungen zu Umwelt und Mitmenschen aufbaut und erfährt. In Würdigung der Formulierung Platons „singend und tanzend die Götter gnädig zu stimmen" ist es mir ein Anliegen, die einfachen Tänze, Schreit- und Bewegungsspiele wieder ins Leben zu rufen. Die höfischen Tänze des Barock brachten die Gästen miteinander, mit dem Raum und dem Gastgeber in Beziehung. Das könnte man heute doch auch tun!

Wann lernten Sie Hugo Kükelhaus kennen?

In den 50er Jahren in Münster. Er unterrichtete zu
dieser Zeit an der Werkschule das Grundsemester. Der
Kontakt brach damals ab. Sehr lebendig wurde er dann
in den 70er Jahren: Ich begegnete Kükelhaus auf der
Sonderschau „EXEMPLA 1975" innerhalb der Internationalen Handwerkermesse in München. Dort besuchte
ich häufig sein „Versuchsfeld zur Organerfahrung" und
nahm an dem Kongress „Organismus und Technik"
teil. Thema dieses Kongresses war die Frage, wie die
technologische Entwicklung das Leben des Menschen
beeinflusst und ihn aus seinem lebensgesetzlichen
Gleichgewicht bringt.

Wie sah das Versuchsfeld aus?

Es bestand aus 35 Einzelstationen mit Objekten und
Apparaten; zum Beispiel ein Riechbaum, Tastvasen,
ein Summstein und Rotationsscheiben. Der Besucher
wurde zum Tun angeregt: Nur durch die Aktion erlebte
er akustische, visuelle, olfaktorische und haptische
Erfahrungen - eine Entdeckungsreise und eine Schule
der Sinne.

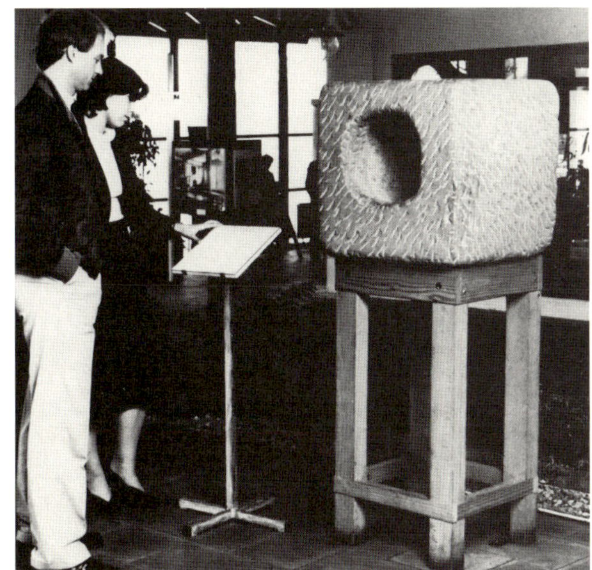

Der Summstein

Man steckt seinen Kopf tief in die
Höhlung hinein … und summt … tief wie ein
Bär …
Zum Beispiel im
Rhythmus drei / vier / fünf
|3|– |4|– |5| 'mal tief Luft holen / jedesmal
Pause   Pause   bis zum letzten Rest
summend
ausatmen!

• Vom Kopf bis zum Fuß
läuft eine Vibrationswelle durch alle
Hohlräume in Gefäße des Körpers:
Hals • Kopf • Knochen Gelenke
Magen • Lunge • …
Die Summ-Erschütterung –
verbunden mit dem energischen Aus-Atmen –
bewirkt eine tiefgreifende Entspannung.
Dieser Summstein ist die Nachbildung
eines Summlochs aus vorgeschichtlicher Zeit in Malta.

Mit allen Sinnen

Arbeitskreis "Hugo Kükelhaus" zieht nach Wiesbaden

Vor genau 25 Jahren wurde der gleichnamige Kettwiger Verein von Hugo Kükelhaus, geboren und aufgewachsen in Essen, ins Leben gerufen. Ziel des Handwerkers, Schriftstellers, Bildhausers und vor allem "Menschenkundlers" Kükelhaus war es, den Aufbau von Begegnungsstätten zu fördern, in denen das Aktionsfeld „Organismus und Technik - Versuche und Spiele zur Entfaltung der Sinne" gepflegt und erlebt werden konnte.

Mit dem Einzug von Prof. Werner Ruhnau in das ehemalige Kinderkrankenhaus am Bögelsknappen im Jahre 1981 fand der Verein um Kükelhaus eine Begegnungsstätte.

Hinter dem Gebäude sollte ein Projektfeld entstehen, dass - wie schon einmal praktiziert - aus Einzelstationen bestehend und mit physikalisch-mechanischen Apparaten bestückt zum Erfahrungsfeld für alle Sinne werden sollte.

Auch wenn das eigentliche Erfahrungsfeld schließlich nicht zustande kam, erinnern sich die Vereinsvorsitzende Elisabeth Stelkens und Prof. Werner Ruhnau gern an die Jahrestreffen, die immer wieder zu Begegnungen unterschiedlichster Menschen aus verschiedensten Berufen führten.

Nach 25 Kettwiger Jahren feiert der Verein nun am Wochenende vom 12. und 13. Oktober seinen Abschied vom Bögelsknappen und zieht ins Schloss Freudenberg nach Wiesbaden. Das Schloss stand bereits in den 20-er Jahren in enger Verbindung mit dem Kinderkrankenhaus in Kettwig. Kleine Patienten wurden damals dorthin zur Kur geschickt.

Am Samstag des Festwochenendes wird nach viel tänzerischer Bewegung auch eine Ausstellung zur Vereinsgeschichte eröffnet. Zum Abschluss findet dann am Sonntag, 17 Uhr, in der Erlöserkirche ein Klangkonzert statt.

Anmeldungen zur Teilnahme am Kückelhaus-Jubiläum können bis zum 1. Oktober am Bögelsknappen 1 in Kettwig vorgenommen werden oder per Fax (02054 - 89 07) erfolgen. *CL*

Elisabeth Stelkens und Professor Werner Ruhnau inmitten der Hugo Kükelhaus-Sammlung am Bögelsknappen. Bild: CL

Um dieses Versuchsfeld zu erhalten, gründete Kükelhaus den Arbeitskreis „Organismus und Technik"...

Ja! Das war 1977. Ziel des Vereins ist die Förderung des geistigen Erbes von Hugo Kükelhaus, die Gestaltung von Lebensprozessen auf der Grundlage organgesetzlicher Methoden: Organbewusstsein als Quelle sozialen Verhaltens. Kükelhaus bat mich 1979, den Vorsitz des Arbeitskreises zu übernehmen, was ich bis 1988 tat. Auf einer Mitgliederversammlung lernte ich 1978 meine heutige Lebensgefährtin Elisabeth Stelkens kennen; seit 1981 leben wir zusammen[28].

Von 1981 bis 2003 befand sich der Sitz des Vereins hier bei uns im KunstOrt in Kettwig: Neben Wohnungen, Architekturbüro und dem Archiv Anita und Werner Ruhnau beherbergte das umgebaute ehemalige Kinderkrankenhaus zeitweise auch eine Galerie für zeitgenössische Kunst, Spiel- und Übungsräume, Agenturen, eine Textil-Werkstatt und so weiter.

Gemietet, später gekauft hatte ich das große Haus mit den weitläufigen Freiflächen, um Objekte der Olympischen Spielstraße - wie den Wald der Hinkelsteine von Franz Falch oder das Marathonrad von Timm Ulrichs - sowie Stationen des Erfahrungsfeldes in einer neuartigen Kombination zu präsentieren. Leider scheiterten diese Pläne: Auf den Außenflächen befand sich ein provisorisches Jugendheim, das nach wenigen Jahre abgerissen werden sollte. Das geschah jedoch nicht; die Stadt Essen nutzt das „Provisorium" als Kindertagesstätte.

Die Geschäftsstelle des Vereins Organismus und Technik und ein „Erfahrungsfeld der Sinne und des Denkens" befinden sich heute auf Schloss Freudenberg in Wiesbaden. Elisabeth, die von 1988 bis 2003 den Vorsitz des Vereins „Organismus und Technik" innehatte, arbeitet zurzeit dessen Geschichte auf.

Das Spiel, die Kunst und das Kultische liegen für Sie nahe beieinander ...

Ja! Tempel, Theater und Kirchen, Museen, Konzerthäuser sind „Altäre", Bühnen für heilige, sinngebende Spiele: In den Theatern und Museen geben Künstler als „ästhetische Priester", in den Kirchen die Religionsstifter mit Bibel, Koran und so weiter die Spiel-Partituren vor.

Bei der Spielstraße in München hatten wir den verschiedenen Religionsgemeinschaften angeboten, dass sie ihre Altäre dort aufstellten und die jeweiligen Priester ihre heiligen Spiele inmitten der Kunst- und Sportspiele durchführten. Die Kirchen spielten aber leider nicht mit.

Was verstehen Sie unter „heiligen Spielen"?

Alltägliche Ereignisse durch Gestaltung zu überhöhen und herauszuheben! Zum Beispiel indem ich aus gegebenem Anlass bewusst das Frühstück als Festmahl zelebriere, das Gehen als Tanz gestalte, den Raum schmücke und ein Festkleid anlege.

Spielexperimente. Foto links: Werner Ruhnau und Elisabeth Stelkens. Foto rechts: Roswitha Krappitz, Kassel, die mit Werner Ruhnau in Danzig, Braunschweig und Karlsruhe studierte. Von 1946 bis 1949 waren sie verheiratet.

Künstlertreffen anlässlich des Erscheinens der Publikation „Künstler-Nekropole Kassel" von Angela Landgrebe, 2004: Karl Oskar Blase, Rune Mields, Heinrich Brummack, Werner Ruhnau. Weitere Künstler, die auf der Nekropole ihre Grabmäler gestalteten, sind: Ugo Dossi, Blalla Hallmann, Harry Kramer, Fritz Schwegler und Timm Ulrichs

Geburtstagsfest von Elisabeth Stelkens und Werner Ruhnau im April 2006

Jochen Leyendecker, „Wächter", 1995

Zu den „heiligen Spielen" gehören auch die von Kultur zu Kultur unterschiedlichen Regeln und Rituale für den Tod…

Die Gestaltungen aller konkret-leiblichen Lebensvorgänge mit dem Verfahren des Spiels müssen offen sein - auch solche, die heute noch weitgehend tabuisiert sind. Alles, was das Sterben begleitet, ist vorwiegend Sache der Religionsgemeinschaften und Beerdigungsinstitute. Ich finde es aber wichtig, einen verstorbenen Angehörigen oder Freund nach dessen eigenen Vorstellungen und Spielregeln beerdigen zu können! - Die Idee des Bildhauers Harry Kramer, im Habichtswald bei Kassel eine Nekropole zu schaffen, hat mich sofort begeistert: Dort gestalten Künstler zu Lebzeiten ihr in die Landschaft eingebettetes Grabmal und planen die Inszenierung ihrer Todesfeier.

Die Nekropole ist kein abgeschiedener „Friedhof", sondern ein Ort, an dem Spaziergänger vorbei kommen und durchaus auf den Gräbern verweilen oder - ganz profan - picknicken. Diese lebendige Nutzung entspricht Ihrer Absicht?

Ja! Meinen Spielort nutzten wir jetzt schon für Feste, zum Beispiel um Elisabeths und meinen Geburtstag zu feiern. Auch Angela Landgrebe, eine Kasseler Freundin, feierte dort. Er steht natürlich auch anderen zur Verfügung, die Lust haben, ihn konzeptgemäß mit den vier Toren für Familie, Freunde, Künstler und Nachbarn zu nutzen.

Leben und Tod sind sich dabei näher als in unserer Kultur der Friedhöfe. Die Gestaltung des Sterbens mit einem Festspiel erinnert an heidnische Kulte. Sie verwiesen einmal auf die Nekropole in Athen als Vorbild. Welche Vorstellung von Tod und Jenseits steht bei der Konzeption Ihres Spielortes dahinter?

Wie jedes Spiel ist auch mein - am 11. April 1922 in die Königsberger Welt geworfenes - Leben einmal zu Ende. Ich wurde geboren, wurde Jugendlicher, wurde Erwachsener, wurde alt und ich werde gestorben sein. Ich bitte, das Ende meines Lebensspiels auf dem mir von Harry Kramer geschenkten Spielort im Habichtswald schreitend und singend bei Wein und Brot zu begehen.

Spielort Werner Ruhnau in der
Nekropole Kassel (Skizze)

Das Fest als sinngebendes Spiel

Ein Fest ist das Spiel, bei dem die Teilnehmer Thema, Inhalt und Regeln
wählen und setzen. Im Fest erkenne ich das älteste Zusammenspiel der
Künste. Architektur, Tanz, Theater, Musik, Malerei und Plastik kommen als
die auf die wahrnehmenden Sinnesorgane bezogenen klassischen Künste beim
Fest als Festarchitektur, -tanz, -musik, -bild, -plastik usw. insgesamt
und integriert ins „Spiel". Jeder Lebensvorgang kann im Festspiel gestaltet werden. Musiktheater ist bezogen auf die Ganzheit der Wahrnehmung
immer eine „Fest"-Inszenierung. Da das übliche Musiktheater jedoch auf
Vorspiel und nicht auf Mitspiel zielt, geht die Inszenierung eines Festes
insofern weiter, als dass es hier auch auf das Mitspiel aller Beteiligten
ankommt. Die bestehenden Theaterbauten wie auch die Kirchen sind in aller
Regel für das Vorspiel in Bühnenräumen gebaut und deswegen für das fest-
liche Mitspiel nur bedingt geeignet:
Schauspieler wie Priester agieren auf „Bühnen", getrennt von den Besuchern. Dieses Vorspielen, „Zurschaustellen" in besonderen Räumen gibt es
bei den Nachbarkünsten auch, wie Museen für die bildenden Künste, Konzerthäuser für die Musik usw.
Entsprechend dem Wunsch nach schwerpunktmäßig spezialisierter Zuwendung
zur Musik (Hörsinn), zur Malerei (Sehsinn), zur Plastik (Tastsinn) und
zum Tanz (Bewegungssinn) will das Bewusstsein von deren Zusammenhängen
wach gehalten bleiben: Musik wirkt im und durch Raum, Tanz ist Bewegung
im Raum, wird haptisch und visuell erlebt, Plastik spricht Tast- und Ge-
sichtssinn an; alles hängt mit allem zusammen.

Die Wiederbelebung des Festes, der Feier als Gesamtkunstwerk, als Zusammenspiel aller in Zeit und Raum scheint mir besonders geeignet zu sein,
alte Wünsche nach szenischen Mitspielformen neu zu beleben. Unsere heutige Wirklichkeit fordert nach einer Stärkung der Kräfte persönlicher
Einsatzbereitschaft und Mitverantwortung.

Im Fest entstehen Künste durch eigenes Tun und werden nicht vorgegeben;
nicht mehr nur zuschauen, nur zuhören, sondern selbst machen und beteiligt sein.

Geeignete Inhalte und Themen, die von den Beteiligten in Form gebracht
werden können sind:
Zeugung, Geburt, Tod, Essen, Trinken, Bauen, Wohnen, Revierkämpfe, Gang
der Jahreszeiten - kosmische Ereignisse.

Werner Ruhnau, 1982

Feste
Vielfalt und Einheit der Künste

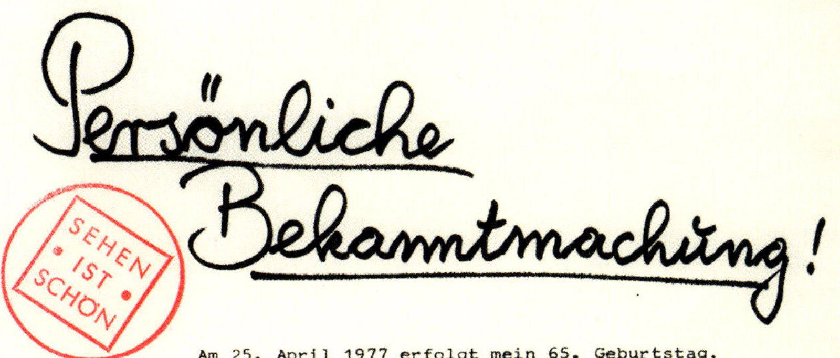

Persönliche Bekanntmachung!

Am 25. April 1977 erfolgt mein 65. Geburtstag,
und zwar in der
F R Ü H S C H O P P E N A R T
ab 11 Uhr in Krefeld, Viktoriastraße 112, parterre.

Um 14 Uhr findet Besuch im KAISER-WILHELM-MUSEUM
zwecks Kaffee und Kuchen statt, dortselbst. –

Ab 18 Uhr ist der FRESSALTAR in der Viktoriastraße
geöffnet.

Im übrigen:
"Lichtan und Lichtolde"
mit Beiträgen von
Reinhild Hoffmann (Tanz), Adam Seide (Essance),
Wolf Vostell (Lichtsuppe), Heiner Stachelhaus
(Conférence bzw. Schulterklopfen), Werner Ruhnau
(Intendance bzw. Zeremonie resp. Kommunikation).

L i c h t e   B e k l e i d u n g
b z w .   S p r ü c h e

Hochachtungsvoll, wolln mal sagen ergebenst:

Einladung von Adolf Luther
zu seinem 65. Geburtstag

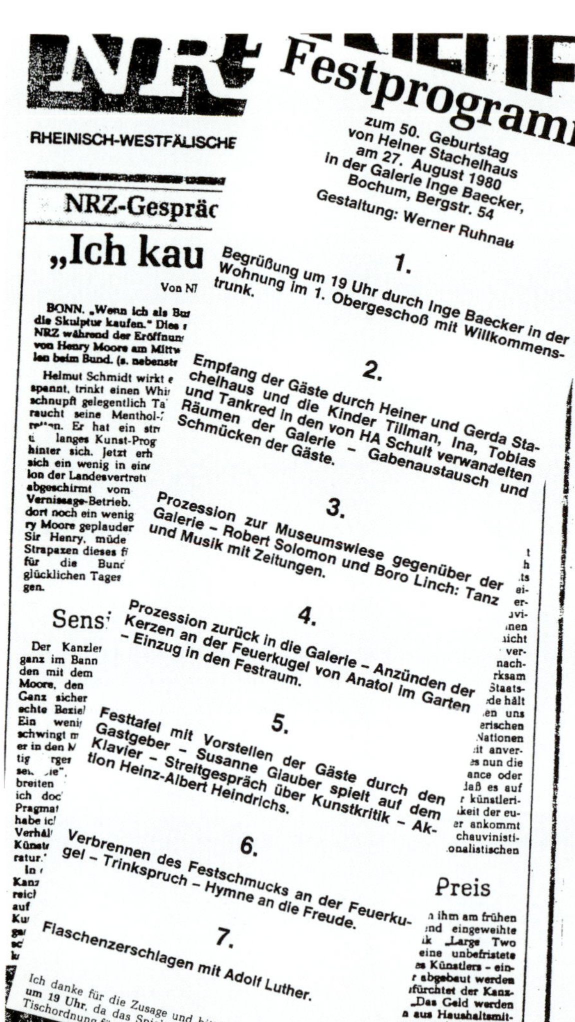

NRZ — **RHEINISCH-WESTFÄLISCHE** — **NEUE RUH**... — **DIE GROSSE ZEIT**...

Festprogramm

zum 50. Geburtstag
von Heiner Stachelhaus
am 27. August 1980
in der Galerie Inge Baecker,
Bochum, Bergstr. 54
Gestaltung: Werner Ruhnau

1.
Begrüßung um 19 Uhr durch Inge Baecker in der Wohnung im 1. Obergeschoß mit Willkommenstrunk.

2.
Empfang der Gäste durch Heiner und Gerda Stachelhaus und die Kinder Tillman, Ina, Tobias und Tankred in den von HA Schult verwandelten Räumen der Galerie – Gabenaustausch und Schmücken der Gäste.

3.
Prozession zur Museumswiese gegenüber der Galerie – Robert Solomon und Boro Linch: Tanz und Musik mit Zeitungen.

4.
Prozession zurück in die Galerie – Anzünden der Kerzen an der Feuerkugel von Anatol im Garten – Einzug in den Festraum.

5.
Festtafel mit Vorstellen der Gäste durch den Gastgeber – Susanne Glauber spielt auf dem Klavier – Streitgespräch über Kunstkritik – Aktion Heinz-Albert Heindrichs.

6.
Verbrennen des Festschmucks an der Feuerkugel – Trinkspruch – Hymne an die Freude.

7.
Flaschenzerschlagen mit Adolf Luther.

Ich danke für die Zusage und bitte um pünktliches Erscheinen um 19 Uhr, da das Spiel zu diesem Zeitpunkt beginnt und die Tischordnung für die Tafel festliegt.

NRZ-Gespräc...

„Ich kau...
Von NT

BONN. „Wenn ich als Bu... die Skulptur kaufen." Dies ... NRZ während der Eröffnun... von Henry Moore am Mittw... len beim Bund. (s. nebenstr...

Helmut Schmidt wirkt e... spannt, trinkt einen Whi... schnupft gelegentlich Ta... raucht seine Menthol-Z... re...en. Er hat ein str... ti... langes Kunst-Prog... hinter sich. Jetzt erh... sich ein wenig in ein... lon der Landesvertret... abgeschirmt vom Vernissage-Betrieb. dort noch ein wenig ... ry Moore geplauder... Sir Henry, müde ... Strapazen dieses f... für die Bund... glücklichen Tage... gen.

Sens...
Der Kanzle... ganz im Bann... den mit dem... Moore, den... Ganz sicher... echte Bezie... Ein weni... schwingt m... er in den M... tig ...rger... se.. ..ie", breiten ... ich doc... Pragma... habe ic... Verhäl... Künst... ratur."... In ... Kan... reich... auf ... Ku... ga... sc... k...

Festteilnehm...

Herr Heiner Stachelhaus un... Gerda mit den Kindern Tillm... Tobias und Tankred, Essen... Christel Stachelhaus und Herr... el Stachelhaus, Düsseldorf... Gerda Hochapfel, Mönchengl... / Herr Werner Ruhnau, Essen... Inge Baecker, Bochum / Her... Dr. Adolf Luther, Krefeld / He... Heinz-Albert Heindrichs und F... Ursula, Gelsenkirchen / He... achim Kurtz und Frau Cäcilie, ... / Herr Dr. Peter Raue, Berlin... Dagmar v. Gottberg, Hamburg... Prof. Günther Uecker und Frau... stine Steinfeld, Düsseldorf / ... Prof. Heinz Mack und Frau An... v. Buzay, Mönchengladbach / ... HA Schult und Frau Elke Koska... / Herr Bernard Schultze und Fr... sula, Köln / Herr Friedrich (... und Frau Monika, Bochum / ... Jürgen Claus, München / Herr... Feddersen und Frau Karin, Hei... haus-Isenbügel / Herr Arnold G... und Frau Traute, Essen / Herr... Fischer und Frau Ingeborg, Es... Herr Bodo Busse-Schulz und ... Marlis, Essen / Herr Johannes... ber und Frau Susanne, Essen / ... Gisela Bein, Essen / Herr Bern... he und Frau Claudia, Köln / ... Reinhard Linsel und Frau Anne, ... pertal / Herr Prof. Karl Ruhrberg... Frau Elfriede, Köln / Herr Jü... Harten, Düsseldorf / Herr Dr. ... Albert Peters und Frau Gertrud, I... / Herr Karl Ludwig Schweisfurth... Frau Dorothee, Herten / Herr I... Kienitz und Frau Ulla, Niep / ... Roswitha Götze, Krefeld / Herr I... Mayer und Frau Stefanie, Düsse... / Herr Ralf Slominsky und Frau... ga, Mülheim / Herr Jochen Kr...

Preis
...n ihm am frühen... ...nd eingeweihte... ...ik Large Two... eine unbefristete... ...s Künstlers – ein... ...r abgebaut werden... ...fürchtet der Kanz... ...Das Geld werden... ...n aus Haushaltsmit... ...sammenbekommen". Über den Kaufpreis... ...r sich nicht äußern: ...er ist noch nicht ver...

Einladung von Heiner Stachelhaus zu seinem 50. Geburtstag

Hans Mayer, Galerist, Astrid Bartels, Künstlerin, Gerda und Heiner Stachelhaus und andere. Festschmuck aus Zeitungspapier von HA Schult

Festansprache des Musikers, Dichters und Malers Heinz Albert Heindrichs

Am 11. April - Ostersonntag begehe ich
festlich meinen 60. Geburtstag
Aus diesem Anlaß plane ich ein Spiel mit
etwa folgendem Ablauf:

12 - 14.oo Uhr Empfangen und Schmücken der Gäste
                und der Festtafel
14 - 16.oo Uhr Tanz - Imbiss - Tanz
16 - 18.oo Uhr meine Gedanken zum „Spiel"
                „heiliges Würfeln"
18 - 20.oo Uhr Abstimmung über das Speiseopfer
                Vorbereitung der Tafel
20 - 23.oo Uhr Festtafel mit Tanz, Tafelmusik,
                Streitgespräch über Sinn und Unsinn
                von Spielregeln
23.oo Uhr   Verbrennen des Festschmuckes

Da der Fest-, Spielablauf abhängig ist von der Zahl der
Teilnehmer, bitte ich um Antwort bis zum 22.3.82.

Essen, den 12.3.82 Weiße Kleidung erbeten

Festprogramm

Fest zum 60. Geburtstag von Werner Ruhnau, KunstOrt Essen-Kettwig 1982

Festmahl

Spielorte / Playplaces

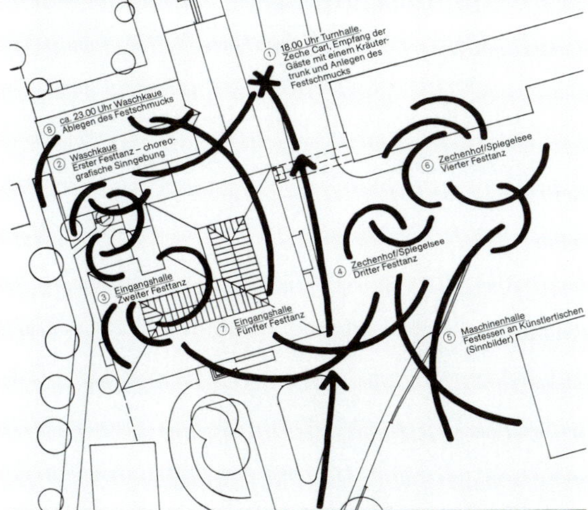

Folkwangfest auf Zeche Carl, Essen 1985

*Folkwangfest 1987: Elisabeth
Stelkens und Werner Ruhnau
bei der Prozession zum Pink
Palace*

Einladung

Folkwangfest auf Zeche Carl

Farbiges Frühlingsfest am Ort
der einstigen schwarzen
Energie. Rund um den
Malakow-Turm. Am Freitag,
den 15.3.1985, 18.00 Uhr,
Zeche Carl,
Hömannstraße 10,
Essen-Altenessen.

Ein Folkwangfest – ein Volksfest – der Vielfalt und Einheit
der Künste.

Eine gemeinsame Inszenierung, bei der Gäste zu
Künstlern und Gestalter zu
Gästen werden.
Alle machen mit beim Spiel:
bei Musik und Tanz, beim
dekorativen Ausschmücken
der Spieler, beim Festessen,
bei dem Kunst einmal so
richtig durch Leib und Magen
geht.

Farbe, Form, Licht, Freude
und Tanz zum Auftakt des
Festivals der Künste
„Folkwang '85".
Ein Fest der Sinne und des
Unsinns.

Ein Fest, zu dem Sie am
besten schwarz gekleidet
kommen, damit der für Sie
vorbereitete Festschmuck
sinnvoll wirken kann.
Sie sind herzlich eingeladen.
Sinn auf!

Sinnesorgane

Gehsinn: Gerda Schlembach

Tast- und Raumsinn: Otto
Piene, Günther Schneider-
Siemssen, Gerda Schlembach, Renate Neuser, Werner
Ruhnau

Hautsinn: Susanne Paulus,
Susanne Wolf

Bewegungssinn: Cuca
Taburelli

Hörsinn: Jörg Lensing, Martin
Schulz

Geschmacks- und Geruchssinn: Lili Fischer, Hilde Müller
und Klaus Müller

Sinnbilder: Wassiliki Fiene-
Karampataki, Jürgen
Grislawski, Ulrich Heecks-
Boggemes, Maren Krusche,
Renate Löbbecke, Geerd
Moritz, Ulrich Namislow,
Renate Neuser, Peter
Osewald, Rolf Rexhausen,
Idee: Monika Günther

Sinnspruch: Karl Ernst
Osthaus

Sinnestäuschung: Werner
Weinert

Teamsinn: Werner Biedermann, Monika Günther,
Andreas Kunze, Karl-Heinz
Mauermann, Andreas
Bomheuer

Sinnario: Werner Ruhnau

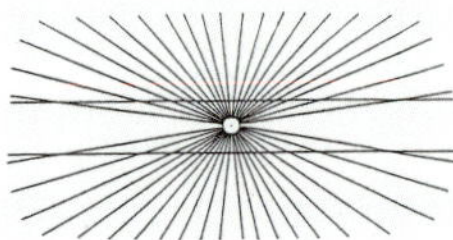

Geburtstag von Elisabeth und Werner am 21. Juni 1997
zum Sommeranfang

Wie gelange ich vom Dasein zum Leben?
Wir bitten um einen Gedanken zu dieser Frage in schriftlicher Form,
der zum Abschluß mit dem Ballon zum Himmel aufsteigt.

16,00 - 17,00 Uhr
Empfang - Vorstellung - Kaffee und Kuchen

17,00 - 17,30 Uhr
Schmücken der Gäste mit farbigen Bändern.

17,30 - 18,30 Uhr
Prozession zum Vorplatz - Tänze unter Anleitung
der Tanzmeisterinnen Helga Tervooren und Sondgrid Hürtgen Busch

18,30 - 19,00 Uhr
Einzug in den Speisesaal

19,00 - 21,30 Uhr
Essen und Trinken
Die Speise wird aufgetragen und vorgekostet.

Gedankenaustausch zur Frage:
Wie gelange ich vom Dasein zum Leben?

21.30 - 22,15 Uhr
Musik und Tanz - Nachtische

23,15 - 24,00 Uhr
Aufsteigen des Ballons

Speisenfolge

–

Entrée
Hexensüppchen

–

Buntes Sommergemüse
rote, grüne und gelbe Paprika
Möhren – Blumenkohl
Champignons – Tomaten
Zucchini – Auberginen
Reis

–

Rohkostsalate mit Dressing

–

Bandnudeln in Käsesauce

–

Dessert
Frische Erdbeeren
Joghurtcrème

Speisenfolge | Festmahl

Anita Ruhnau
im Gespräch
mit Gästen | Steigenlassen des Ballons

80. Geburtstag von Werner Ruhnau,
Fest im Theater Gelsenkirchen 2002

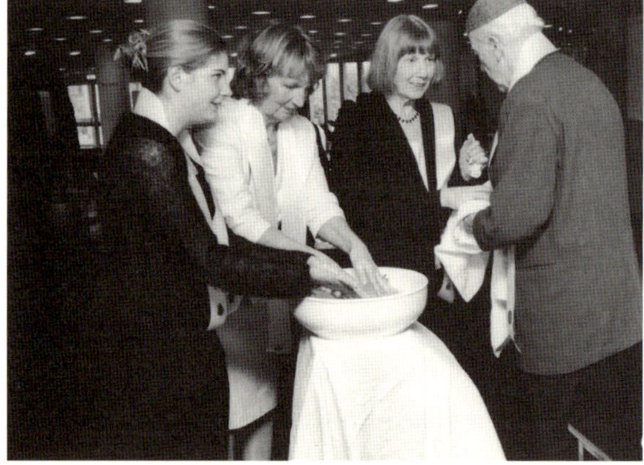

*Werner Ruhnau legt Anita Ruhnau
den Festschmuck an*

*Die Gäste durchschreiten
das Kohle-Labyrinth*

*Werner Ruhnau wäscht den Gästen die
Hände. „Kräuterhexe" Iris Dzudzek,
Anita Ruhnau, Elisabeth Stelkens*

*Der „Zeremonienmeister" Rolf
Gildenast führt die Prozession
durch das Theater an*

Werner Ruhnau, Heinz Albert Hein-
drichs, Rolf Gildenast, Iris Dzudzek,
Fero Freymark. Iris Dzudzek hält das
Cello für die Musikerin Ute Pohl

Die „Kräuterhexe" und Werner Ruhnau
würzen die „Gruppensuppe"

Der damalige Oberbürgermeister von Gelsenkirchen,
Oliver Wittke, schenkt Werner Ruhnau den „Tanzteppich
- Hommage á Yves Klein", ertanzt vom Ballett Schindowski
1999 zum 40-jährigen Bestehen der Theaterbauten

III. Arbeiten
Wohnen
Utopien

Klimatisierte Arbeitslandschaft mit
Wassersäulen von Norbert Kricke

Karl Ludwig Schweisfurth im
Direktionsbereich des Großraumbüros

Werner Ruhnau, Konzept Großraumfabrik:
Fabrikation, Verwaltung und Sozialbereiche unter
einem Dach, 1965

DIESE KARTE ENTNAHM ICH FOLGENDEM BUCH:

KOMMENTAR | KRITIK | ANREGUNG:

AUFMERKSAM AUF DIESES BUCH WURDE ICH DURCH:

- ☐ MEINE BUCHHANDLUNG
- ☐ REZENSION
- ☐ INTERNET | JOVIS-HOMEPAGE
- ☐ EMPFEHLUNG

GEWÜNSCHTE SACHGEBIETE:

- ☐ ARCHITEKTUR
- ☐ KUNST
- ☐ KULTURGESCHICHTE
- ☐ PHOTOGRAPHIE

WIR FREUEN UNS ÜBER IHR INTERESSE UND
INFORMIEREN SIE GERNE ÜBER UNSER
PROGRAMM UND UNSERE VERANSTALTUNGEN.

ABSENDER:

E-MAIL:

jovis Verlag GmbH
Kurfürstenstraße 15|16

10785 Berlin

Herta KG, Herten 1968-1972

Beim Bau des Verwaltungsgebäudes der Fleischfabrik Herta KG schufen Sie eine „klimatisierte Arbeitslandschaft". Das war damals ein Experiment - auch aus Sicht des Unternehmers. „Integration von Kunst und Arbeit" und „Humanisierung der Arbeitswelt" waren Ihre Leitideen, die sich Karl Ludwig Schweisfurth, Chef des Herta-Konzerns, ebenfalls zu Eigen machte. Wie lernten Sie Schweisfurth kennen?

Karl Ludwig begegnete ich schon Mitte der 50er Jahre in Münster: Wine Tasch, die Frau des Direktors der Landwirtschaftskammer, war seine Tante. Karl Ludwig studierte noch, sein Vater leitete den Herta-Konzern. Die Familien Tasch und Schweisfurth waren an Kunst interessiert; sie besuchten uns auch in Gelsenkirchen. Nachdem Karl Ludwig die elterliche Firma übernommen hatte, kam es zu einer ersten Zusammenarbeit. Das muss 1965 gewesen sein; die ersten Entwürfe für Herten zeichnete ich in Montreal. - Für das gesamte Herta-Anwesen wurde ein kompletter Neubau vor den Toren der Stadt geplant, weil im Stadtzentrum die an den alten Metzgerladen angegliederte Fabrik viel zu klein war und Städtebau-Fördermittel für die Umgestaltung des Altstadtkerns zur Verfügung standen. Ich sollte den Verwaltungs- und Sozialbereich zur Gänze planen und beim Fabrikbau gestalterisch beraten. Dieses Vorgehen unterstützten Ministerium und Stadt, die Wert auf gute Architektur legten.

Sie entwickelten eine reich gegliederte und terrassierte Arbeits- und Pausenlandschaft, in die zahlreiche Werke unterschiedlicher Künstler fest integriert sind. Mussten Sie Überzeugungsarbeit leisten?

Ja! Aber Karl Ludwig war moderner Kunst und neuen Ideen gegenüber aufgeschlossen. Das betrifft die Gestaltung, aber auch seinen Führungsstil: Sogar sein eigener Arbeitsplatz war Teil der offenen Bürolandschaft. - Ich hatte ihn überzeugt, dass die Vorstellung von Einzelbüros überholt sei. So entstand eine humanverträglich klimatisierte Arbeitslandschaft - rund 6.000 Quadratmeter auf zwei Etagen. Ein argumentativer Schachzug von mir war der Hinweis: „Karl Ludwig, wenn wir eine tolle Architektur machen, brauchst Du keine weitere Werbung." Das traf dann auch zu - einschließlich kritischer Stimmen!

Eingangsbereich zum Verwaltungsgebäude der
Herta KG in Herten mit „Eingangssignal":
Farbkörper von Rupprecht Geiger

Die bildende Kunst war integraler Bestandteil der Bürolandschaft. Welche Künstler verpflichteten Sie?

Zunächst Günter Weseler, Rupprecht Geiger, Ferdinand Kriwet, Norbert Kricke, Heinrich Brummack und andere, später Wolf Vostell und Hugo Kükelhaus. Schweisfurth hatte 1975 mit mir die „Exempla" besucht und Kükelhaus dort kennen gelernt. Dessen Arbeiten aus dem Erfahrungsfeld kamen erst Mitte der 70er Jahre hinzu, ebenso das Metzgerauto von Wolf Vostell. - Beide Künstler waren zudem später beim Umbau des Herta-Verwaltungsgebäudes in Berlin und der Erweiterung eines Werkes mit Schlachthof in Badbergen beteiligt.

Karl Ludwig wuchs mehr und mehr in die zeitgenössische Kunstwelt hinein; er gab Anita und mir eine Zeitlang sogar die Vollmacht, für ihn Kunst zu kaufen. Das endete, nachdem er als Sammler bekannt und von Künstlern persönlich umworben wurde.

Wie nahmen die Mitarbeiter das Großraumbüro an?

Die Resonanz war zunächst 100 Prozent positiv: Die moderne Kunst wurde nicht als „Kunst" empfunden, sondern gehörte zum Raum, zur klimatisierten Bürolandschaft. Später sorgte das nachträglich aufgestellte Metzgerauto von Vostell für Aufruhr. Hätte es von Anfang an schon da gestanden, wäre es möglicherweise leichter als Teil der Architektur akzeptiert worden. Keine Aufregung verursachte unser „Dinner-Theatre" im Sozialgebäude: Ich hatte die Kipper Kids und andere Theatergruppen von der Olympischen Spielstraße eingeladen, während der Mittagszeit darstellende Spiele mitten unter den Speisenden aufzuführen. Die Belegschaft nahm das gern und mit Vergnügen zur Kenntnis; aus Kostengründen wurden diese Aktionen aber eingestellt.

Das Metzgerauto im Pausenraum war allerdings provokant! Immerhin spielt es auf den Zusammenhang zwischen Fleischverzehr und industriellem Töten an...

Ja. In dem alten Cadillac waren Monitore installiert, über die live Szenen aus den Produktionsbereichen wie Zerlege-, Kühl- und Verpackungsabteilung übertragen wurden. Das gefiel den Leuten nicht! Wohl auch, weil sie in der Pause nicht an ihre oft „blutige" Arbeit erinnert werden wollten.

Geburtstagstisch im Sozialgebäude,
Festredner Thomas Grochowiak,
rechts daneben Karl Ludwig Schweisfurth

Klimatisierte Arbeitslandschaft,
Ausschnitt. Vor der Rotationscheibe
rechts Hugo Kükelhaus und Werner
Ruhnau

Wolf Vostell, Metzgerauto mit
integrierten Monitoren

Der historische Laden aus der Altstadt, wieder
aufgebaut im Sozialgebäude

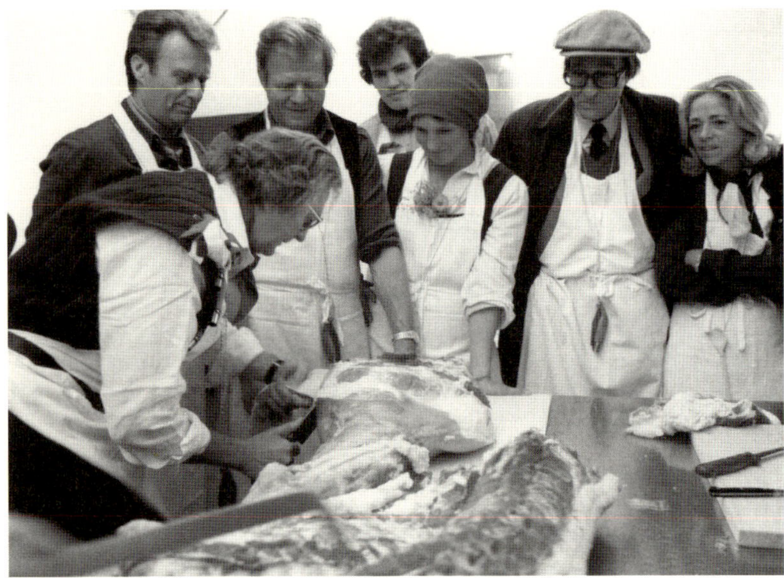

Der Zusammenhang zwischen Fleischkonsum und Töten, der „Kannibalismus", waren schon in der Gelsenkirchener Bauhütte Thema. Karl Ludwig Schweisfurth verkaufte später seine Fleischfabriken und betreibt seitdem einen Öko-Bauernhof in Süddeutschland. Sehen Sie darin eine Konsequenz?

Ich denke schon. - Angesichts der Schlachthöfe, insbesondere in Badbergen, ist mir die Brutalität des Tötens von Tieren, unseren „Geschwistern", noch einmal deutlich geworden. „Dieses industrielle Töten erscheint mir wie Massenmord!", insistiere ich gegenüber Karl Ludwig. „Und Ihr Schlachtereibesitzer betreibt so etwas, ohne Euch bewusst zu machen, was da tatsächlich vor sich geht."

Wolf Vorstell, Hugo Kükelhaus und ich überredeten Karl Ludwig schließlich, eine Hausschlachtung vorzunehmen, die wir zur Wiedereröffnung des Kräuterhofes in Herten im Stil eines Breughelschen Schlachtfestes inszenierten. Wir erlebten, wie das auserkorene Schwein absolut nicht sterben wollte und dennoch getötet wurde. Den über hundert Gästen fuhr diese Erfahrung unter die Haut. Meines Erachtens trug sie später auch zur Entscheidung Karl Ludwigs bei, den Herta-Konzern zu verkaufen und auf den Hermannsdorfer Höfen ökologischen Landbau zu betreiben.

Wie sieht das Verwaltungsgebäude in Herten nach nunmehr über 30 Jahren aus?

Nach dem Verkauf an Nestlé hat sich der Charakter des Objekts verändert: Auf dem Dach des Sozialgebäudes sind nun technische Einrichtungen installiert, der Großraum ist durch wandhohe Raumtrennungen gestört; die zentrale Halle mit dem „Geburtstagstisch" von Heinrich Brummack steht fast leer, der historische Laden aus der Altstadt ist wegen neuer Anbauten kaum noch zu erkennen. Die Rupprecht-Geiger-Scheibe über dem Haupteingang ist durch eine mittig eingebaute Lampe verfremdet.

Favorisieren Sie auch heute noch das Konzept des Großraumbüros?

Auf jeden Fall! Der Großraum ist nach wie vor die beste Büroform. Einzelbüros behindern die Zusammenarbeit. Die üblichen drei- bis fünf Personen Büroräume führen zu akustischen Belästigungen: Jeder ist gezwungen, die Telefonate und Gespräche der anderen mitzuhören. Im allgemeinen Geräuschpegel eines Großraums geht dieser „individuelle Lärm" unter. Jeder kennt das Phänomen aus großen Restaurants: Dort kann man sehr vertraute Gespräche führen, was in einem kleinen Raum kaum möglich ist. Wichtig ist allerdings die Gestaltung der Großräume als reich gegliederte Raumkombinationen. „Bürofabriken", reine Zweckräume, in denen mehrere hundert Personen in einer Halle sitzen, sind inhuman!

*Anita Ruhnau tanzt
mit Wolf Vostell,
zweite von rechts
Doris Schweisfurth*

Prozession

Musikantengruppe

*„… und alle Gäste pflanzen ihre Bäume“. Den Garten des Kräuterhofes gestaltete der niederländische
Ökotekt Louis Le Roi. Seine „Wilden Gärten“ und „Ökokathedralen“ unter anderem in Heerenveen
und Leeuwarden wurden berühmt*

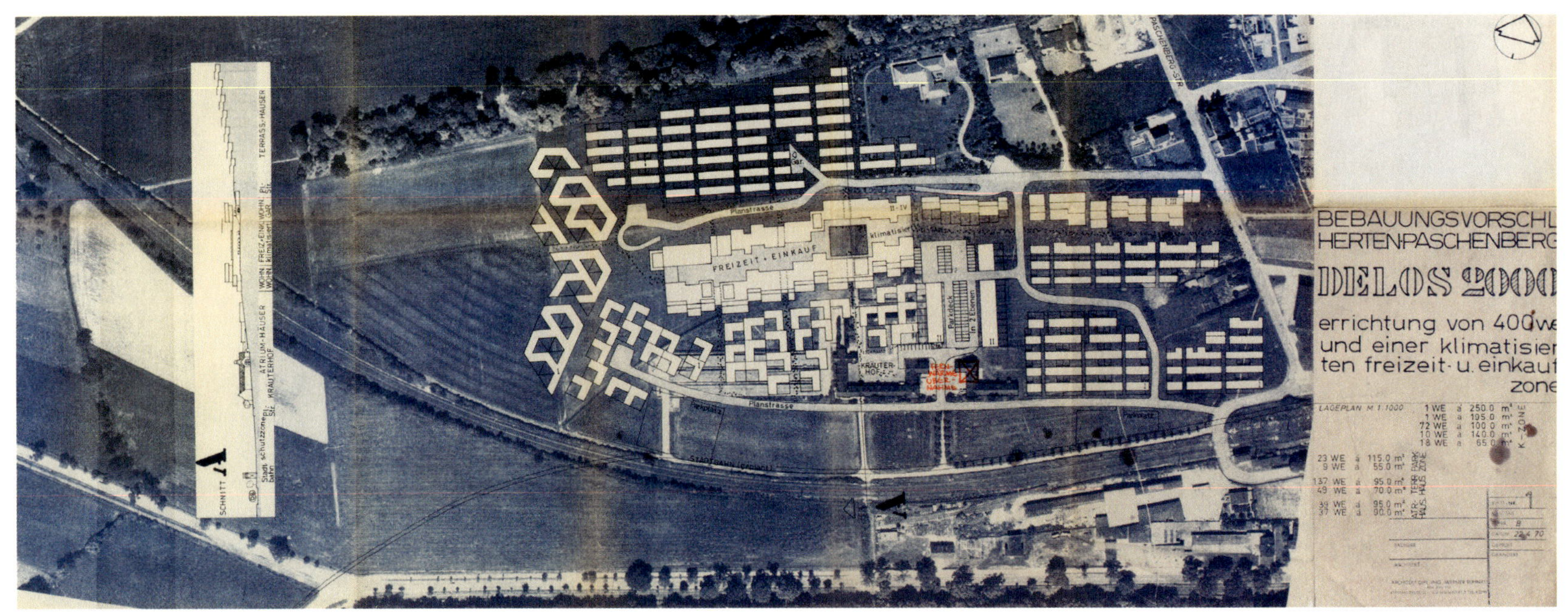

TERRASS-HÄUSER
WOHN-FREIZEIT-WARE
SCH.SCHUTZ/WARE
GGB.
SCHNITT A
STRUM-HÄUSER
KRAUT-TERKO
Planstrasse
FREIZEIT + EINKAUF
KRÄUTER-HOF
Planstrasse
BEBAUUNGSVORSCHL
HERTENPASCHENBERG
DELOS 2000
errichtung von 400 we
und einer klimatisier
ten freizeit- u. einkauf
zone
LAGEPLAN M 1:1000
1 WE à 250.0 m²
9 WE à 195.0 m²
72 WE à 100.0 m²
10 WE à 140.0 m²
18 WE à 65.0 m²
23 WE à 115.0 m²
137 WE à 95.0 m²
49 WE à 70.0 m²
53 WE à 95.0 m²
39 WE à 90.0 m²
K-ZONE

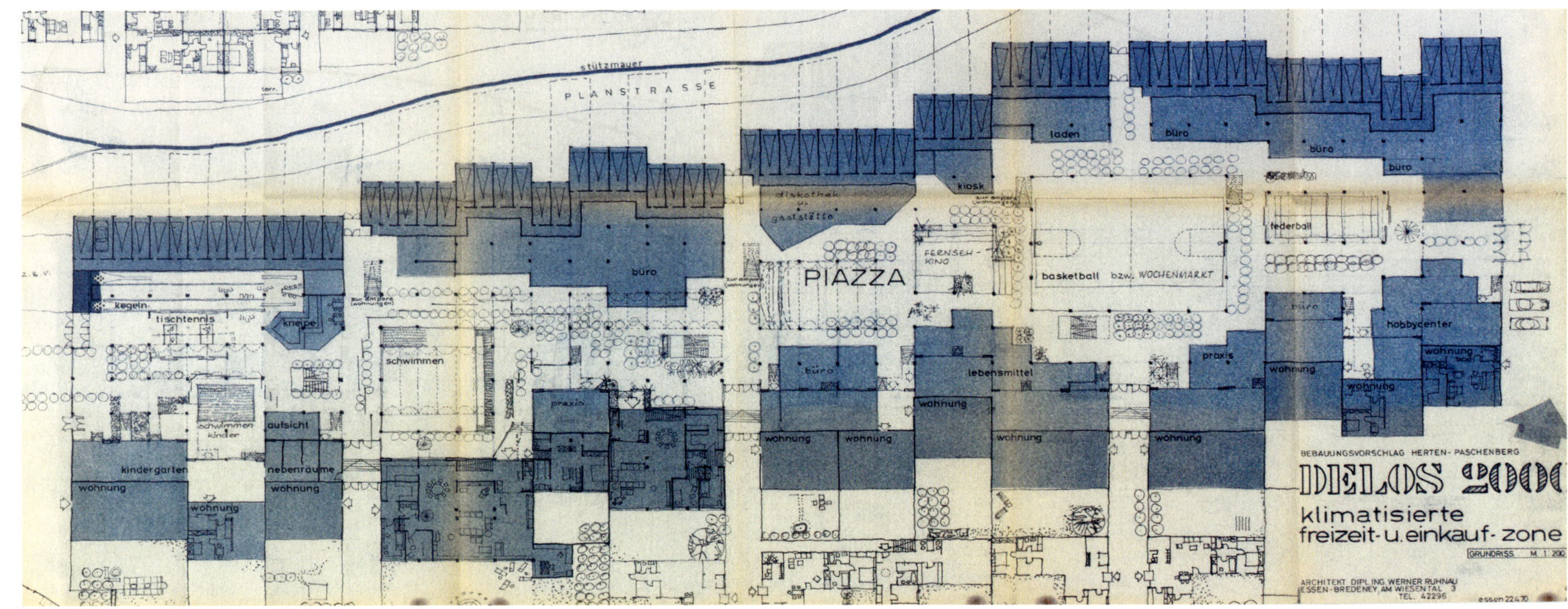

stützmauer
PLANSTRASSE
z.e.v.
kegeln
tischtennis
kneipe
schwimmen
schwimmen kinder
aufsicht
kindergarten
nebenräume
wohnung
wohnung
wohnung
praxis
büro
discothek u. gaststätte
kiosk
PIAZZA
FERNSEH-KINO
wohnung
wohnung
wohnung
lebensmittel
wohnung
laden
büro
basketball bzw. WOCHENMARKT
büro
praxis
wohnung
wohnung
büro
büro
federball
hobbycenter
wohnung
wohnung
BEBAUUNGSVORSCHLAG HERTEN-PASCHENBERG
DELOS 2000
klimatisierte
freizeit- u. einkauf- zone
GRUNDRISS M 1:200
ARCHITEKT DIPL.ING. WERNER RUHNAU
ESSEN-BREDENEY, AM WIESENTAL
TEL. 42296
essen 22470

Projekt Delos 2000, ab 1970

Mit Karl Ludwig Schweisfurth planten Sie für Herten das - nicht realisierte - Siedlungsprojekt Delos 2000. Wie kam es zu dieser Idee?

Karl Ludwig und ich reisten oft nach Griechenland. Wir besuchten antike Opferstätten, die Akropolis, Kreta und legten mit unserem Segelboot gerne an der Insel Delos an. Bei diesen Reisen inszenierten wir kleine heilige Opferspiele. Vorab bestimmten wir die Abfolge der Handlungen, die Kleidung, die Schreittänze, das Entzünden des Feuers und die Zubereitung des Mahls, ohne ein Tier zu töten. Ich erinnere mich noch genau, wie Karl Ludwig einmal rief: „Mit meinen Stachelbeerbeinchen kann ich doch keinen Priester spielen! Ich brauche ein langes Gewand." Bei unseren Spielen richteten wir uns auch nach dem Sonnenstand. Einmal wurden wir überrascht: Der Spielbeginn war für die Dämmerung geplant, aber wir hatten im Dunst einen Berg übersehen, hinter dem die Sonne eine halbe Stunde früher als vermutet unterging. Bis wir die Spieler mit Beibooten an Land gerudert hatten und das Spiel begann, war es schon stockdunkel …

In Delos, durch die kleinen Gässchen und über die Plätze der antiken Siedlung wandernd, kam Karl Ludwig auf die Idee: „Sag mal, in Herten gibt es doch den ,Paschenberg'. Könnten wir da nicht etwas dieser Siedlung Ähnliches bauen?" - Das war der Beginn der Planung „Delos 2000".

Wie wollten Sie das mediterrane Architekturkonzept an unsere hiesigen Bedingungen anpassen?

Mittels einer wettergeschützten Piazza im Zentrum dichter Flachbauhäuser und schmaler Gässchen für die Fußgänger.

Wie konkret verfolgten Sie das Projekt?

Sehr konkret! Wir entwarfen wunderbare Pläne, die zum Teil in Karl Ludwigs Publikation „Auf dem Wege, auf der Suche" abgebildet sind. Und wir hatten schon fast die Baugenehmigungen. Bei einem Besuch im Ministerium erfuhren wir jedoch, dass keine öffentlichen Mittel für dieses Projekt zur Verfügung gestellt würden. Der zuständige Minister machte uns zwar Mut und versicherte, auch als freifinanziertes Projekt würde Delos gewiss einen Markt finden. Aber für Karl Ludwig war die Arbeit als Träger eines Siedlungsprojektes doch zu riskant und so blieb es bei den Planungen.

Empfangsbereich der Flachglas AG,
Objekte von Adolf Luther

1982 gestalteten Sie den Empfangsbereich des Verwaltungsgebäudes der Flachglas AG in Gelsenkirchen in Kooperation mit dem Künstler Adolf Luther...

Während der Bauzeit der Gelsenkirchener Theater lernte ich den technischen Chef der Flachglas AG, Wolf von Reis, kennen. Flachglas stellte damals die großen Thermopane-Scheiben für das Theater her. Anfang der 80er Jahre lud mich Wolf von Reis ein, die Halle des Verwaltungsgebäudes umzugestalten. Ich schlug als teilnehmenden Künstler sofort Adolf Luther vor, der sich in seinen Arbeiten intensiv mit Licht und dem Material Glas beschäftigte.

Luthers Konzept besteht darin, durch Sprünge und Risse der Panzerglasscheiben die Farbigkeit, Brechungen und Reflexe des immer variierenden Lichteinfalls anschaulich und lebendig werden zu lassen. Verstand die Belegschaft dieses Konzept oder hielt sie die Risse für Zerstörung?

Zunächst gab es Ärger, weil die Mitarbeiter sich auf den Arm genommen fühlten: „Zersplitterte Gläser sollen Kunst sein? Wir müssen uns um lupenreines Glas bemühen!" Jeder Fehler in der Glasproduktion führe zu Beanstandungen, könne Entlassungsgrund sein. Es gelang dann aber, den Mitarbeitern die ganz andere Qualität von Luthers Objekten zu vermitteln. Schließlich akzeptierten sie die Brillanz der Brechungen als Kunst.

Ist Ihre Gestaltung des Foyers noch erhalten?

Vor einem Jahr stand sie noch in alter Pracht, obwohl das Verwaltungsgebäude seit langem verkauft ist und anderen Zwecken dient. Zurzeit wird jedoch einiges verändert.

U-Bahnhof Mülheim-Mitte

U-Bahnhöfe Essen, 1983-1985 und
Mülheim, 1993-1996

**Sie gestalteten auch Verkehrsbauten: Die U-Bahnhöfe
Essen-Viehofer Platz und Mülheim-Mitte. Mit welchen
Konzepten?**

Bei der Gestaltung des U-Bahnhofs Viehofer Platz
wirkten meine vier Söhne Georg, Jacob, Moritz und
Philip mit. In direkter Nachbarschaft befand sich das
Deutsche Plakatmuseum. Das brachte uns auf die Idee,
aus damals aktuellen Plakaten Collagen zu fertigen und
sie in simulierte U-Bahn-Viadukte einzufügen.

In Mülheim zauberten wir Stadtsilhouetten an die
U-Bahn-Wände, so dass die unter Tage Fahrenden
wie im Traum die Stadt über Tage an sich vorbei
gleiten sehen.

Bahnsteighalle Essen-Viehofer Platz

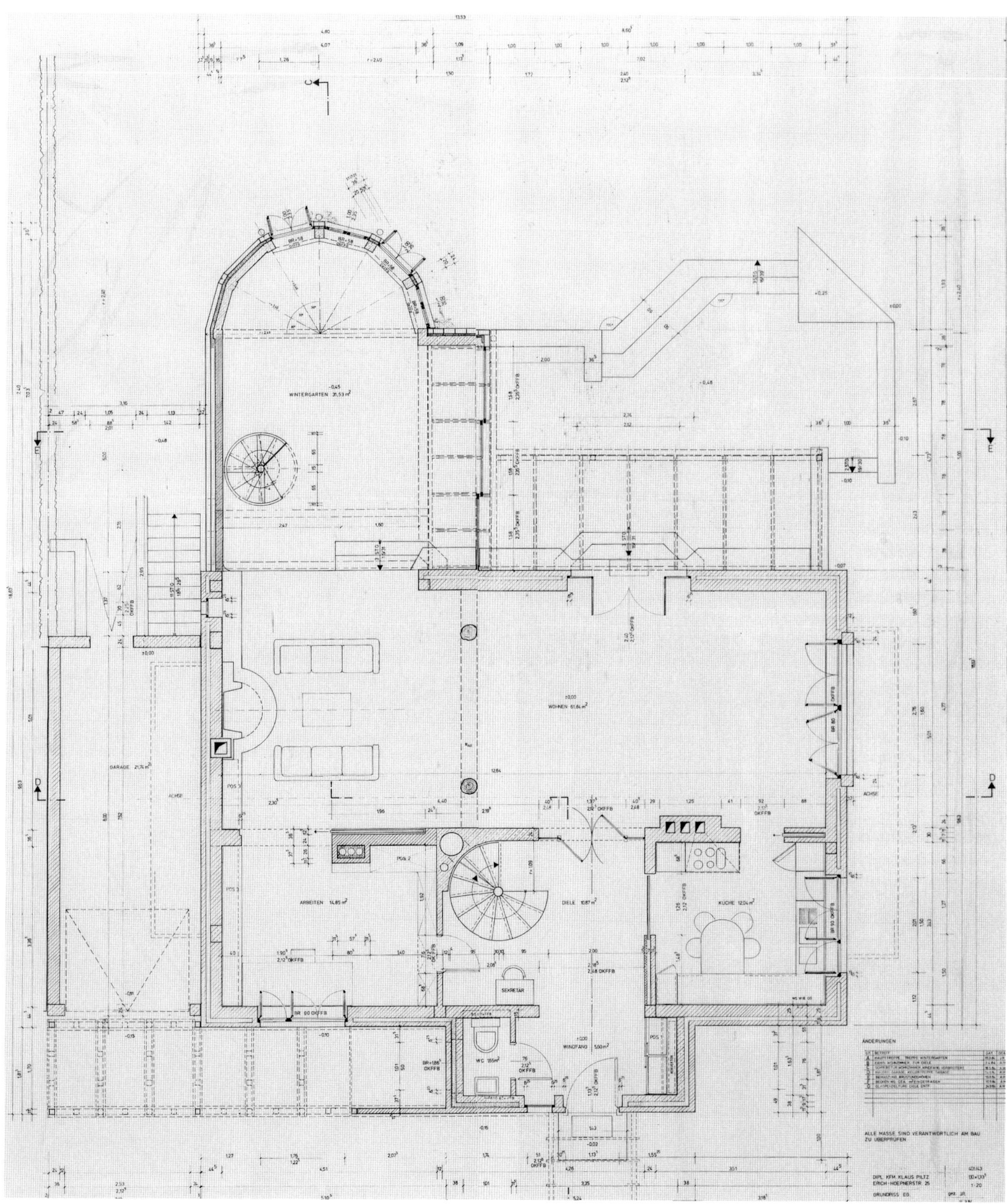

Grundriss Haus Piltz

Ein Beispiel für das Ineinandergreifen von Kunst, Architektur und Leben im privaten Bereich ist das Wohnhaus für den Industriemanager Klaus Piltz in Düsseldorf…

Um 1980 lernte ich im Förderverein des Museum Folkwang Peter Kienitz kennen, einen leitenden Angestellten der Ruhrkohle AG. Er machte mich mit seinem Chef, Klaus Piltz, bekannt. Piltz bat mich, den Umbau seines Wohnhauses zu übernehmen. Er war zeitgenössischer Kunst gegenüber aufgeschlossen und ich bezog beim Umbau die Künstler Horst Lerche und Adolf Luther ein.

Das Bemerkenswerte am Wohnhaus Piltz ist die Symbiose von Architektur und Kunst…

Ja! Horst Lerche gestaltete die Wände als solche künstlerisch; auch die Bilder, die „an der Wand hängen", sind nicht ohne weiteres austauschbar. Darüber hinaus stimmten wir alle räumlichen Elemente aufeinander ab - vom Wandanstrich bis zu Farbe und Form der Treppe.

Die Innengestaltung zu variieren, wäre also nicht einfach. Ist das Haus so noch erhalten?

Leider nein. Nach dem plötzlichen Tod von Klaus Piltz wurde das Haus vermietet. Die Arbeiten von Lerche sind jetzt mit Rigipsplatten verkleidet, damit dort neue Mieter sich eigene Bilder an die Wand hängen können…

Fotomontage
Häuserzeile von Gartenseite

**Werkbundsiedlung,
Oberhausen-Alstaden 1984-1990**

In den 80er Jahren realisierten Sie die Werkbundsiedlung Oberhausen als „Mitspiel"-Projekt: Zu den am „Bauspiel" Beteiligten gehörten Sie, vier andere Werkbund-Architekten, Gartenplaner, die Handwerker - und die künftigen Bewohner. Die Siedlung zeigt, dass manche Utopien umsetzbar sind: In der Gruppe planen, gemeinschaftlich organisieren, neueste ökologische Erkenntnisse berücksichtigen und zugleich individuelle Wohnräume gestalten. Das Projekt steht in der Tradition anderer berühmter Werkbundsiedlungen wie Weißenhof in Stuttgart. Wann begannen diese Planungen?

Ende der 70er Jahre sollte eine Landesausstellung an der Stadtgrenze zwischen Essen und Gelsenkirchen, von den Zechen Carl bis Nordstern, stattfinden. Die Verantwortlichen im Planungsbüro, Dr. Klausch und Prof. Koellmann, sprachen mich an, ob mir für das Gelände auf der Zeche Carl etwas zum Thema Wohnen einfallen würde. Ich unterbreitete dieses Ansinnen dem Werkbundvorstand und fand Mitstreiter: Mit den Architekten Wolfgang Meisenheimer, Hanns Uelner, Mirko Schulz, Heinz Döhmen und dem Landschaftsarchitekten Richard Bödeker entwickelte ich das Projekt „Stadtmauer".

Was stand der Realisierung auf Zeche Carl im Wege?

Entgegen ursprünglicher Zusicherungen der Stadt ließen Bodenverschmutzungen eine Bebauung doch nicht zu. Unser Projektmodell präsentierten wir beim 75-jährigen Bestehen des Werkbundes in München, später bei Werkbundtagungen in Wuppertal und Düsseldorf.

Dort fragte mich Dr. Hans-Otto Schulte, Planungsdezernent in Oberhausen, ob wir diese Siedlung nicht auf einem Zechengelände in Oberhausen-Alstaden verwirklichen könnten. Mit Otto Schulte entwickelte ich zunächst einen Bebauungsplan. Auf dessen Grundlage wurde die Idee „Stadtmauer" realisiert; insgesamt bauten wir etwa 50 Häuser.

Heinz Döhmen   *Wolfgang Meisenheimer*   *Werner Ruhnau*   *Hans Uelner*   *Mirko Schultz*

Otto Schulte und Werner Ruhnau vor
Prototypen der Wohnhäuser, Maßstab
1:50

oben: Häuserzeile Gartenseite und Straßenseite
unten: Stadtmauergang und Marktplatz

Wie sah das Konzept aus?

Die „Stadtmauer" ist das architektonische Rückgrat der Anlage. Sie dient als Erschließungsgang für die Dachgeschosse und enthält im Erdgeschoss und ersten Obergeschoss die Küchen und Bäder der Reihen-Einfamilienhäuser. Zum Garten hin wurden die Häuser mit den zukünftigen Bewohnern entwickelt - auf Basis der von uns Architekten vorgegebenen „Spielregeln". Mit den „Spielmaterialien" Ziegel, Holz, Beton, Stahl und Glas entstanden ganz unterschiedliche Gestaltungen.

Wie verlief die Kooperation mit den Bauherren, den künftigen Bewohnern?

Zunächst herrschte auf den Siedlerversammlungen große Begeisterung: Es meldeten sich mehr Interessenten, als Grundstücke zu vergeben waren. Das änderte sich schlagartig, nachdem die Landesregierung eine Doppelförderung untersagte: Post-, Bahn- oder städtische Beamte konnten keine zusätzlichen Landesmittel mehr beanspruchen. Die Bewerberzahl ging um die Hälfte zurück. Unter Kostendruck waren die Planungen manchmal mühsam und zogen sich über Jahre hin.

Einerseits ist die Siedlung eine der schönsten, die es gibt, und die Bewohner sind zufrieden in ihren Häusern. Andererseits gab es natürlich auch hier Spielverderber. Mit etwa der Hälfte der Baufamilien hatten wir Schwierigkeiten bei der Abrechnung: Sie sahen nicht ein, dass auch bei Leistungen in Eigenarbeit Architektenhonorare anfielen. - Aber gerade Eigenleistungen sind für den bauleitenden Architekten besonders problematisch, weil er sich nicht auf die sachkundige Ausführung einer Fachfirma verlassen kann. Um dies zu klären, wurden sogar Gerichte bemüht.

Bei einem schwer verkäuflichen Eckgrundstück bescherten uns Gegner dieses Projektes, die es auch in der Stadtverwaltung gab, einen besonders eigenwilligen Bauherrn: Er machte sich offenbar einen Spaß daraus, uns auf den Arm zu nehmen, indem er eine Art „kleines Märchenschloss" errichtete - mit formalen Spielereien wie aufgesetzten Türmchen, die wir nun gar nicht als werkbundgemäß empfanden…

Jürgen Höfer, Jasmina Moll, Werner Ruhnau „spielen"
mit dem Modell Werkbundsiedlung

Modell Werkbundsiedlung Maßstab 1:200

Werner Ruhnau in seinem Architekturbüro, 2002

IV. Resümee und Ausblick

1995 schlossen Sie mit dem Theater in Stendal das letzte große Bauprojekt ab. Wo liegen seitdem Ihre Schwerpunkte?

Seitdem kümmere ich mich verstärkt um stadtplanerische und kulturpolitische Aufgaben im Ruhrgebiet, in Essen und meinem Stadtteil Kettwig. Um den Kettwiger Marktplatz zu verschönern und die Menschen zum Verweilen anzuregen, liegt mir zum Beispiel dessen Umgestaltung und die Realisierung eines „Märchenbrunnens" mit einer Skulpturengruppe von Carl Emmanuel Wolff am Herzen. Das Projekt ist nach 15 Jahren Planungsmühen jetzt in der Abschlussphase.

Außerdem arbeite ich im Arbeitskreis Essen 2010 mit; lange Jahre als Sprecher. Dort versuche ich, die Erkenntnisse der Humanökologie in die Stadtplanung und -entwicklung zu integrieren: Während das konsumatorische Verhalten in der Stadt überreichlich repräsentiert ist, bedarf das sinngebende der Unterstützung; dazu gehören zum Beispiel das Universitäts-, Musik-, Theater- und Kunstleben. - Auch die Rotlichtdistrikte einer Stadt sollten endlich enttabuisiert werden; Ansätze zur Schaffung eines stadtplanerisch durchdachten, attraktiven Vergnügungsviertels sind bislang gescheitert

Stattdessen entsteht zurzeit in Essen zwischen Universität und Innenstadt eines der größten Einkaufszentren im Revier…

Zu meinem Missfallen! Ich zöge es vor, die Viehofer- und Kettwigerstraße unter anderem durch Wetterschutzdächer, Bachläufe, Spiel- und Ruhezonen aufzuwerten. - Unser Bemühen im BDA Ruhrgebiet und im Werkbund NW, ein Denken mit Blick auf das gesamte Revier zu fördern, ist gleichfalls weniger erfolgreich: Es herrscht erbitterter Konkurrenzkampf zwischen den Städten - jede Stadt will ihre eigene Oper, ihre eigenen Museen, Einkaufszentren und so weiter.

Auch unser zartes Pflänzchen „Architektur tanzt. Darstellende Spiele in öffentlichen Räumen" will nicht recht gedeihen… Immerhin ist das Ruhrgebiet „Kulturhauptstadt 2010" geworden - vielleicht schafft das eine neue Dynamik.

Mit welchen Projekten beschäftigen Sie sich zurzeit im Arbeitskreis Essen 2010?

Mit Stadtum- und Rückbau. Es ist für mich bedauerlich zu sehen, wie fahrlässig und phantasielos wir mit den über 80 leer stehenden Kirchen im Bistum Essen umgehen - und oft auch mit leer stehenden „Kathedralen der Arbeit". Unsere ästhetischen Kirchen wie Theater und Museen leiden ebenfalls unter Besucherschwund. Wenn alle Umnutzungsversuche scheitern, fehlt der Mut, solche Bauwerke in Frieden sterben zu lassen statt sie abzureißen.

Was hieße das konkret?

Ein Bauwerk in Würde sterben zu lassen, heißt, es wie einen Sterbenden begleiten. Sein Rückbau braucht die gleiche Zuwendung und Aufmerksamkeit wie ein Neu- oder Umbau! Konkret könnte das bedeuten: Kontrolliert die Fenster entfernen, das Dach öffnen, bei den Türmen die Dachspitzen, so dass das Bauwerk als Ruine mehr und mehr sichtbar wird, Pflanzen, Bäume und Vögel sich ansiedeln können. Dieser Rückbau muss gesteuert werden. - Der Prozess kann besondere Schönheit entfalten. Rom ohne seine Ruinen wäre ein Nichts, eine normale 08/15 Großstadt!

Neben Ihrem stadtplanerischen Engagement arbeiten Sie bei der Umgestaltung des Essener „Stadttor West" als beratender Architekt…

Ja! Dieses Projekt regte der Vorstandsvorsitzende der Geno-Volksbank Rudolf Conrads an: Zunächst hatten mein Sohn Georg und ich das Bankgebäude umgestaltet - Georg als federführender Architekt, ich in beratender Funktion. Das Projekt „Stadttor West" wertet nun die Umgebung auf, insbesondere das unansehnliche Areal um den Bahndamm. Auch hier hat Georg die Federführung; ich berate. Kunstwerke gestalten wir aus geeigneten Relikten der Essener Wirtschafts- und Technikgeschichte.

Als Architekt habe ich übrigens 2000 auch das „Burgtheater" in der Essener Innenstadt für den Theatermanager Christian Stratmann entworfen. Es wurde leider aus Kostengründen nicht gebaut.

Ihre fast 60 Jahre während Tätigkeit als Architekt geht weit über das konventionelle Rollenverständnis hinaus. Sie interpretieren Ihre Funktionen integrativ und interdisziplinär - auch als „Intendant" und „Regisseur"…

Mich prägten die Ideen meines Architekturprofessors Otto Ernst Schweizer, das Heideggersche Verständnis von Bauen und Wohnen - indem wir bauen, wohnen wir -, der Spielbegriff von Johan Huizinga und Claus Bremers Aufforderungen: Denke integriert! Denke Baukunst! Denke (auch) Mitspiel! Denn Theater ist nur eine historische Art des darstellenden Spiels.

Die Olympische Spielstraße ist ein wunderbares Ergebnis dieses Denkens. Die Integration der Künste in den Bau, die „Überwindung der Problematik der Kunst durch gemeinsames Bauen" setzten wir in Gelsenkirchen ins Werk.

Wichtige Stationen inszenierten Mitspiels waren das Werkbundfest in Oberhausen-Altenberg und die Folkwangfeste in Essen. - Auch die Veranstaltungen unseres Arbeitskreises Hugo Kükelhaus begannen stets mit Bewegungsspielen, endeten mit Speis und Trank und wiederum Tanz. Dabei zeigte sich, wie anfänglicher Missmut und Widerstreben in Freude der Mitspieler umschlugen, mehr noch: Immer galten rückblickend die Tänze und das gemeinsame Festmahl als Wichtigstes!

Gemäß Ihrer Auffassung bedingt die Bewegung der Menschen im Raum auch das Entstehen eines Bauwerks…

Mir ist eine Äußerung des Architekten Hans Scharoun unvergesslich: Vom Senat der Stadt Berlin immer wieder hartnäckig befragt, wie denn nun die Philharmonie aussehen werde, antwortete er schließlich unwirsch: „Ich bin dabei, den Innenraum zu entwickeln, zu überlegen, wie die Leute zu einander sitzen, wie der Raum „klingt" - und dann sieht die Philharmonie auch irgendwie aus!" Die visuelle Erscheinung des Baus entwickelt sich aus dem „Klang" des Innenraums, aus der Bewegung der Besucher und deren Zuordnung zu den Spielern. So ergibt sich das Aussehen des Bauwerks! Nicht umgekehrt! Ein Ausgehen von der äußeren Form des Objekts erzeugt „Wachsleichen"!

Welche Botschaften geben Sie angehenden Architekten mit auf den Weg?

Lernt Euch bewegen! Lernt Rhythmik, Tanz.
Lernt dabei, Raum wahrzunehmen: Lernt „Beinwerk"!
Dann lernt ein Handwerk, am besten Schreinerei.
Und schließlich lernt Denken und Sprechen - Maulwerk
zum Schluss!

Nicht die umgekehrte Reihenfolge! Nur beim
„Beinwerk" kommen alle Wahrnehmungsorgane
ins Spiel, in Schwingung.

Und prüft folgende Thesen:

Bauen ist, wie die Menschen wohnen.
Kultur ist, wie die Menschen miteinander und mit der
Natur umgehen.
Spiel ist das Wirken von Zufall und Regel.
Spiel gründet Kultur.
Künste sind sinngebende Spiele.
Theater, Konzerthäuser, Museen sind heilige Orte,
ästhetische Kirchen.

Und dann: **Viel Glück!**

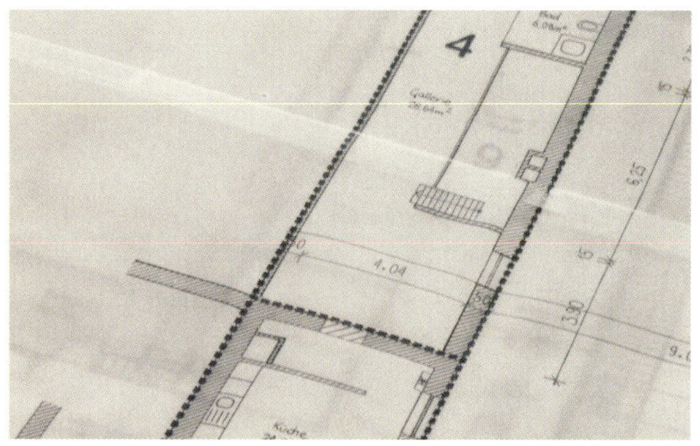

MARTIN HEIDEGGER
DIE KUNST
UND DER RAUM

Freisprüche und Be...
im Berliner ...kenprozess
ZEITUNG FÜR D...
Dreist

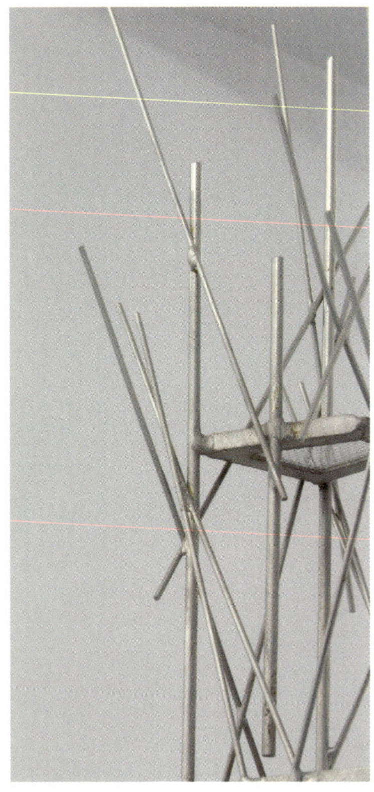

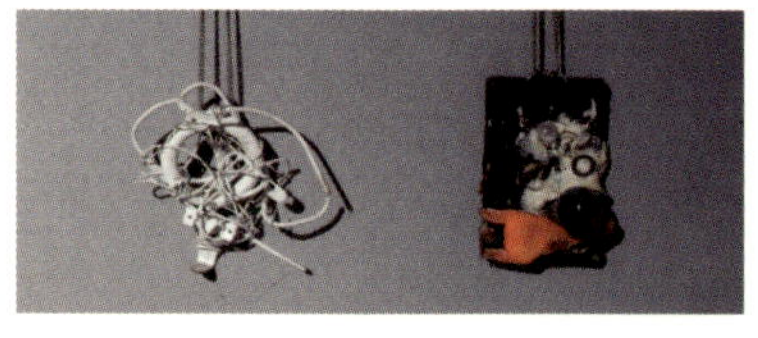

OLYMPISCHE
TRETMÜHLE
ICH ABSOLVIERE ...
EINEN MARATHO...
AUF DER STELLE T...

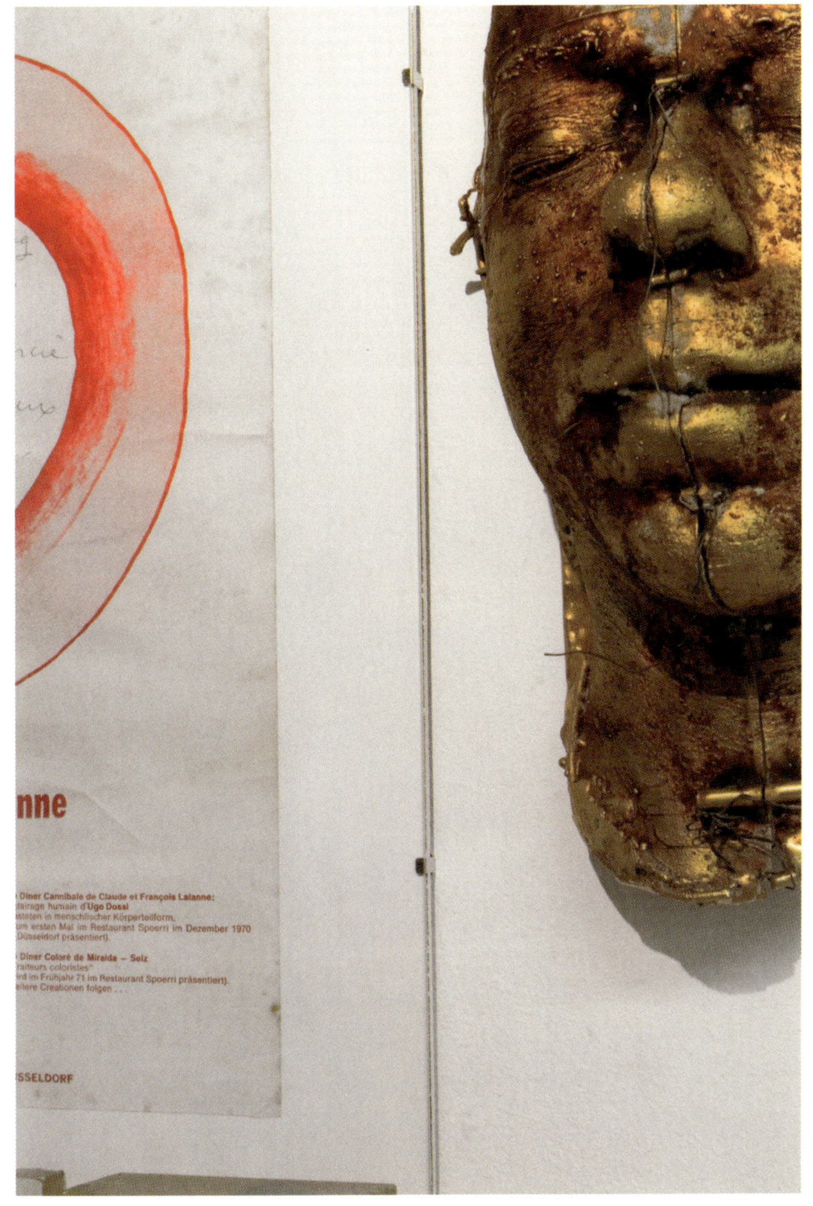
nne
Diner Cannibale de Claude et François Lalanne:
humain d'Ugo Dossi
in menschlicher Körperteilform.
um ersten Mal im Restaurant Spoerri im Dezember 1970
Düsseldorf präsentiert).

Diner Coloré de Miralda – Selz
rateurs coloristes"
im Frühjahr 71 im Restaurant Spoerri präsentiert).
itere Creationen folgen . . .

SSELDORF

COPIE

61. BACHFEST DER
NEUEN BACHGESELLSCHAFT
visuell
ngenheit und Gegenwart
NEHER   D
GROTESK!
MR. FLUXUS

Sta   sen   Bebauungsplan Promenadenweg/Güterstra

Patricia Ferdinand-Ude
Öffnung und Integration

Zur Ausstellung im Musiktheater im Revier,
Gelsenkirchen

Spiel, das Zusammenspiel bildet das Motiv im Werk des Architekten Werner Ruhnau. Er selbst bezeichnet sich heute als „Team- und Netzwerker".

Mitspiel, das Zusammenspiel der Künste und der Akteure am Bau wird zur Interaktion von bildender und darstellender Kunst, von Musik und Tanz, von Architektur- und Ingenieurleistung.

Der Theaterbau in Gelsenkirchen ist Materialwerdung des Ruhnauschen Credos „Öffnung und Integration", ist Erhebung von Publikum, Foyer und Stadtraum zu Mitwirkenden des ganzheitlichen Theaters, des Spiels. In Gelsenkirchen, der Arbeiterstadt, öffnet sich durch diese Erfahrung eine Tür zur zeitgenössischen Kunst.

Nun findet die Werkschau im Gelsenkirchener Theater ihren Platz. Ein Exponat, das selbst zum Ausstellungsraum wird. Das Spiel setzt sich fort.

Das großartige Foyer mit den blauen Reliefs wird zum Schauplatz. Um die Raumwirkung zu wahren, riet Werner Ruhnau davon ab, Wände zur Präsentation des Ausstellungsgutes einzusetzen. Die Konzeption von Manfred Niermann zitiert deshalb ein Werkelement, das erstmals 1958 in Ruhnaus Arbeit auftaucht, das „Podienklavier" - ein variables Instrument für offene Spielformen. Für die Kuratorin ist dieses Experiment, Körper als quadratische Prismen im Raum anzuordnen, eine spannende Herausforderung. Der weitgehende Verzicht auf das Bespielen von Wänden und die starke Konzentration auf die liegende Fläche werden auch das Publikum überraschen.

Ruhnaus Wurzeln, Wege und Brüche, seine künstlerischen, kulturellen und organisatorischen Leistungen, die gesellschaftliche Einmischung und die wissenschaftlichen Forschungen werden in dieser Ausstellung dokumentiert: Der Innovateur des Theaterbaus, der visionäre Entdecker Yves Kleins, der frühe Vordenker zu „Klima, Wohnen, Arbeiten, Umwelt", der Intendant, der für die XX. Olympischen Spiele in München die „Spielstraße" erfand, und schließlich der Regisseur spektakulärer Folkwangfeste.

Der genius loci wird zu Gedankenaustausch anregen im Sinne von Reflexion und Ausblick. Vielleicht kann Ruhnaus Experimentierfreude gerade hier besonders erspürt und nachempfunden werden.

Bazon Brock
Play and Direction

Emphatic Proof of
Werner Ruhnau's
Life's Work

A wonderful anecdote describes Yves Klein's attempt to attribute his metaphysical blue to the sky. It is said that on the day that the cosmonaut Yuri Gagarin returned to earth, Yves received a phone call from his friend Ruhnau who asked him in a slightly ironic manner that could have been mistaken as gloating, whether he had heard that Gagarin had described outer space as pitch-black and the earth as a blue planet. Yves Klein made a huge scene, threatening the caller, who was trying to sabotage his metaphysical blue, to plunge him into the dark waters of an open-cast mining lake when the next possible opportunity arose.

Yves Klein's outrage is understandable at the apparently purely materialistic and anti-poetic cold interpretation of something as sensuous as the Christian-iconographic sky blue. Especially if, at first, one imagines being faced for example with slandering the origins of the Chartres Blue, the blue of paradise that emanated from the holy Jerusalem as well as the blue of the Madonna's cloak and thus the definition of sensuousness. On second thought however, one realises how much more significant Yves's blue becomes when it accords our planet earth rather than the heavens a strange, unique form.

Memories of the alleged Ruhnau sacrilege were reawakened when, in the context of his exhibition on the cooperation between Klein and Ruhnau in 2004, Volker Rattemeyer published an announcement by the French patent office that Yves Klein's blue had never been patented. Contrary to Yves, Rattemeyer and Ruhnau did not perceive the evidence of the mundane origins of the aforementioned blue pigment of German ultramarine and binder from a Gelsenkirchen painting workshop to be a degrading of the metaphysical blue rider that had already been painted as the heavenly rider by Kandinsky and Marc in 1912. In fact they valued Gagarin's discovery that the blue of the heavens and the black of the rich earth would from now on have to be appraised as the black heavens and blue earth as a divine guide that promised to animate and enliven us all.

Werner Ruhnau was already considered an animated festival master of earthly life - considering the details of his play concept that "all higher organised life is centred around the three vital areas of sexuality, nourishment and consumption". Which to put it more directly: great feeding, great copulation and great imposition. The sensuous indexing of these human demands, meaning the need to secure and defend his living space, to develop and propagate sources of nourishment, which would, as is generally known, only be accomplished by socialised individuals, by those beings committed to social order, Ruhnau called compositions. This is an unusual definition that has proven highly stimulating - not only for Werner Ruhnau but also for everyone who was inspired by his ideas as the earth was inspired by the breath of its creator.

The expression of sensuousness in composition embraces an anthropological approach to architecture that Ruhnau tried to put into practice. The Greek term Arché relates to the final authority, the immemorial and forever true. It is typical of all modern disciplines to consider nature the final authority. The development of Arché in the life of man depends on the fact that man is culturally bound to nature. Considering the assumption made by all branches of Modernism that nature also evolves through a play of elements according to certain laws of nature, culture is about play between the powers of the individual according to rules that may be largely agreed on by the participants but whose alteration may never be left at their discretion. If the rules are broken, certain cultural circles, on which the reputation of the rules of nature depends, disappear.

Ruhnau shortened the self-explanatory approaches of the anthropological architects, artists, musicians, etc. touched upon here to the play in space formula whereby space refers to the space in which the rules apply. Theatres and performance venue architectures are examples of such. Throughout his life Ruhnau considered the most important aspect of his work to make architecture for the most assorted performances as diverse and multifunctional as possible. The flexible spaces allow multifaceted drawing of borders for the field of play and thus a playful evolvement of cultural forces always according to different rules. To Ruhnau the architecture of performance venues thus held a potential to influence the scope of the play of cultural forces. Ruhnau started working on these types of flexible architectures such as the podium piano in the mid 1950s - probably without reference to the simultaneous re-release of Musil's "The Man Without Qualities" by Adolf Frisé (the relationship between potential and timeliness and sense of possibility and sense of reality are central themes of the piece). Ruhnau later attributed the origins of his opinions to a preference for Heinrich Tessenow's Hellerauer Festival Theatre from 1911.

From his concepts for the Gelsenkirchen Theatre in 1957 to the development of the festival street at the Munich Olympic Games of 1972 to the concept of the Folkwang festival at Essen's Zeche Carl in 1985, Ruhnau developed dramaturgy to provoke the actors through the rules and spaces of play. Since to him composition was the epitome of the sensuous emotion of the conditions of the respective manifestations of life, composition meant plays which show the ability to identify and to react in ever changing ways to the limits of space and the rules of play. It was a way of developing freedom in autonomous decisions about the way in which one could react to set conditions. In other words, Ruhnau considers architectures, performance spaces and forms of play to be simulations. The given conditions are simulated, depicted with the knowledge that they can be altered at any moment. Freedom from rules and an unlimited sphere of activity are not simulated. The players are given the chance to realise that autonomy is hidden in being able to make their own rules and lay down their own borders rather than in an absence of borders and rules. In this sense Ruhnau's concept corresponds in a broad sense to the pedagogy of the Enlightenment. The images of pedantry which accompany such ideas debilitate Ruhnau as it did Rousseau's successors through the constant emphasis that simulations are by all means based on deception and disappointment, seduction by what is phoney and disillusionment by the truth as well as achieving their effect through handling mere dummies, conscious falsification, trickery and magic tricks - thus no honouring of pedantry in the implementation of normativity applicable for all time.

An architect who chooses to work in this way often risks being labelled a theatre decorator and at the same time an entertainer or a kindergarten teacher. Ruhnau tried to defend himself by making reference to the high cultural proficiency of his work including its temporariness and revocability to its complete nullification. Ruhnau maintained that wear and tear were symbols of acceptance. This corresponds to statements made by many postmodernist architects who maintain that demolition, conversion and change of use allow Arché to assert itself. Ruhnau was fascinated by Zen Buddhism and Modernism - particularly since the ZEN 49 programmes in the Ruhr area and his acquaintance with ZEN practitioners such as Yves Klein. As a result, Ruhnau learned for example that in Japan there is no authentic antique architecture. For centuries temples have been demolished from time to time and rebuilt with new materials according to the forms and rules that have been applied from time immemorial and thus Arché tecture in the literal sense. Precisely this unstoppable and inevitable transformation allows Arché to form.

Like many activists of western Modernism, Ruhnau had also learned to respect cultural productions through his anthropological approach rather than the production of science and art in particular. The passion for the archaic, primitive, for Art Brut, for folk and naive art as well as for the religious cults developed in his concepts of play much more than in the pathos of art or the powerful ascetics of science. Ruhnau's friend Hugo Kükelhaus' provocations of making sound were simulations of music making that were not exactly based around music as an artistic commodity and similarly various social therapists use acting to simulate conflicts in life rather than as practice for dramatists. In the same way, Ruhnau considered his goal to be the expression of temporality within the running time of a play rather than the removal of a piece from time. Ruhnau aims for the same in the flexibility of spaces for play according to the chosen rules in order to counteract the dogma of high cultural evaluation hierarchies.

The desired effect always finds expression in the dissolution of self, in exhaustion through intensive use, which has been symbolised since time immemorial by the flame of life. Ruhnau placed great emphasis on symbols, most clearly demonstrated at the Folkwangfest in the Zeche Carl where symbolic images and phrases were expressly named as compositional elements in the programme. Precisely the emphasis on expiry dates and breaking points strengthens the sense of Arché of natural as well as cultural forms and the processes of their transformation through metamorphosis. One

must reach old age to really understand and accept the consistency in never-ending change. It is easier said than done or easier postulated than realised. According to the laws of transformation, the Arché of all life and thus of genetics, completely unpredictable mutations also take place the significance of which will only become important or ephemeral over time. As a human being one does not have this amount of time even if one reaches very old age. This insight leads to an essential function of playing as simulation of autonomy and freedom. Everyone knows the obliviousness in play, the phenomenon of all experiences in time being totally at one in the present, in now, in the playing time. The players lose their fear of the uncertainty of the future and the irrevocability of the past in the experience of timelessness. In contrast to museums or archives which offer the creation of time in which new times become epochs or concurrences of the non-concurrent, thus the multiplication of time to times, the oblivion of playing has the advantage of freedom from time, a time-out which can not be considered the same as the religiously administered time of infinity. Ruhnau's concepts were considered a reformulation of the intrinsically great content of free time and time-outs. Naturally, their potential as a reaction to his specifications was marginal, however in the play time, free time, time-out concept there lay great potential for the passing of time.

What could go half way to explaining the fact that models of participation and thus of playing on all levels and contexts which years ago were even of political importance receive so little interest today? Our contemporaries drilled in the attractions of entertainment and expecting prompt service by the media, whom they believe will be available anywhere and at any time of the day or night, reject any accusations of being unprepared and unable to take on responsibility. They claim with dismissive gestures that the efforts to participate in the European Coal and Steel Community and the events of the 1950s where Willy Brandt called for compassion as sympathy and cooperation of the 1960s and the activists for development aid in the 1970s didn't achieve anything anyway apart from the arrogant gestures of 1968.

This choir of drudgers is steered by the conductors of political correctness. In contrast to all historical truth, they claim that the 1950s were a time of musty Adenauer restoration, that the 1960s were a student blow to still the hunger for luxury and good living in the name of all the starving and that the 1970s were the German autumn of the failure of great visionaries. These judgements are nothing more than media fascism made even worse by the fact that they appear to be democratically legitimised. The democratically legitimised totalitarianism of today's media operates insanely: When democracies initiate a war of aggression, carry out ethnic cleansing as a means of pacification, allow euthanasia and eugenics, when they imprison their enemies without charge etc. they claim that these are not fascist, totalitarian and fundamentalist steps because these methods are being used by democracies and not dictators.

As far as the appreciation of Ruhnau's work is concerned, the historical truth cannot be stressed enough. That the 1950s, in contrast to being defamed as a musty period of Adenauer restoration, were actually a time of tremendous struggles and progressive socio-political participation by the people, as demonstrated by the unbelievably radical campaigns against rearmament, against nuclear armament, against the banning of the KPD party as well as the radical changes to social laws never seen again. In that context the student protests of 1968 should be evaluated as

a playground version for spoilt brats. This means that we should learn to respect Ruhnau's concepts as the expression of historical developments in West European societies of the 20th century. It is important to realise that these concepts of play were not just a matter of instruction as hiking and sports clubs, local clubs, barefoot religious communities could have taken on these ideas not to mention the Hitler or GDR youth groups as well as student fraternities and wrestling clubs. This assignment of participation concepts has often been analysed as a means to an ideological end.

The idea of self-organisation as Ruhnau takes it from the insights of colleagues about the Göttingen natural philosopher Manfred Eigen has nothing to do with playing along, as integration and participation, as a departure from the right to autonomy. At its core, Ruhnau's concept is aimed at using architecture to encourage the self-organisation of individuals in social societies. Reference to rule observance is today more a question of adequate framework requirements for such processes in economics, society, science and cultural societies. In a certain manner, Ruhnau's approach seems to be distinguished by the fact that to him the logic of inadequate reason was closer to reality than that of the adequate. As far as this principle of our logic is concerned it seems that Ruhnau was a forerunner in the unfolding logic of our Modernism that was predicted by Musil. Is there a more sustainable admission of wonder?

Dorothee Lehmann-Kopp
Space, Play and the Arts
Interview with Werner Ruhnau

I. Performance spaces –
From theatre construction to
performance instrument for
the visual arts

The young architect

Mr Ruhnau, how did you come to architecture?

In my native city of Kaliningrad there were modern
buildings that I still remember well. The Schloss
Hotel, for example, in Bauhaus style with tubular steel
furniture and Marcel Breuer cantilever chairs and a
bar where I could hear jazz and dance to it. My home
environment was liberal. My father was a businessman
and freemason, my mother was a painter, and many
architects and artists used to visit us. In the mid 1930s
my mother moved to Italy. In 1938 I visited her in
Bologna, a wonderful city, and also got to know Rome
with her. I was 16 years old.

The atmosphere at home changed after my
mother left. My father later married a doctor and I
considered studying medicine. When I moved from
the Arbeitsdienst [compulsory labour service] to the
heavy artillery, the hearing in my left ear got worse and
worse in all that noise, so I was released to study. My
placement in a military hospital made me realise that I
would not be able to endure working as a doctor. When
my mother came to Kaliningrad for a visit she just said,
"Go to Gdansk, there's a good architecture department
at the university there." And so I came to architecture.

I started studying in Gdansk in 1941 but in 1944 I
volunteered for military service again because so many
friends, who were far more seriously disabled than I
was, had to keep returning to the front. After the war I
studied in Braunschweig up until my preliminary exams,
before taking my degree in Karlsruhe in 1950.

What were your formative influences in Gdansk?

There I came to know architecture as the 'mother of
the arts'. Life drawing was a compulsory subject for
the architects, for example. Professor Pfuhle, who

taught both the architecture and the art students
in his wonderful studio, challenged us to "Draw the
people you're building for!" So we learnt life drawing
with a pencil or charcoal. Professor Karnapp taught us
freehand drawing of urban subjects, antique profiles,
capitals and proportions, and talked about the unity of
structural art. Even in antiquity, architects provided the
outlines and created the design and implementation,
but they did so in conjunction with painters and
sculptors. The idea that architecture is the 'mother of
the arts' has never left me.

**Which teachers and role models influenced you during
your studies after 1945?**

There were two reasons for my moving from
Braunschweig to Karlsruhe. It was said that the food
was better there, even in those 'lean' times, not just
corn bread and horsemeat. Two great teachers, Egon
Eiermann and Otto Ernst Schweizer, also taught at the
university and modern ideas had arrived there. I read
the American architectural journals in Amerika Haus
fervently and what I saw of the work of Richard Neutra
and Ludwig Mies van der Rohe, whose Barcelona
Pavilion of 1929 was a revelation for me, really made
me catch my breath.

We had great teachers and they satisfied my intellectual
needs. Eiermann wasn't very important to me, but
Professor Haupt, who taught interior design, was very
much so. Otto Ernst Schweizer, with his philosophy
of rational and irrational architecture, which he
demonstrated through French Baroque and English
landscape architecture, also had a particularly formative
influence on me. Schweizer's recommendation that
I "Go and see Willi Baumeister in Stuttgart!" was
also important. Baumeister impressed me deeply.
I immediately understood his pictures, his way of
teaching, his remark that in the first semesters he

had to 'clear out' his students' heads. The latter also applied to me. In designing interiors I always started by drawing what I knew from home, living room, dining room, bedroom and so on. Suddenly, Mies van der Rohe showed that things could be completely different! My first love left me for this reason, by the way. Misa couldn't imagine being married to me because I was always mad about tubular steel furniture, which she found unacceptable for a sitting room.

You were awarded your degree in 1950. Were there any jobs or commissions for young architects at that time?

I applied for a job with the Brecklinghaus firm of architects in Essen, because I had studied with Brecklinghaus' son in Karlsruhe, but he was already employing two people. He recommended me to his colleague Willy Maximilian Schneider, who built mainly pubs and churches. You can still see my 'mark' on the Schwarze Lene pub in Essen, with its typical Otto Ernst Schweizer-type profiles in the form of the roof and the pillars. They're similar to the ones in a wastewater treatment plant that I also designed. Schweizer was firmly convinced of the importance of bringing 'plasticity' into construction. Plasticity meant pillars and cornices and using eaves as sculptural elements.

Six months later Schneider had no more commissions and I was laid off, so there I was, out on the street, in the middle of the city of Essen, which had been destroyed during the war. The trams were running again, but they travelled though a landscape of ruins. It wasn't just that funding for churches and pubs had dried up; there wasn't even any money (yet) to build houses.

Almost inconceivable, given the great need for housing. When did you build your first flats and houses?

That wasn't until my time as an architect for the Munster Landwirtschaftskammer [chamber of agriculture], so from 1952. It wasn't always lucrative. A building contractor from the Holzmann company, for example, got me to plan his house for him. When I asked about my fee, I was astounded to hear the comment, "But Mr Ruhnau, you've eaten with us so often!" I did receive a regular fee for the houses in Wuppertal and Coesfeld though.

You were awarded a big commission by the Munster Landwirtschaftskammer as early as 1952. How did that come about?

The uncle of a friend in Essen sent me to see his old university friend Dr Alexander Löfken in Munster, who, as head of the construction department of the Landwirtschaftskammer, was looking for architects. Löfken employed me less because of the grade I was given for my degree, which was 'very good' than because we were both members of the university sailing club, ASV. That's how it went in those days. And still does. Löfken had complete faith in me and entrusted me with planning the rebuilding of the Landwirtschaftskammer, because the previous head architect, Professor Walter Hämer, was leaving. The beautiful concept for the Landwirtschaftskammer administration building came from Mr Hämer. I incorporated plasticity in Schweizer's style and designed the interiors. 'Schweizer touches' can also be seen in the Munster Theatre, in the slats on the auditorium and in other details. The smooth facades in the style of Eiermann, under whom Max von Hausen had studied, vied with my 'Schweizer tradition'. It's a successful blend.

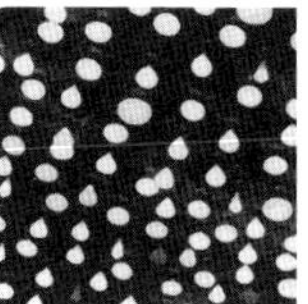

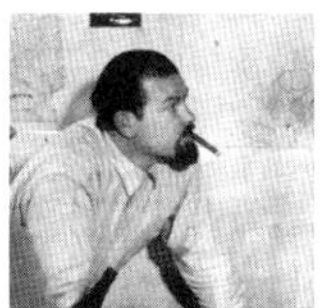

From 1953 you planned the theatre in Munster working in a team with Max von Hausen, Ortwin Rave and Harald Deilmann…

People who were pleased that a modern building was finally being built in Munster often came to see me in the Landwirtschaftskammer. Dr Anton Henze in particular, who was then in charge of the features pages of the Westfälischen Nachrichten newspaper, reported on it and encouraged me. One day he said, "Mr Ruhnau, the theatre is to be historically rebuilt, just like the Prinzipalmarkt (the central market square in Munster)." To my objection that I knew nothing about building theatres, he answered, "Then talk about modern architecture generally!" He said that he would propose, in some relevant articles, a debate in this city, fixated as it was on historical reconstruction. No sooner said than done. I gave my lecture, while other groups such as the Bund Deutscher Architekten (BDA) [Association of German Architects] protested as well.

Finally the heads of the city council decided that every architect in Munster could submit an alternative plan within six weeks. Since the director of the chamber of agriculture, Dr Tasch, was one of these decision makers, he gave me some space in the Landwirtschaftskammer. I began designing the theatre there, in Rinderstammbuch, at number 2 Schorlemerstrasse, initially with my girlfriend, the architect Helga Debusmann. We were then joined by Max von Hausen and Ortwin Rave, and by Harald Deilmann a short time later. They asked, "Are we all to bring our women?" - because their girlfriends were also architects - "Or shall we men to do it ourselves?" I was overruled and Helga Debusmann was thrown out. I'm still ashamed of myself for that.

But nobody in your team had had any previous experience in handling theatre architecture before?

That's right, Theatre for us consisted of a stage and an auditorium. Bang! As easy as that! But how could we accommodate 900 seats? The council had fixed the site. The ruin of the Renaissance facade of the Romberger Hof still stood on it. I wanted to include the ruin - even during the initial planning phase with Helga Debusmann - as a living backdrop within the theatre ensemble. I had been very impressed by the way they dealt with historical buildings in Italy, where they retained or integrated them into modern buildings - a wonderful coexistence of old and new! For this reason we had to design the axis of the building to pass the façade at a diagonal angle. Because the piece of land was too small, we 'stacked' the audience one on top of the other, which was how the four tiers were developed. Quite simple really. Here the stage, opposite it the auditorium, and there the foyer with the ruin. As a theatre, it was a conventional building in a modern formal idiom.

Nonetheless, the new building was internationally celebrated as a 'thunderclap' of theatre construction. Many famous people, such as Rockefeller, came to Munster to see it. What impressed them so much about it?

The 'thunderclap' was the modern architectural idiom set in the middle of historical Munster, surrounded as it was by three churches listed for historic preservation. And of course the fact that the historical facade was left standing as an authentic backdrop, as a monument and as a living memorial to the destruction of the war.

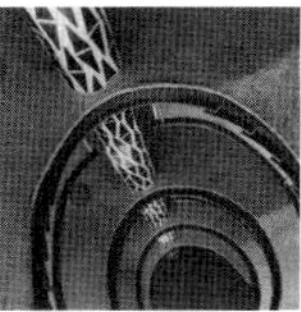

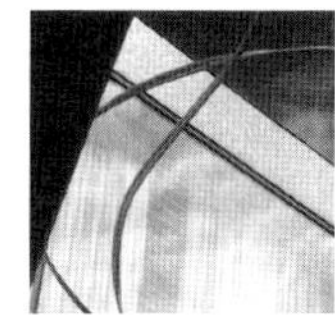

Sculptor Norbert Kricke's 'Picassoblitz' was also modern. How did you succeed in getting avant-garde art accepted in that conservative environment?

I had always included the visual arts in my work, even in the building of the Landwirtschaftskammer. My mother, who had moved to live with me in Munster, wanted to work with me on the building as a painter, but I had to restrain her from doing so because her style wouldn't have fitted in with the modern architecture. The sculptor Vincenz Piper designed a column for the Landwirtschaftskammer. I proposed that Norbert Kricke, whom I had discovered in an exhibition of the Künstlerbund [German Artists' Association] in Düsseldorf, should work with me on the theatre construction. Artists were invited to take part in a competition. With me on the jury sat, among others, Dr Anton Henze and John Anthony Thwaites, who was the officer with the British occupation forces responsible for art and a supporter of Modernism, so we were able to get Kricke appointed without too much trouble.

How did the people of Munster react to Kricke's work? 'Picassoblitz' has in fact caught on as a (fairly) affectionate nickname, but it also hints at the very new, the unusual. Picasso wasn't entirely popular with the broader public...

Yes! But by and large the people of Munster accepted the theatre project and the Kricke sculpture, despite their modernity. Of course negative voices were also raised. The mayor for example, apologised years later for this 'foreign body' in the urban landscape. The ruin was also controversial. "Have an excavator accidentally run into it so that it finally falls over," was the serious advice of the building commission chairman to me.

But we also received a lot of support. In 1954 the government department in Düsseldorf initially didn't want to approve our plans. The Munster council was outraged and they made it abundantly clear to the Düsseldorf officials that the old Prussian theatre construction regulations of the previous century were no longer up-to-date. We were working with steel, glass and concrete, using electric bulbs instead of gas lamps and new fire safety techniques and the like. Dr Konrad Rühl, ministerial director of the Bauministerium [Ministry for Construction], saw the approval process through. We implemented a review of the theatre construction regulations then in force. The NRW state government appointed the Berlin architect Fritz Bornemann and me, among others, to the DIN 18600 research group. We developed the new building and corporate regulations for places of public assembly, which are still in force, only slightly modified, today.

Konrad Rühl had already supported you in the building of the Landwirtschaftskammer...

Yes! It was with great trepidation that I went to Düsseldorf to gain approval for this modern building, so I was very happy to find Rühl among pictures and furniture in the Bauhaus style! Rühl and Henze were members of the Werkbund [German Work Federation]. Later they recommended me for membership, which you had to be proposed for in those days. I owe both of them a great deal. The Werkbund was a very important institution in the 1950s and 1960s.

Later you concentrated on the spaces, forms, and techniques of performance as well as on dramatic performance itself. What decisive stimuli did you take with you from the Munster project?

The director of the Berlin Staatsoper [Berlin State Opera], Gustav Rudolf Sellner, and his chief dramatic advisor Claus Bremer, visited us at the building site in 1955. Claus Bremer explained to me why our theatre space was conventional. This historic, frontal opposition

of stage and auditorium, hitherto unquestioned by architects, excluded other, experimental forms of dramatic performance. But the theatre doesn't always work in the same way that the Greeks devised it! He wanted variable spaces!

And something else about your work changed after Munster: the 'Picassoblitz' was still 'structural art'…

Yes, Bremer said, "You're treating art as 'structural art'. In creating performance space you're putting spectators and actors in opposition to each other and here you have the visual arts confronting architecture. You have to think holistically!" That made sense to me. Visual artists have to be involved in planning a building as 'experts on aesthetics' - just like engineers, structural analysts, acousticians and others. Otherwise art becomes just tacked-on decoration, 'structural art' in fact.

"Think architecture!," wrote Claus Bremer to me in the register, "and think dramatic performance!"

The Gelsenkirchen Theatre, 1955 - 1959

Did the success of the Munster Theatre immediately lead to new commissions?

After our plan for Munster wasn't initially approved in 1954, we sat there feverishly drawing plans for competitions in the hope of commissions. The Gelsenkirchen Theatre was our great success in those competitions. The jury awarded us first prize in September 1954. Completing the Munster Theatre and planning Gelsenkirchen then overlapped. The Munster Theatre opened in February 1956, and in June 1956 the foundation stone was laid in Gelsenkirchen.

The building that was actually built in Gelsenkirchen was however very different from the design that won the competition…

I was the project manager for Gelsenkirchen even before the Deilmann, von Hausen, Rave, and Ruhnau team of architects disbanded. After we won the competition we heard nothing more about it. Then in 1955 I met the director of the Gelsenkirchen Opera, Rudolf Schenkel, at a lecture in the Freemasons' Lodge - I was still a freemason in those days - and asked him how things stood. He said, "Well, Mr Ruhnau, the design that won second prize is going to be built!" I said "What? What can I do?" Schenkel advised me to contact the chair of the cultural committee, Elisabeth Nettebeck. She also could not understand why the council now intended to build the design of the architect Fritz Bornemann from Berlin. The councillors had changed their minds because they were worried that my huge foyer would cost several times what the Bornemann design would. In the end, Bornemann and I were commissioned to estimate the costs in accordance with DIN 276. I retreated to the island of Norderney for the final revision. There I met Anita Lange, we got engaged shortly afterwards, and we were married in 1956.

I made extensive changes to the plan while I was drafting the costs estimate, changing it from a three-tier to a two-tier theatre, turning the studio stage into the Kleines Haus (small theatre), and moving the actors' dressing rooms and administration areas up to the main facade. In short, I created a new design to save costs. What remained was the overall shape in terms of urban planning. The glass façade, still rather coyly covered with metal elements forming a screen, slowly developed into a foyer made entirely of glass opening onto the city, as Ludwig Mies van der Rohe had also planned in his Mannheim Theatre design in 1953.

You visited Mies van der Rohe in Chicago in the 1960s. Did he explain why his Mannheim design was never built?

Mies had two problems. The elegantly dressed theatregoers were afraid that they would feel unprotected in the illuminated theatre behind the transparent glass facade. The ladies and gentlemen in evening dress didn't want to be left "standing on the street". This conflict also emerged in Gelsenkirchen. I had to plan support rails for a curtain for the huge glass facade in the foyer so as to be able to quickly use it if the visitors should in fact feel too exposed. But it never happened. Mies had also offered them a curtain, but it was rejected. Another problem was German construction bureaucracy and the unconventional methods of awarding commissions and progress of construction in the USA. Mies told me that he had no idea what a costs estimate required in accordance with DIN 276 was. "Here I am often awarded commissions by phone. I know what a facade costs, and the owners believe me."

The fact that Mies did not live on site was certainly also decisive in the failure of the Mannheim plan. I moved to Gelsenkirchen and lived and worked in the Alte Feuerwache [Old Fire Brigade building], which was close to the building site, so I could always deal directly with everyone involved there.

The central idea of the glass facade is the opening of the theatre foyer to the city and vice versa, the theatre foyer as an extension of the urban space...

The illumination of the Gelsenkirchen foyer makes the theatregoers, seen from the city, become actors themselves. The integration of interior and exterior is designed to invite passers-by to get involved, to break down inhibitions and allow the theatre to become an integral part of urban life.

The relationship of stage and auditorium in the Grosses Haus [large theatre] is still classical to a large extent. The structurally fixed opposition of spectators and actors is however optically moderated by the consistent uniform black of the walls and ceilings, providing at least a visual impression of unified space. Attempts to create a larger opening were rejected because of the old fire safety regulations.

In the Kleines Haus I was able to further pursue the idea of 'theatre as a scenic workshop'. The foyer, seating and performance areas merge. The use of variable seating, platforms and lighting techniques enables the creation of a range of different performance situations such as an arena, theatre of space, multi-stage or 'picture-frame' theatre.

In creating these buildings you consistently integrated the visual arts...

In Gelsenkirchen I was chief architect, so I was able to implement the idea of architecture as 'mother of the arts'. I engaged visual artists as 'aesthetic experts' on an equal footing with technical experts in areas such as structural analysis, heating or ventilation. In our 'Bauhütte' or 'site office' in the Alte Feuerwache we achieved the ideal of engineers and artists designing a building together. It was no longer just a question of the individual artistic disciplines - we were building together. The term Bauhütte linked us with the tradition of the masons' lodges of the cathedral builders in the Middle Ages and with the Bauhaus workshops.

I often thought about Martin Heidegger's idea, expressed in his 'Darmstädter Gespräche' of 1951, that "Mensch sein heißt: als Sterblicher auf der Erde sein, heißt: wohnen. (…) Der eigentliche Sinn des Bauens, nämlich das Wohnen, gerät in Vergessenheit." ("To be human means to live as a mortal on earth, it means

dwelling (...) The real reason for building, namely living, is being forgotten").[1] Building is therefore living, and vice versa. Every architect needs to understand that!

Our Bauhütte was characterised by the living reality of the theatre construction site as a workshop to create space for the visual arts. We also enabled visitors to experience the visual and scenic qualities of space. For Yves Klein, who liked acting and enjoyed being in the limelight, it was a wonderful chance to project an image. You only have to think of the photos he took of himself, as the conductor of an empty auditorium, for example, or of the films[2]…

As well as Norbert Kricke and Yves Klein, you also worked with Paul Dierkes, Jean Tinguely and Robert Adams, among others. How did you choose them?

Once the foundation stone was laid, I intensified my search for 'aesthetic comrades-in-arms'. I wanted to work with Kricke from the outset. In March 1957, Anita and I went to his exhibition opening in the Galerie Iris Clert in Paris. The gallery owner introduced us to the young painter, Yves Klein, and his fiancée, the architect Bernadette Allain. Yves showed us his works, small monochromes in various colours, which were hanging in a tiny backroom of the gallery. I immediately thought they were great fun! Here was an artist who thought as I did! Yves' idea of renouncing form and polychromatism in his pictures corresponded with my idea of freeing theatre architecture from material elements such as columns, the proscenium, walls and polychromatism, to provide an 'empty' performance space for the visual arts. The next day we visited him in his studio. I invited Yves to come to Gelsenkirchen and work with me, showed him a picture of the model from the booklet that had been published for the laying of the foundation stone, and invited him to design the two side surfaces of the main foyer in a single colour - I was already in favour of blue[3]. Yves was very happy.

We bought a blue monochrome and he also gave us a yellow one and signed them both on the backs. When he visited us in the summer of 1957 in Gelsenkirchen, he was overwhelmed by the size of the building site and the surfaces he was to work on. He declared exuberantly, "If you let me do this work I'll give you ten big monochromes, 2.8 by 1.5 metres each. It will be the foyer of the century!"

Had Yves' collaboration already been confirmed by the city authorities at this time?

No! At the beginning of April I asked Elisabeth Nettebeck for permission to commission Yves and Kricke directly. After she had thought it over for a few days she said, "We can't exclude the Gelsenkirchen artists! Especially since we have the Künstlersiedlung Halfmannshof (Halfmannshof Artists' Colony) right here. We'll have to hold a competition. Make sure that the jury understands your architecture and we'll get it through." And that's how it happened. A jury that understood architecture, of which I was also a member, voted on the competition winners in October 1957 and I was able to start work with the team I wanted.

Ultimately, Robert Adams designed the big relief for the box office hall, Kricke the water columns (which were never built) and the steel relief on the outside wall of the Kleines Haus, Klein the side and front walls, and Dierkes the reliefs on the rounded auditorium wall. Jean Tinguely came later. Yves, who couldn't speak a word of German, had originally invited him to be his translator, but Tinguely's artistic ideas fitted in wonderfully with the Kleines Haus. He designed mobiles with irregular surface forms, which corresponded with the changing performance situations.

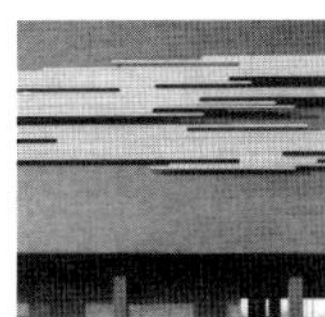

You established monochromes during a period of 'coffee-table conservatism' in the midst of the German 'economic miracle' of the 1950s. How did you persuade the authorities and the public?

The political atmosphere in Gelsenkirchen was more open than it was in Munster, where our theatre was regarded by some as an affront against the historical city, but there was of course also conflict in Gelsenkirchen. I owe a great deal to Elisabeth Nettebeck, who took my part with unshakeable faith in me and a great understanding of the overall artistic concept. I'll never forget her visits to the building site. It was important to me to be able demonstrate the spatial situation to her on site, but Frau Nettebeck was only able to walk with great difficulty. What could we do? Two of my co-workers, Fero Freymark and Reinhard Pietrowski, built her a 'sedan chair' out of an old chair and a couple of iron pipes, and we carried her to the site.

Other councillors and union leaders also supported us. It was especially hard to get the monochrome images accepted. Some politicians and public servants found the monochromaticism boring and thought that the blue was not festive enough. It was Willi Müller, then councillor and chairman of the Sportausschuss [Sports Association] and a 'real Gelsenkirchen institution', firmly entrenched in the labour movement, who finally tipped the scales in the selection of the colour. He told the Theatre Building Committee about some blue velvet that he had given his wife, from which she had a theatre dress made. The next time they went to the theatre all the ladies and gentlemen - including those from 'high society' - turned to look at her. He wondered, "What are they looking at? Is there something wrong with her dress?" and asked his wife to go on a few steps ahead of him. He then saw that the blue shimmered

in a thousand different nuances and shades of colour. It wasn't 'simply blue', it was wonderfully sumptuous, luminescent. That did the trick: "Well Willi, if that's what you think, Ruhnau will get his blue." Until then we had also been discussing Yves' Pompeian-red model and had even a briefly considered leaving the sponge reliefs white, but after the proclamation of the 'Blue Revolution' and the founding of the 'Party of the Blue Patriots' everything turned blue.

Even after Willi Müller's intervention, however, the discussion was not entirely over. My suggestion that the colours be reduced to grey, blue and white resulted in accusations of 'colour-blindness' so a colour consultant, Professor Debus from Stuttgart, was brought in. Luckily he immediately understood my concerns and defended me before the Theatre Building Committee.

You lived and worked together with your family, many friends, artists and co-workers in the Alte Feuerwache, which the city authorities had placed at your disposal. How was the situation in terms of space?

In the Alte Feuerwache there was my planning office with a secretary's office, a large drafting room, some small offices and a three-room flat with just a shower. I lived here with Anita, our son Philip, born in 1958, and Paul Dierkes, often also with Yves and friends of his, and then with other frequent guests such as Jean Tinguely, Robert Adams, Martial Raysse, Piero Manzoni or Iris Clert. Some of my co-workers, such as Franz Krause, lived in the neighbouring row of houses. On the building site about 100 metres away there was a workshop in the cellar in which Yves and I experimented. Paul Dierkes' caravan, which his students lived in and had parties in, was also on the building site. This 'love shack' became a bone of contention for the local citizens, as did the Nivea flag, which we hoisted over the Alte Feuerwache after

Schalke 04 won the German football championships. As artists, we regarded ourselves as existing without boundaries and we made our own rules. Anita worked in the office, performed various other official duties and entertained - huge preparations had to be made for our breakfasts, lunches and dinners. Because of these very simple conditions, we drew up a contract governing our shared life and work. Into this 'melting pot' our second son Moritz was born in October 1959.

We were active in our workshop in an inspiring, creative atmosphere because the theatre construction site was a shared art studio for everyone involved. There we found materials for Yves' works together, things such as metal grids and reinforcing rods to use as pedestals for the sponge sculptures. We had everything in abundance! Not just materials but also helpful workers to assist us on site.

Our evenings were enlivened with wonderful 'flights of fancy'. We sang our poem 'Komm mit mir in die Leere' [Come with me into the emptiness] to Hans Martin Majewski's tune of 'Nasser Asphalt' [Wet asphalt], held wind-up frog races, produced 'Schüttelbilder'(shaken pictures) at Franz Krause's suggestion, dreamed of a life lived naked in air-conditioned, paradisiacal oases, and founded the 'Blue Patriots Party' with its battle cry 'Vive la situation européenne' to find new rules for a 'cannibalism-free' Garden of Eden for a new society. Yves and I were to be the 'chiefs' for France and Germany and Anita Ruhnau, Bernadette Allain, Franz Krause, Paul Dierkes and Charles Wilp, among others, were to be members.

The controversial subject of 'cannibalism' had a concrete background. Paul Dierkes, who was from Oldenburg, always loved eating sausages, ham and bacon at our breakfasts, so because he ate pigs, 'our brothers and sisters', we jokingly called him our 'cannibal'.

Our lives and activities have to be seen in the context of the period. The shops were full of goods again and for the first time since the war everyone had plenty to eat, but the city was still in ruins, there was a housing shortage and our space in those houses destined for demolition was much in demand. There was a hopeful mood of reconstruction, almost full employment, and the economy was overheated - we were lucky to be able to find any tradesmen to do the construction work. The laying of the foundation stone had already been postponed because the construction work was going to have to be stopped.

As well as artists and permanent guests you also had lots of visitors during the construction phase. Who were they?

Our visitors included the composer Maurizio Kagel, gallery owners Iris Clert and Alfred Schmela, art historian Paul Wember, the dancer Sylvano Bussotti and many others. The Bauhütte held a magical attraction for everyone who was interested in art, particularly Helmut de Haas, who at that time was editor of the features pages for Die Welt newspaper in Essen. He applied the term Bauhütte to us and gave our manifestos and battle cries their finishing touches. Charles Wilp acted as our press photographer.

The architect Franz Krause was a very important member of the Bauhütte because he was an artist through and through. Together with Ernst Kroeber, Winfried Ter Huerne, Karlheinz Schwarzhof and others, he was closely involved in planning the interior, the lighting, banisters, swivel chairs, theatre seats, the colours of the walls in the foyer and so on - everything had to be in harmony with everything else and with the artists' works. Krause was 'part of the family'.

You worked particularly closely together with Yves Klein. How was this cooperation?

Yves and I experimented a lot in the workshop we shared in the cellar of the theatre. We liked each other at once when we met in March 1957. We felt somehow related. His mother was a painter, as mine was, but both of us had freed ourselves from our mothers' artistic idioms. And we both wanted to 'clear out' the arts to create free space! This was something that Yves' fiancée Bernadette, who was an architect, also understood.

'Klimatisierung des Raumes' (Air-conditioning of space), 'Blaue Überspannung', 'Leere' (Emptiness), 'Immaterialisierung' (Immaterialising), (Yves took over this term from me, he initially spoke of 'Dematérialisation')[4] were our working titles. In our collaboration we overcame the problem of the individual artistic disciples through architecture: "Le dépassement de la problématique de l'art! (Dealing with the problem of art)[5]" as Yves said ebulliently.

You worked together on the sponge reliefs and the murals in the foyer, among other things…

Yes! At the same time as the artists' competition I had begun to design sponge reliefs for the front walls with Yves Klein. I gave Yves the idea of making reliefs with the sponges he used as brushes. In June 1957, I demonstrated the 'aleatory principle' to him in the Bauhütte by dropping small sponges on the floor. We decided that the front walls could look that way and that's how the model of the first white sponge relief was made, using cut-up sponges to keep the costs down. Initially all this took place in secret. Kricke wanted to use aluminium reliefs by Kurt Neyers for the front walls. In the end I exercised my right as chief architect and decided in favour of the sponge reliefs, which led to a

dispute with Kricke. Later he told me that in his anger he had even destroyed one of Yves' works, which he owned at the time.

We had to try out combinations of sponges with whole sponges and their various hardening and colouring techniques for the large reliefs planned for the front walls. I persuaded Yves, after some effort, not to hang the sponge reliefs like a 'carpet' in front of the wall, but to mount them directly on it, as part of the building[6].

Was that also the case with the murals?

Yes. We first had to find the right backing, which was Rotband gypsum plaster on brick-wire mesh, not on expanded metal mesh, as Yves had planned. I spontaneously threw some little stones onto the waves of freshly plastered wavy background and the 'cosmic' craters that appeared in the soft plaster immediately inspired us! The project manager saw us doing this and hurried to the Bauhütte shaking his head. "My dears" he said to my co-workers, "they've gone mad! Now they're throwing stones into the fresh plaster!" That's how the refractive surface structure of the work originated[7]. Yves went on working with these structures and craters later in his 'Cosmic Series'. Then came the blue colouring…

The famous 'Gelsenkirchener Blau' (Gelsenkirchen blue) is not the same as the so-called 'IKB' (International Klein Blue)…

No! The works in the large foyer could simply not have been made using Yves' mysterious alcohol and acetone-based, adhesive-pigment mixture. The colour evaporated during spraying. Only a tiny amount stayed on the plaster surface and even that lost most of its

colour and adhesiveness, so we couldn't achieve the luminous effect. The poisonous vapours also intoxicated us and the mixture was very combustible, 'Hazard category A 1'. Working with Ernst Oberhoff, a teacher from the Werkkunstschule Wuppertal, we then developed the Gelsenkirchener Blau[8]: German ultramarine pigment with a water-soluble caparol binding agent. Once all the experiments and preparations of the murals and sponge reliefs were concluded, the Graafmann painting company[9] sprayed the colour on. It got me into enormous trouble with the council, by the way. The mysterious, legendary mixture with the so-called 'medium' that Yves had presented to the Theatre Building Commission could not be used? An irritated delegation came to visit me on the building site. "Mr Ruhnau, what's going on? We granted Mr Klein the high price he asked for the pictures because of this precious Paris colour and now an ordinary painter sprays an ordinary German ultramarine on them?" It took me a lot of effort to calm things down again. In recent decades the claim that 'IKB' was patented has been doing the rounds of the entire art world. It's not true, as the national French patent office has confirmed to the Wiesbaden Museum![10]

All these joint decisions on the backing, structure, adhesive and bonding agents, colour and so on are the actual artistic, creative process. They determine the works' visual and haptic quality and thus their artistic impact. We had planned to sign our works in the foyer together, but that was forgotten in all the excitement. We had however already made an agreement at the turn of the year 1957 / 58. Yves had, on his own authority, signed my perspective drawing of the foyer[11] and given it to Breuer, the chief building officer and director of the Gelsenkirchen Hochbauamt [Public Works Office][12]. Thereafter we decided that each one of us could also individually produce and sign the Gelsenkirchen works we had created together.

'Air architecture' was another joint project with Yves…

I had concerned myself much earlier on with climate, humanity and the environment, first as a sailor, then through my interest in medicine, and finally as an architect. As early as the 19th century, urban planners had already created a climatic equilibrium between exterior and interior urban space by roofing over streets and squares and creating passages protected from the weather. A later example of such endeavours is Buckminster Fuller's concept of roofing over an entire district.

The walls are opaque and the windows are only slightly transparent. My all-glass facade of the Gelsenkirchen theatre provides for an optical connection between interior and exterior, but only by night when the foyer is illuminated. During the day and when the interior is dark, a mirror effect appears, the glass becomes a white reflecting wall. You can see reflections of clouds and houses, but not the interior.

This sparked our idea of 'air architecture'[13], initially using air walls and air roofs[14]. The large shops already had air doors by then. We dreamed of air-conditioned oases, of life in the Garden of Eden. I made the first drawings of air roofs and fire walls in water tanks. I commissioned models for a wall of fire, a row of flames and jets for an air roof from the Küppersbusch company. We experimented with airflows that horizontally deflected water sprayed onto them and then flung it out again. The flow techniques were not, however, sufficiently developed to be used for the main facades of the theatre buildings, so we shelved them in our plan for the Feuer-Wasser-Luft Café [Fire-Water-Air café] on the theatre forecourt.

Yves later copied my air architecture drawings to have them patented in Paris. Contrary to claims made by his heirs, it was factually impossible for him to be granted

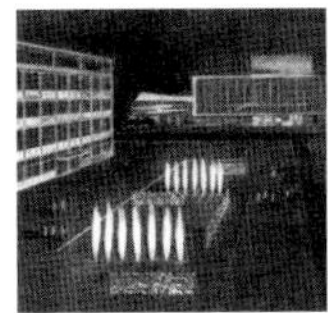

a patent. The German patent office had rejected my application for a patent on June 30th 1960, referring to a French patent of 1932 and a German one of 1928[15].

Could these techniques ever have been implemented?

No! There were problems with the enormous amount of noise the jets made and the energy costs. My plan for the Stiftsruine in Bad Hersfeld was not implemented for that reason. In 1959 / 60 I consulted with Professor Leo Brandt from the Landesamt für Forschung [State Research Institute] in Düsseldorf and was told unequivocally that these air architecture techniques could not be implemented. After 1960, I pursued another approach for providing protection from the weather across a wide area - the 'milking' of rain clouds using silver iodide rockets.

Yves didn't want to accept these technical limits. After we had argued about it, Yves, together with the architect Claude Parent, circulated utterly unrealistic illustrations based on my drawings, at the beginning of the 1960s. His fantasies of bodies floating in air-conditioned oases on airflows are nonsense. They would burst in the high pressure! Our discussions on whether the earth is a ball or a disc were also absurd…

Air architecture has been a frequent subject in recent years. An exhibition entitled "Yves Klein. Air architecture" was held in the MAK Center for Art and Architecture, Los Angeles, in 2005 and also presented in the MAK Museum für Angewandte Kunst in Vienna in 2006…

The very title is misleading. 'Yves Klein. Air architecture' suggests that Yves invented it alone. My name as creator of the first designs has been erased. Although Yves was not involved in my plans for the Stiftsruine in Bad Hersfeld, I named him as co-author of the idea of air architecture at his request[16]. I didn't mind him

copying my drawings and taking them to the patent office in Paris. We had agreed that we could sign each other's works. Portrayals of Yves as sole creator are however factually wrong! Yet he is still presented as such in the MAK catalogue and also in the Centre Pompidou catalogue, Paris, 2006. There, Yves' 'Manifeste de l'hôtel Chelsea' of 1961 for example, in which he describes himself as sole inventor (among others) of air architecture, is published without any critical comment.

The history of our collaboration and shared authorship is also negated when Yves' heirs removed his name from 'Temple of the Elements' in an exhibition in the Yves Klein Museum in Nice, for example. The reverse also applies when my name is suppressed on the Wall of Fire, the roof of the Museum or in connection with the Gelsenkirchen works.

You developed a 'Wall of Fire' for the 'Temple of the Elements' and the theatre forecourt. How was that to look?

We planned a Feuer-Wasser-Luft Cafe [Fire-Water-Air Café], protected from the weather by air roofs, with walls and fountains of fire made by Yves and I, and water columns made by Norbert Kricke. There were already large numbers of 'fire sculptures' in Gelsenkirchen. Approaching the city on the highway from the north, the sky was red - an awe-inspiring sea of lights from the refineries' lights, the red eruptions of the furnaces and countless flares everywhere! In those days Gelsenkirchen was regarded as the 'City of 1000 fires'. Now they are all extinguished and it's called the 'City of 1000 suns' in reference to the solar industry, which is being established there as a consequence of structural changes.

The Feuer-Wasser-Luft Café was designed to create a connection between the theatre and Hans-Sachs-Haus, enriching urban life…

Yes. We wanted to continue the dramatic performance - beginning on the stage and in the foyer of the theatre - on the forecourt, with the citizens. We wanted the entire city to get involved!

We planned a big celebration for and with the people of Gelsenkirchen, staged by the composer Rainer Riehn, music critic Heinz-Klaus Metzger, Claus Bremer and me, for the opening of the theatre in December 1959. The participants were to include Yves and I with a fire and light display, John Cage with music, Sylvano Bussotti with dance and Nam June Paik with a light installation. The plans were not implemented, however, and a conventional opening was held. Yves also designed Anita's dress for the occasion, which was made of pale pink satin, to harmonise with the colour effect of the blue works in the foyer.

Other projects you worked on with Yves Klein included the 'Theater der Leere' [Theatre of Emptiness] and the 'Schule der Sensibilität' [School of Sensitivity]…

The 'Theater der Leere' was supposed to have its premiere in the Kleines Haus. When the curtain goes up the audience sees an empty stage and hears monotonous music…

In the 'Schule der Sensibilität' we wanted to pursue our ideas from the Bauhütte[17] period. It was going to be near Nice and combine all areas of art and life. We designed it as a complement to the state-run colleges, an unstructured 'laboratory' without curriculum or exams, and with teachers such as Frei Otto, John Cage, our Bauhütte artists and others. To avoid institutionalisation, we planned to close our school after ten years. For its structural design we had put aside

sponges, brick-wire mesh, pigments, adhesives and pebbles at the theatre building site. After Yves' death in 1962 his widow, Rotraut Klein, and the gallery owner Alfred Schmela wanted to buy the materials, but Anita and I didn't want to sell.

In accordance with the planned lifespan of our school, I began, ten years after Yves' death, to make objects commemorating our collaboration and shared projects out of these authentic materials and have published, exhibited, or sold them, or given them away.[18]

You have mentioned conflicts with Yves' heirs. What do you think is the main issue of contention?

Rotraut Klein-Moquay and her husband, Daniel Moquay, do not recognise my co-authorship of the works from the Bauhütte period and deny the history of our collaboration and its great significance for Yves' further artistic creation. Projects and works of Yves' that were inspired by the Bauhütte period and by me include the sponge combinations and reliefs, the Gelsenkirchener Blau, the Anthropometrien, cosmic series of pictures and fire sculptures, and terms such as 'Entwicklung der Kunst zum Immateriellen' [Development of the art of intangibles] or 'Klimatisierung des Raumes' [Air-conditioning of space].

An exhibition was held in the Berlin Nationalgalerie in 1976 for example, which then went to the Düsseldorf Kunsthalle. The Berlin curator Dieter Honisch wanted to commission me to present the Gelsenkirchen section, but it never happened. Rotraut threatened to withdraw her loans if I were involved. She insinuated that I was providing 'inauthentic' objects and information. Thereupon the Denise René / Hans Mayer gallery in Düsseldorf organised the beautiful 'Yves Klein / Werner Ruhnau' presentation, which complemented the Kunsthalle show by presenting the Bauhütte phase,

which had been so important to Yves. The art critic Heiner Stachelhaus published the catalogue 'Yves Klein - Werner Ruhnau', in which my correspondence with Yves from our time in Gelsenkirchen, the authentic text of the 'Schule der Sensibilität' and the plans for air architecture are published for the first time. Rotraut wanted to have the Hans Mayer exhibition closed, but failed in her attempt. Her own lawyer agreed to recognise my co-authorship.

These kinds of disputes, including legal action, are still continuing. One problem is that Rotraut does not know enough about the time in Gelsenkirchen. Yves was engaged to the architect Bernadette Allain during the important planning and experimental phase from March 1957 until the summer of 1958. Rotraut came at the end of 1958 during the implementation phase and was only there sometimes. She wasn't even invited to the opening of the theatre. Yves' companions at this time were more often his mother and his aunt. This ignorance of our plans and experiments in Gelsenkirchen means that Rotraut misinterprets things and is the cause of our conflicts.[19]

Yves Klein's own statements become interesting in this context...

Yes! Our close collaboration, which was already established in the contract[20] with the city of Gelsenkirchen is clearly documented in Yves' writings and letters[21]. Extracts of the correspondence between Yves and I are printed in Heiner Stachelhaus' book. The Wiesbaden Museum published our entire correspondence, in a new translation, in the exhibition catalogue "Wie das Gelsenkirchener Blau auf Yves Klein kam" [How Gelsenkirchen Blue came to Yves Klein] in 2004.

How were things for you after the opening of the Gelsenkirchen Theatre?

In terms of building projects, things went quiet. My standing with the city council was not good. Some decision-makers and opinion-makers still resented me because of the conflict over the Gelsenkirchener Blau and the reliefs, which had not been completely covered with the sponges[22]. To add to all that, a report on Yves' Anthropometrics appeared in Stern magazine in 1960. They were explosive stuff back then, regarded by many as 'pornography'. The report was passed around under the table in council meetings. This 'scandal' was also attributed to me.

The reports on the 'Gelsenkirchener Traumpalast' [Gelsenkirchen palace of dreams] all over the world were a pleasing contrast to all this. Visitors came from everywhere and I gave many lectures; in short, there was a lively coming and going in our spacious new residence in Husemannstrasse. The artist Otto Piene showed his first 'light ballet' there, Ferdinand Kriwet gave lectures and Christo wrapped me personally in Charles Wilp's Düsseldorf studio. But it didn't bring me any commissions. Anita once had to borrow 300 German marks from friends, and I had to collect the rest of my fee from the city through the courts.

International reaction to the Gelsenkirchen Theatre was in fact impressive. Sir Laurence Olivier invited you to London to discuss planning when the British National Theatre was being rebuilt. Lord and Lady Harewood, members of the British royal family, visited you in the Alte Feuerwache. And in a BBC film shown throughout the Commonwealth in 1963, Victor Glasstone commented "The most successful building I know anywhere in the world"…

The international avant-garde appreciated my understanding of architecture and climate, of the integration of individual artistic disciplines, and the overcoming of the problems of the arts through architecture.

The cultural section of the German Foreign Office, in the person of Dr Dieter Sattler, supported the 'German Theatre today' exhibition in New York and paid my travel expenses. Pepsi Cola paid for my accommodation and the transport of models. In America, I was 'passed around' by the German Information Center and contacts with colleges were established. That's how my invitation to Columbia University came about to deliver a lecture on 'Transition: From material to immaterial architecture'. That was in spring 1961, before the BBC film. The exhibition was a huge success. Gustaf Gründgens was playing Mephisto in the New York City Theater, the Gelsenkirchen theatre and I received enormous attention from the press, and there were constant parties amongst the New York 'snobiety'…

Some contacts were maintained for a long time. James Marston Fitch, Professor of Architecture at Columbia University, visited us in Gelsenkirchen in 1966 and gave a lecture on 'environmental design'.

To return to the subject of commissions, what were your next building projects?

I was awarded the first commission in 1960; a house for my brother-in-law Bartold von Gadenstedt in Volkersheim. For the planning and site management, I had to make do with a single trainee.

After 1961 'prosperity' finally arrived, again through Anita's family. I built a residential estate in Lechenich of over 100 single-family houses with atriums and 60 or 70 multi-storey flats. This expanded my office, enabling me to go to Canada in the mid 1960s.

The Podienklavier (a flexible spatial arrangement system) - History and concept

You had already designed the 'Podienklavier' in 1958 / 59, to create variable spaces for dramatic performance. Your invention is part of the historical development of theatre architecture, performance space, the arts and social forms. What was new about it?

Well to start with, theatre construction: the Greek word 'thea' means 'view', so the theatron is the viewing rotunda of the audience, whose good view of the stage was originally procured by performing in a suitable basin. Its sloping sides naturally 'stacked' the tiers of spectators, one on top of the other, so to speak. Those standing at the back could see over the audience in front of them. Under the open skies in the pre-architectonic assembly space, the wind and the position of the sun played their roles in the performance's lighting and acoustics.

Over time, the Greeks made structural improvements to the natural situation, developing the amphitheatre as an 'artificial basin'. The spectators experienced the gods and their problems such as love, jealousy, power, combat, and death 'brought to the stage' by the poets of antiquity.

Modern artists wanted to expand this fixed opposition of stage and spectator. Classical theatre performances are now one variant of dramatic performance! Claus Bremer had provided me with this important insight in Munster. In 1911, Adolphe Appia and Heinrich Tessenow created a performance space in Hellerau that did not divide the stage from the auditorium. Boxes, 16 centimetres high and a square metre in size, the so-called 'Praktikablen', made it possible to construct varying topographies of stage and auditorium.

My 'Podienklavier' for Düsseldorf and Bonn developed this principle further, replacing the cumbersome manual stacking of the boxes in Hellerau with a hydraulic lifting system of vertically manoeuvrable seating elements, each a square metre in size. This means that every seat can be moved vertically to create any topography and arrangement of seating and performance area you like. I was continuing the idea of Erwin Piscator and Walter Gropius, of understanding the theatre as an instrument of light and space by further perfecting the variability of the relationship between actors and spectators that the theatre people wanted.

How was this topic being discussed by the experts at the beginning of the 1960s?

There were intense discussions at the meeting of the International Theater Institute (ITI). The ITI played a big role for me because I was involved in an ongoing conflict with Walter Unruh, who had re-founded the Deutsche Theatertechnische Gesellschaft [German Association for Theatre Technology]. Unruh was an educated, careful, likeable person but at the Volta Congress in Rome in 1935 he had advocated Hitler's idea of a return to 'German theatrical culture', positioning himself against the ideas of Gropius and Piscator, which I later supported! All the important

theatre people and famous architects such as Clemens Holzmeister, Sven Markelius, Philip Johnson gathered at the first big international post-war congress of the ITI in Berlin with the Union Internationale des Architectes (UIA) in 1960. And I - I have to pat myself on the back in praise here - as a young architect was the only one to talk about the fact that the issue of the proscenium, the 'interface' between stage and auditorium, was beside the point. The proscenium had been wrongly made into a 'scapegoat'! The real problem of the theatre was the old way of thinking, according to which Thea and Scene, auditorium and stage, body and soul were still divided! Were this way of thinking not to change, theatre would remain just a historical 'act', the mere preservation of an 'ancient monument' so to speak. The future of the theatre, I declared at the time, was the dramatic performance - not only in but also with the space! This would require a variable architecture.

I continued my 'mission' in the 1970s and 1980s in the Organisation Internationale des Scènographes, Techniciens et Architectes de Théâtre (OISTAT). In the OISTAT competitions, young architects from all over the world, but especially from the former Soviet Union, submitted plans for open, variable performance venues!

The Podienklavier in Frankfurt, Essen, Oberhausen, and Stendal

Has the 'Podienklavier' been used as an instrument for dramatic performance?

Yes! In competitions for theatre buildings in Bonn and Düsseldorf in 1958 / 59, I proposed it for Düsseldorf in hexagonal form, and for Bonn in the form of a rectangle.

At about the same time as me, the stage designer George Izenour in the USA was developing a similar principle for the Loeb Theater at Harvard University.

The idea of using machines to produce variable topographies also appeared there a few months later.

I built a Podienklavier for the first time in 1978 in Frankfurt. The directors, Wilfried Minks and Johannes Schaaf, had invited me to rebuild the Schauspielhaus theatre. Individual podiums could not be used because of the existing concrete steps in the stalls area, so on each of the steps I positioned whole rows of seats, which could be moved up and down using concertina-lift podiums.

Jürgen Sawade also implemented tiers of seats with concertina-lift podiums for the Schaubühne in Berlin in 1978. In rebuilding the Grillo Theatre in Essen in 1986-1990, I found concrete-stepped stalls, as I had in Frankfurt. I built a Podienklavier on it out of two tables, each a metre in size, with legs whose height could be adjusted by hand.

In the Altmark Theatre in Stendal in 1992-1996, I built rows of podiums out of concertina-lift tables. In 2000, in Saalbau Essen a Podienklavier with a spiral lifting technique was incorporated due to my preliminary planning. Now my idea is commonly put into practice and used everywhere. It's a pity I didn't patent it! Gropius' 'Totaltheater' was patented, although it has never been built.

For the theatres in Essen and Stendal you also cooperated with visual artists. Would you speak more of 'architecture' in this case, or was it also 'structural art' here?

The transition is a fluid one, but we usually succeeded in producing 'structural art'. Collaboration with artists is essential in any case! If you think holistically, art and architecture merge, although it's exactly at this point that conflicts can develop. A structural analyst's work, for example, "disappears into the building," but many artists want to see their works understood and presented as individual works of art, not as part of the building. In Gelsenkirchen for example, a dispute with Kricke developed when he insisted on placing the Robert Adams relief on the south side of the box office wall at a distance of about ten centimetres from the wall. This would have made it into a freestanding, individual work of art, which could have then been removed again. I, as the chief architect, asserted my rights and 'fused' the relief with the building, which Kricke resented for years!

Many other collaborations went smoothly. With Doris Schöttler-Boll and Monika Günther in Essen for example, there were no problems, nor were there any with Leonardo Mosso and VA Wölfl in Stendal. There was however, another problem in which the fusion of art and architecture emerged. The theatre people removed VA Wölfl's black pictures, which had been hung in the rear part of the foyer, to hang their own actor's portraits and photos of their productions there. In doing so, they had the artistically important exposed concrete wall irreversibly painted white! Even if the black pictures had been re-hung, the ensemble would still have been greatly harmed by this action! The Mediengrab by VA Wölfl and Jacob Ruhnau was however retained.

You have also produced 'multiples' which function visually as 'autonomous' objects with Norbert Kricke, Leonardo Mosso, Adolf Luther, Rupprecht Geiger and others.

Yes, but these were exactly the objects we developed for the building. We drew up contracts regarding the circulation figures. The artists and I each received 50 percent of the profits.

Forms of society - Forms of theatre: Experimental play(s)

As an architect you were committed to the ideas of a variable space and 'staged performances'. Which experimental plays were important to you in the 1960s?

I designed the 'Theater der Leere' with Yves Klein for the variable Kleines Haus in Gelsenkirchen in 1959. After Yves' death in 1962, a joint performance was no longer possible. In 1963, I wanted to produce 'Aspektakel', a play for mobile theatre, with the artist Ferdinand Kriwet. It was to begin on the forecourt and then 'wander' into the Kleines Haus, involve the cloakroom and foyer in the events of the drama, and turn the spectators into actors. To do this however, you need, in addition to a mobile, open form of building, actors, assistants, technicians and administrators who like to experiment, and these were not available in sufficient numbers in Gelsenkirchen at the time. The theatre people didn't want to play along. They didn't protest loudly, but they 'crept away' so to speak. One after the other, they called in 'sick'.

We published extracts from the score of 'Aspektakel' in 1968 in 'Gesellschaftsform - Theaterform, Theaterform - Gesellschaftsform' ('Social form, theatre form - theatre form, social form'), a booklet published to accompany our exhibition at the Museum am Ostwall in Dortmund. Our manifesto, which called for new forms of drama in the name of the 'Friends of new art in Dortmund', was also published in the booklet. "An open society requires open forms of drama and these require an open theatre architecture!"

In 1964, the Essen Theatre performed the play 'Gilda ruft Mae West' (Gilda calls Mae West) in the Essen Messehalle. The play was performed among the audience, who sat on stools. The audience remained spectators, and did not get involved in the action, but at least there was a constantly changing spatial relationship between them and the actors.

Climate - urban planning - performance space

Play, space and climate were the subjects of your lectures and seminars as a professor in Canada. How did you come to be appointed to these teaching positions?

After Victor Glasstone's BBC film was broadcast throughout the Commonwealth in 1963, people became aware of me as the builder of the Gelsenkirchen Theatre. In 1965 / 66 the Université Laval in Québec appointed me professeur attaché à plein temps. Classes in the architecture department were arranged according to the age of the students, as in a school. I taught the graduating classes. It was the same in Montreal at the École d'architecture, which I moved to in 1967.

I found a colleague in the geography faculty of the Université Laval who shared my interest in the significance of climate in our lives. We investigated the connections between micro, meso, macro and crypto climates, urban development and human physiology.

What does that mean in concrete terms?

'Microclimate' refers to the climate prevailing in the layers of air near the ground, 'mesoclimate' to the climate in the city, in valleys and so on, and 'cryptoclimate' to interior climates. The macroclimate is a result of geographic latitude and large land and water masses.

A core temperature of 37°C in brain and body is a precondition for the functioning of a human being's most important organs, so homo sapiens were only able

to develop in an appropriate natural climate, such as the one in Africa. The invention of building provided a second layer of protection from the climate in addition to clothing, enabling humanity to populate the Earth and penetrate into less favourable climatic zones.

In interiors however, problems with artificial ventilation, artificial lighting now began, especially in public venues such as theatres! The cloudy sky painted on the wooden ceiling of the Teatro Olimpico in Vicenza, built in 1585 after Andrea Palladio's death in accordance with his designs, evokes the natural world. But the gloom of the interior, even by day, the stuffy air, the smell of the cellars, and the 'wooden box' acoustics all expose the painted sky as an optical illusion. All the disasters in theatres, such as fires caused by gas lamps, can be explained by the nature of public venues, closed off as they are from the outside world, harbouring dangers originating in the creation of artificial interiors.

Once I, a mortal, who, according to Heidegger, lives and builds on this earth, had become aware of these connections between the body, interior and exterior space, life and climate, they never left my mind. An urban fusion of living, learning, relaxing and working can only flourish where the natural climate is compatible with human life. But even in the south, the streets and squares are deserted in 'bad weather'. The 'air-conditioning of space' and of exterior spaces such as streets and squares, the Garden of Eden that we dreamed of in Gelsenkirchen, remain for me among the fundamental tasks of an architect.

You have published many articles on this subject and deal with it extensively in your book 'Versammlungsstätten' [Public venues], published in 1969…

Yes! The book focuses on the importance of climate in the development of theatre construction and the relationship between place and performance venues for the visual arts.

What consequences did you draw for urban planning from environmental climatology?

In 1968, I published my proposal for a northern city, a system of passages with a marketplace in the middle, which, equipped with a Podienklavier, would at certain times also be used for the staging of 'dramatic performances'. No high-rise buildings, just four-storey buildings with atriums. The marketplace in the middle of this climate-controlled quarter of the city, the Agora, is the meeting place where the citizens can discuss, celebrate and play in a multi-perspective space. Shops, offices, flats, churches, restaurants are in the same system of passages as the Agora. The evolution of ghettos in various areas of life is reversed in favour of interdependent cooperation! This type of 'indoor' or 'crypto' city would be connected with the natural climate through courtyard gardens, which would facilitate a natural ventilation of squares and covered streets.

Did you have support for your approach?

Yes! The Groupe d'Etudes d'Architecture Mobile (GEAM) was very important. We discussed these ideas there. Yona Friedman was a driving force and we became friends. I already felt an intellectual affinity to Frei Otto because he also understood his tent roofs as a means of climate protection. My visit to the GEAM

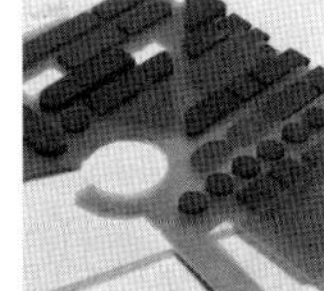

in Paris and the discussions in the Gelsenkirchen Bauhütte inspired my contributions on air conditioning, on providing protection from the weather using air roofs, and on meteorological interventions.

To what extent were these ideas incorporated into the training of architects in German universities and colleges?

Hardly at all, unfortunately. I wanted to have climate, the arts and play included as an integral part of the training of architects in the newly founded universities in Bochum and later in Dortmund. But my efforts to convince Professor Hans Schwippert, who made the decisions, were unsuccessful, so classical architecture departments were developed in both cases.

Climate was only a minor matter for planners in those days. Now, half a century later, everyone talks about the weather and climate change, and climatic disasters and weather conditions are an important part of every news broadcast. The importance of climate research for environmental behaviour was a new idea in the 1960s. Albert Kratzer's dissertation on 'the urban climate', published at Munich's technical university in 1935 was an early influence on me. Kratzer investigated the connections between population density, the formation of dust, and rainfall frequency, particularly around Munich's main railway station. He was the first to demonstrate the influence of the city on climate.

You entered a design plan in the competition to build Dortmund University. What was your design like?

The invitation to submit designs to the architectural competition for Dortmund University in 1964 specified a position outside the city, so I refused to submit an entry. This segregation was detrimental to urban life! Bochum University had already been built far from the city centre. I planned a 'passage university' for

Dortmund, directly above Dorstfeld-Süd railway station, in contravention of the architectural competition guidelines, with my colleague Bruno Schönhagen. Of course our plan was not considered, and, as in Bochum, the university is now out among green fields and the city suffers from its many empty buildings. The university could have greatly enriched urban life!

Were there any protests against the remote locations of the universities?

Yes! Our BDA Ruhrgebiet was very involved in protest, for example, and we were successful in Essen. That was at the beginning of the 1970s. The state government decided to plan the university close to the city in the former Segeroth district. Segeroth was a notorious working-class area with junkyards, wastelands and a red light district. The railway embankment, which stood between the university grounds and Berliner Platz, was destined to disappear in the foreseeable future, so the University would then really become part of the city.

As well as your teaching positions in 1965-1968 in Canada, you were head of a busy architecture firm in Gelsenkirchen and had a large family with four children. How did you coordinate all that?

My university teaching in Canada was problematic for just that reason. The office in Gelsenkirchen was doing well - we had the commission to build the Lechenich residential estate in Cologne, but my long absences were hard for my family. I was always three months in Canada, three months in Germany, which the universities also did not view favourably; 'à plein temps' really means 'full time'. I used my many trips to get to know the USA, visiting Mies van der Rohe in Chicago and Gropius in Boston. I was on the board of examiners for degree examinations at Harvard University, having

been recommended by Professor Jerzy Soltan and made frequent trips to New York as well. It was an interesting, exhausting situation but it wasn't good for the family. Since Anita had meanwhile bought a house in Essen, I decided - I'll stay in Germany.

In Canada you organised exhibitions presenting young German avant-garde artists. How was the cultural life in Canada?

Human relationships and social life were characterised by Anglo-Saxon prudery, which was alien to me. The cultural life seemed provincial to me, compared with ours. The museums regarded themselves more as pedagogic institutions with an educational mandate, which was partly interesting, partly boring. What we would have called the avant-garde existed only in the area of film, not in the visual arts.

At the request of my colleagues at the university and the museum staff I showed what I regarded as the avant-garde visual arts in Germany. This exhibition, the 'Collection Ruhnau', went from the Université Laval to the museum in Quebec, to the university and then to the museum in Montreal. Winfried Ter Huerne, my office manager and friend in Gelsenkirchen, and the artist Ferdinand Spindel collected works by Spindel, Adolf Luther, Günther Uecker Christian Megert, Raimund Girke, Marianne Aue and others. I had the works transported to Canada, insured and transported at my own cost. My agreement with the artists was, I'll make you famous, pay all the costs, and when the shows are over the works will remain in my possession.

The Expo world fair was in Montreal in 1967. You developed a 'play concept' for the German Pavilion...

Together with Claus Bremer, the playwright Paul Pörtner and others I suggested that Frei Otto and Rolf Gutbrod's German Pavilion also be 'staged as performance'. The various levels of the exhibition could be used as stages. Our plans failed for financial reasons, but this project was eventually fruitful. The architects Paolo Nestler, Gutbrod, and others who I was in close contact with during this project, found my idea so interesting that they suggested I be involved in preparations for the 1972 Olympic Games in Munich.

So preparations began 1967, right after you returned from Canada?

Yes. On the one hand, there were the preparations for the 'Spielstrasse' in Munich, which became almost more important to me than the Gelsenkirchen Theatre. On the other hand, I began planning the new administration building for Herta KG in Herten, for which I developed an air-conditioned 'workscape'.

II. Sacred (and other) games

The Olympic Spielstrasse, Munich 1972

In 1968 you began preparing the Spielstrasse for the Olympic Games in Munich. How did you come to be awarded this commission?

In 1966, Munich won the bid to stage the 1972 Olympic Games. The driving forces behind it were Willi Daume, President of the German National Olympic Committee and Dr Herbert Hohenemser, Munich town councillor and head of the Culture Department. They promised the IOC that they would reunite the central ideas of the ancient Olympic Games - sport and cult.

These were to be 'happy Games'. Hohenemser and Daume invited me to Munich at the suggestion of architects Paolo Nestler and Rolf Gutbrod, who were familiar with my concept for the German Pavilion at the Montreal Expo. I proposed interpreting the sports as 'staged competitive games' and providing a critical comment on them through art. This concept could

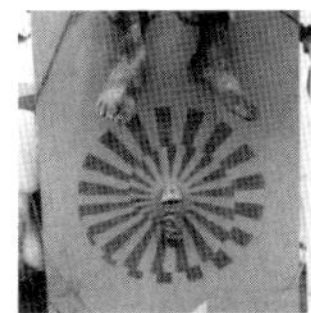

be implemented in the form of a Spielstrasse (festival street) on lots of small stages and in booths[23] around the Olympic lake. I can still hear Herbert Hohenemser saying of this form of integration of art, cult and sport, "Mr Ruhnau, that's it! That's what we'll do!"

Your concept was that Spielstrassen are zones for free, lively communication between residents, visitors, artists and other participants. What did the Spielstrasse in Munich look like?

An architectural complex consisting of small variable fields of action was integrated into the sports landscapes around the lake, providing an open, scenic form. Visitors could choose from various activities by actors, artists, painters, sculptors, musicians and filmmakers. Some groups also invited visitors to participate if they wished to. Eating and drinking, discussions, theatre, music, visual arts and film combined to form an interactive event. We had up to 30,000 visitors each day!

In which form and with which functions were you commissioned? As an architect? As theatre director?

Both! First as the developer of the programme and of the concepts, and later as director and artistic director. The architectural commissions for planning and building the venues came after the programme was established. I had recommended a clustered, open complex from the outset - to counterbalance the monumentality of the sports stadiums. I planned the media centre, the show terraces, and the peninsula for the booths[24] and designed the Theatron on the Olympic lake in conjunction with the Behnisch and Partner firm of architects. The large model, which clearly presented all performance venues and scenic events, led to our project's being approved.

Henning Collin, a lawyer and in-house counsel at Burda publishers in Munich, was indispensable in drawing up the many contracts required.

You kept your house in Essen, so you had to commute. How did the preparations go?

In the four years of the preparations, I first planned the artistic concept, then selected the heads of the various sections and proposed them to the art committee of the organising committee for approval. Together we then looked for artists who seemed appropriate, whom the committee also had to approve.

Herbert Hohenemser was in charge of the meetings. He was in close contact with Willi Daume. As soon as the mood turned against the Spielstrasse, Daume would be there, insisting on his decision to carry out this project in round terms. Erich Kästner, Günter Grass and Herbert von Karajan, among others, were on the art committee. I never met von Karajan, but Kästner was always there and helped me greatly and in secret.

I flew to Munich almost every Monday morning for years, rather a stranger among my fellow passengers, businessmen in dark suits with small black briefcases. In 1970, the Munich city council gave me the use of a big house in Funkerstrasse. The closer the opening date came, the larger the crowd of visitors and residents became. During the Olympic Games the house in Funkerstrasse became a sort of refuge for criticism of the megalomania of the games.

How did you select the artists?

Anita and I - together with Anke Roeder, Frank Burckner and Frieder Weber - found the performing artists in Amsterdam, which was the meeting place for the theatrical avant-garde. We found all the artists - such as Jérôme Savary (France), Mario Ricci (Italy), the Kipper Kids (UK), Shuji Terayama (Japan) and the Marionettentheater Stockholm, there.

Selecting the visual artists was harder, even though we had been very familiar with the scene for years. It meant more travelling. I had to go to Rome to meet Mario Ceroli, for example, and Anita travelled to Paris and New York, where she talked to Andy Warhol, Roy Lichtenstein, Robert Rauschenberg and others. The New York artists were not invited for financial reasons. Karl-Heinz Hering, director of the Düsseldorfer Kunstverein [Düsseldorf Art Association], was Anita's main informant in matters of the visual arts. He proposed Timm Ulrichs, Anatol Herzfeld, Renate Göbel, Fritz Schwegler and many others.

How many artists were involved?

Together with the technicians there were about 500 people! Each artist received a fee of about 3,000 German marks and free accommodation for their participation, so we had to try and find room for them all in Munich, which was already completely full! And of course there were complaints. Some had envisaged 4-star hotels, not rented rooms. Mario Ceroli and Saskia de Boer even went home. The theatre people were less complicated. They accepted gymnasiums as accommodation. Anita was in charge of looking after the artists.

We had lots of visitors in Funkerstrasse. Karl Ludwig Schweisfurth for example, owner of the Herta meat factory, for whom I was at the same time planning

the new administration building in Herten. He often visited us at the Spielstrasse and of course he brought a supply of Herta sausages, which were a contrast to Dorothee Selz' and Antoni Miralda's green corn, red potatoes and ultramarine-blue bread rolls, which roving salesgirls were selling to an amazed public on the Spielstrasse.

How did things go with the Spielstrasse after the Palestinian terrorist attack on the Israeli team?

The assassinations of 5 September cast a dark shadow over the 'happy Games'. We were convinced that only our 'art games' could now really continue. In fact the opposite occurred. We had to suffer and the Spielstrasse was closed, while the city's theatre continued its performances of The Merry Widow and the sports went on. "The games must go on" we heard over the loudspeakers, but for us there was only a great emptiness. My sons sold many of the thousands of leftover advertising brochures. In the end, Otto Piene shone his rainbow over the Olympic lake and Heinz Mack's fountains kept functioning, but many artists packed up and went home. Terayama, in a final action, burned a huge balsawood bird, a dove of peace.

We found the decision against the Spielstrasse especially absurd, because Shuji Terayama in his piece, for example, dealt with the violence in Mexico City just before the 1968 Games. The armed forces had violently put down a student demonstration and many hundreds were killed. And here we were confronted with violence again in the Olympic Village in 1972.

How important for you at that time were the basic theoretical principles of the Games?

I formulated my first reflections on the phenomenon of play with Hans Curjel and Claus Bremer, to whom I'm grateful for important stimuli. Curjel had been

director of the Berlin Opera in the 20s and had staged experimental plays. Claus Bremer, a poet and dramatic advisor, had already provided me with important ideas in Munster and Gelsenkirchen. Johan Huizinga's 'Homo ludens' also certainly came up during our consultations - as far as I can recall that's how we coined the term Spielstrasse.

You give the Munich Spielstrasse a great value in your overall work. Why?

Because for me it was about the significance of urban public space and a politically mature citizenry expressing itself within that space. The Spielstrasse was an igniting spark! The citizens discovered the public spaces together with artists and took possession of them for the staging of scenic play(s).

The visual arts in public spaces after 1972

Was there any follow-up to the Munich Spielstrasse?

In 1974, the German Foreign Office invited me to recreate the Olympic Spielstrasse, as part of the Deutschen Wochen cultural exhibition in London. It was impressively staged in the Institute of Contemporary Art (ICA). Parallel to our actions, Joseph Beuys held an exhibition there and Karlheinz Stockhausen gave concerts in the Royal Albert Hall. The Deutschen Wochen was a kind of marketing event for the cultural life of the Federal Republic of Germany. There was even funding available for it!

In a series of slides on the subject of urban planning we showed our big 'Schlafstädte' [sleeping cities], bereft of urban life, presented ideas for the integration of the various 'ghettoised' areas of life, and presented the concept of the Spielstrasse. Theatre groups such as the Kipper Kids, who had been involved in Munich, staged their spectacle in the ICA right among the spectators.

What had been staged outside in 1972, now took place inside, in London. Hilmar Hoffmann, head of the Culture Department in Frankfurt, and Karl Richter, director of the Sekretariat für gemeinsame Kulturarbeit [Office for joint cultural works] in Wuppertal, communicated with us and discussed our concerns enthusiastically with us. Those were wonderful days, packed with art events. In the 1970s there were also 'offshoots', festivals such as the 'Kiellinie - Spiellinie' in Kiel and the 'Alstervergnügen' in Hamburg.

You worked on some projects with the Sekretariat für gemeinsame Kulturarbeit in Wuppertal, and were involved in the 'Spiel, Spiele, Spielräume' (Play, games and space for play) symposium…

Yes. The symposium was held in 1984 as part of the celebration of the ten-year anniversary of the founding of the Kultursekretariat. At the same time a festival was held all over Wuppertal. Everything was turned into a performance venue, even the overhead railway! We also planned Spielstrasse projects for many other cities. Local festivals were being held in cities everywhere.

You are still involved in promoting the visual arts in public spaces. What projects have you worked on in recent years?

In 1996, I designed a 'Temple of the Elements' for Berlin's Schlossplatz, following up on our Gelsenkirchen fantasies. An air roof and earth, fire and water art surround the central 'temple' for 'staged games', which is equipped with a Podienklavier.

Since the Ruhr area has been nominated European Capital of Culture in 2010, I'm involved in planning the project 'Architektur tanzt. Darstellende Spiele im öffentlichen Raum' [Architecture dances. Staged games in public spaces], in the role of a moderator, together with the BDA Ruhrgebiet and the Deutsche

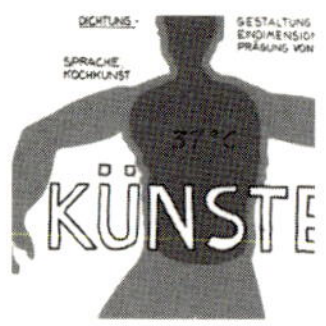

Werkbund NW. We have gained the support of the theatres in Bochum and Gelsenkirchen, the Westfälische Landestheater in Castrop-Rauxel, and the Pact Zollverein in Essen as mentors. Our project will be further advanced after the European Capital of Culture office is set up.

On the importance of play

Play is a central element of your overall work. What is your concept of play?

I understand play and humanity at play as the philologist Johan Huizinga describes them in his 1938 book 'Homo ludens'. "Homo ludens" includes both Homo sapiens and Homo faber. Culture originates in play and play is older than culture. Children don't need to be taught to play; they are born with the ability. Everything that happens here on Earth is embedded in the great cosmic game.

Scientists Manfred Eigen and Ruthild Winkler come to the same conclusion in their 1993 book 'The Laws of the Game'. "It is not humanity that invented the game, it is the game and only the game that makes humanity complete. The game is a natural phenomenon that has governed the way of the world from the outset: the composition of materials, their organisation into living structures, human social behaviour. The basic elements of the game, chance and rule, control every event in the universe." If I make it clear to myself that it is the elements of the game, the interaction of rules and chance, which control my life, I can consciously 'play along', ruin the game or 'play false'. If I don't understand this play, I can easily become a 'pawn'.

The process of play regulates and sublimates the processes of daily life, and this applies especially to sacred games. But even when the rules are set, chance plays a role, which means that every outcome remains open!

If however, I try to force the outcome in a design, eliminate chance, the work becomes a mere 'waxwork'. Culture for me is the general term covering the various forms of life that originate in play.

Huizinga investigated the development of the cultures of this world, especially under the aspect of language...

In this context, I have also become aware of the significance of human ecology as the science of the interconnection between humanity and the environment. In 1975, the human ecology society in Vienna invited me to give a lecture on the climatic requirements of an environment hospitable to humans. Other speakers spoke about the drives governing human behaviour; the sex drive, the drive to consume and to exercise power. That made sense to me! These drives are regulated in order to produce human coexistence, culture, out of chaos. Cultures in Thailand or Greenland are different because climatic conditions and the social 'rules of play' are different there.

In addition to the consumption, sexual and cratic areas of life, human ecologists also refer to the informational or meaningful aspects. You haven't mentioned the latter. Why not?

The informational area is not that important to me. Crossing the street to meet an acquaintance you've seen or to go into a shop to buy something are purely purposeful acts! Sacred, meaningful play, such as the choreography and staging of a processional dance is different, because though them I perceive my environment through my senses of movement, touch, sight and smell.

The artist, artisan and philosopher Hugo Kükelhaus brought this to my attention. It was he who provoked me with the observation "You just wander through the city to look at the shops", adding the quote from

Goethe "'Mach ein Organ aus Dir' [make yourself into an 'organ'], so that you notice that you're walking! Stroll, look, listen!"

What significance does this philosophical approach have for you as an architect?

The sensory organs can only completely unfold their functions through the movement of the body in space. Johann Balthasar Neumann's Würzburger Residenz demonstrates the extent to which the old master builders were aware of the scenic qualities and importance of the sense of movement for the perception of space. Each visitor to the Residenz can sense the varied visual, acoustic and haptic events, which only emerge during movement through space. They walk first on crunching gravel, then over hard stone slabs, on soft carpets and then over creaking parquet, see the Tiepolo paintings on the ceiling, feel the sculptural forms of the banisters and experience the different sounds and smells of the place. The Würzburger Residenz becomes a kind of 'field of experience', in the sense meant by Hugo Kükelhaus.

The realisation that man constructs and experiences relationships with the environment and his fellow man only through movement in space has also become more important to me. In appreciation of Plato's formulation "singing and dancing to render the Gods merciful", I want to recreate the simple dances, "processional play and active games". The courtly dances of the Baroque era brought guests together into a relationship with each other, with the space, and with their host. That could be done again today!

When did you meet Hugo Kükelhaus?

In the 1950s in Munster. At that time, he was teaching the first-year classes at the Werkschule. After that we lost contact. Then he got pretty lively in the 1970s. I met Kükelhaus again at the EXEMPLA 1975 exhibition within the Internationale Handwerkermesse [International Trade Fair for Small and Medium-Sized Enterprises] in Munich. I often visited his 'Versuchsfeld zur Organerfahrung' [Experience field for the development of the senses] there and was involved in the 'Organismus und Technik' [Organism and technology] congress. The subject of this congress was the way in which technological development was influencing human life and bringing imbalance into the rules of life.

What did the 'Experience Field' look like?

It consisted of 35 individual stations with objects and apparatus such as a 'tree of smells', 'tactile vases', a 'humming stone' and spinning disks. Visitors were encouraged to act. Only action would reveal the acoustic, visual, olfactory and haptic experiences - it was a voyage of discovery and a 'school for the senses'.

Kükelhaus founded the 'Organismus und Technik' working group in order to maintain his 'Experience Field'...

Yes! That was in 1977. The society is dedicated to promoting Hugo Kükelhaus' spiritual legacy, to shaping the processes of life based on methods derived from the 'laws' of our organs: awareness of the organs as a source of social behaviour. In 1979, Kükelhaus asked me to become chairman of the society, which I was until 1988. I met Elisabeth Stelkens[25], my companion, at a general meeting in 1978 and we have lived together since 1981.

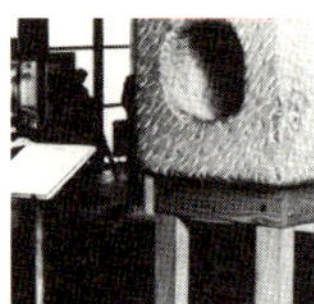

The society's headquarters were here in the KunstOrt in Kettwig from 1981 until 2003. In addition to flats, an architects' office, and the Anita and Werner Ruhnau Archive, this reconstructed former children's' hospital also occasionally houses a contemporary art gallery, performance and rehearsal rooms, agencies, a textiles workshop and more.

I rented, and later bought the large house with the wide, open spaces in order to present objects from the Olympic Spielstrasse, such as Franz Falch's 'Wald der Hinkelsteine' [Menhir forest] or Timm Ulrich's 'Marathonrad' [Marathon wheel], as well as the stations of the 'Experience Field' in a new combination there. Unfortunately these plans came to nothing. There was a 'temporary' youth centre on the edge of the land, which was supposed to be demolished after a few years, but that never happened and Essen council is now using this 'stopgap' as a kindergarten.

The office of the Organismus und Technik society and an 'Experience field for the development of the senses' are now in Schloss Freudenberg in Wiesbaden. Elisabeth, who from 1988 until 2003 was chairperson of the Organismus und Technik society, is currently working on a history of the society.

Play, art and cult are closely related for you…

Yes! Temples, theatres, churches, museums and concert houses are 'altars', stages for sacred, meaningful play. Just as the founders of religions provide the 'scores' for the 'play' in the churches with the Bible or Koran, artists, as 'priests of aesthetics' provide the 'scores' for the 'play' in theatres and museums.

When we were planning the Spielstrasse in Munich we had invited the various religious communities to set up their altars there and have their respective priests perform their sacred 'games' amidst the artistic and sporting 'games'. The churches did not however want to play along.

What do you regard as 'sacred play'?

The singling out and highlighting of daily events by design! By occasionally consciously celebrating breakfast as a feast, turning my walking into a dance, decorating the room, and putting on festive dress, for example.

The Necropolis, Kassel 1994

The 'sacred games' also include the rules and rituals around death, which are different from culture to culture…

The use of the 'game method' to structure all the concrete bodily processes of life, including those that are still widely regarded as taboo, must be open. Everything to do with death is predominantly a matter for religious groupings and funeral homes. I think however, that it's important to be able to bury a deceased relative or friend in accordance with their ideas and rules! The sculptor Harry Kramer's idea of creating a necropolis in the Habichtswald near Kassel immediately inspired me. There, artists design their tombs, which are embedded in the landscape, and plan the staging of their funerals while they're still alive.

The necropolis is not just a secluded 'cemetery', but also a place where people go walking and linger around the tombs or - rather profanely - have picnics. Is this lively usage what you intended?

Yes! We already use my resting place for celebrations, to celebrate Elisabeth's and my birthdays, for example. Angela Landgrebe, a friend from Kassel, has also held a celebration there and of course it's available to others who want to use it in accordance with the concept, with the four gates for family, friends, artists and neighbours.

Life and death are closer to each other there than they are in our 'cemetery' culture. Holding a festival on the occasion of a death brings to mind the heathen cults. You have mentioned the necropolis in Athens as your paradigm. What ideas about death and the afterlife are behind the conception of your resting place?

Like every other game, my life - cast into this world on April 11th 1922 in Kaliningrad - will also have an end. I was born, became a youth, became an adult, grew old and I will be dead. At the end of my 'game of life' I would like those I leave behind me to make their way on foot to the resting place in the Habichtswald that Harry Kramer gave me, dancing and singing with wine and bread.

The festival as a meaning-producing game

A festival is a game at which the participants choose and compose the theme, content and rules. The festival demonstrates the oldest interplay of the arts. At a festival the classical arts of architecture, dance, theatre, music, painting and sculpture, as those that appeal to the senses, together come into 'play' as festival architecture, festival dance, festival music, festival pictures, festival sculpture, etc… Any aspect of life may be fashioned in a festival. Musical theatre is always a production of 'festivity' as far as wholeness of sensation is concerned. However as conventional musical theatre aims at performance rather than participation, the staging of a festival goes one step further by depending on the participation of all of those involved. Existing theatre buildings as well as churches are usually built for performance on stage space and are thus less suitable for festive participation:
Both actors and priests act on 'stages' separate from visitors. This performance 'showcasing' in special spaces is also applicable to the other arts as in

museums for fine art and concert halls for music etc. As well as a desire for exclusive devotion of attention to music (hearing), to painting (sight), to sculpture (touch) and to dance (movement), the consciousness further longs to be kept aware of their interrelationship: music takes effect in and through space, dance is movement in space and is experienced both visually and through touch, sculpture appeals to touch and visual sense; everything is interconnected.

The revitalisation of the festival, celebration as a synthesis of the arts, as an interplay of everything in time and space seems a particularly appropriate way to satisfy ancient desires for scenic forms of participation. Our present day reality demands a strengthening of the powers of personal willingness to participate and to share responsibility.

In the festival, arts are not provided but are produced from individual activities; not just watching, just listening but joining it yourself and becoming involved.

Suitable content and themes that can be moulded into shape by the participants include procreation, birth, death, food, drink, building, living, battles for territory, the passage of time - cosmic events.

Werner Ruhnau, 1982

III. Work - Life - Utopias
Herta KG, Herten 1968 - 1972

In building the administration building for the Herta KG meat factory you created an 'air-conditioned workscape'. That was an experiment, from the contractor's point of view as well. The 'integration of art and work' and 'humanising of the world of work' were your main ideas, ideas that Karl Ludwig Schweisfurth, head of the Herta group of companies, also made his own. How did you meet Schweisfurth?

I met Karl Ludwig in the mid 1950s in Munster. Wine Tasch, the wife of the director of the Landwirtschaftskammer, was his aunt. Karl Ludwig was still studying and his father was head of the Herta group of companies. The Tasch and Schweisfurth families were interested in art and visited us in Gelsenkirchen. Our first collaboration was after Karl Ludwig took over his parents' company. That must have been in 1965. I drafted the first plans for Herten in Montreal. A complete rebuilding of the entire Herta premises outside the boundary of the city was planned because the factory linked to the old butchers shop in the centre of the city was much too small and urban development funding was available for the reconstruction of the old town centre. I was to plan the administration and staff recreation areas completely and provide planning consulting for the building of the factory. The Ministry and the town council, to whom good architecture was very important, supported this procedure.

You developed a highly articulated, terraced work and recreation area, into which numerous works by various artists are firmly integrated. Did you have to persuade people?

Yes! But Karl Ludwig was open to modern art and new ideas, not just in terms of design, also in his leadership style. He even had his own workplace in the open office landscape. I had convinced him that the idea of individual offices was outmoded, so a human-oriented, air-conditioned workscape of about 6,000 square metres on two floors came into being. One of my argumentative strategies was to say, "Karl Ludwig, if we make great architecture, you won't need any other advertising." That turned out to be the case, with our critics too!

So the visual arts became an integral part of the office landscape. Which artists did you engage?

Initially Günter Weseler, Rupprecht Geiger, Ferdinand Kriwet, Norbert Kricke, Heinrich Brummack and others, later Wolf Vostell and Hugo Kükelhaus. Schweisfurth had visited the 'Exempla' with me in 1975 and met Kükelhaus there. Works from his 'Experience field' were added in the mid 1970s, as was Wolf Vostell's 'Metzgerauto' [butcher's car]. Both artists were also later involved in the rebuilding of the Herta administration building in Berlin and the expansion of a factory and abattoir in Badbergen.

Karl Ludwig grew into the contemporary art world more and more. He even authorised Anita and I to buy art for him for a while, but that ended after he became well known as a collector and was canvassed by artists personally.

How did the workers receive the open-plan office?

Reaction was initially 100 percent positive. The modern art was not regarded as 'art', but as belonging to the space, to the air-conditioned office landscape. Only Vostell's 'Metzgerauto', which was installed later, caused an uproar. If it had been there from the beginning it might have been more easily accepted as part of the architecture.

Our 'Dinner Theatre' in the staff recreation building didn't cause any uproar though. I invited the Kipper Kids and other theatre groups from the Olympic Spielstrasse, to perform dramatic performances' among the diners during lunch. The staff enjoyed them, but they were discontinued for financial reasons.

The 'Metzgerauto' in the staffroom was pretty provocative! After all, it played on the connection between eating meat and industrial killing…

 Yes. He installed monitors in an old Cadillac, over which live scenes from production areas such as the carcass dismembering, cooling and packing departments were broadcast. People didn't like it! They didn't want to be reminded of their 'bloody' work during their breaks.

The connection between eating meat and killing, 'cannibalism', had been an issue in the Gelsenkirchen Bauhütte. Karl Ludwig Schweisfurth later sold his meat factories and since then he has run an organic farm in Southern Germany. Do you think one was a consequence of the other?

I think so. In the light of the abattoirs, especially in Badbergen, the brutality of killing animals, our 'brothers and sisters', became clear to me again. "This industrial killing seems like mass murder to me!" I declared to Karl Ludwig. "And you abattoir owners go on with it without really knowing what's going on."

Wolf Vorstell, Hugo Kükelhaus and I finally persuaded Karl Ludwig to carry out a 'home slaughtering', which we staged in the style of a Breughelian slaughter festival for the reopening of the Kräuterhof in Herten. We saw how the pig chosen absolutely didn't want to die but was killed nonetheless. This experience got under the skin of the over one hundred guests present. I think it also contributed to Karl Ludwig's subsequent decision to sell the Herta companies and farm agriculturally at Hermannsdorfer Höfe.

How does the administration building in Herten look now after over 30 years?

The character of the premises changed after it was sold to Nestlé. Technical equipment has been installed on the roof of the staff recreation building, the open-plan space has been destroyed by the installation of room dividers at wall height, the central hall with the 'Geburtstagstisch' [birthday party table] by Heinrich Brummack is almost empty, and the historic shop from the old town is hardly recognisable because of the new extensions. Rupprecht Geiger's disc above the main entrance has had a lamp built into the middle of it and is now barely recognisable.

Are you still in favour of the concept of the open-plan office?

Absolutely! Open-plan is still the best form of office. Individual offices hinder cooperation and the usual three-to-five person offices result in acoustic annoyances. Everyone is forced to listen to everyone else's telephone calls and conversations! This 'individual noise' is lost in the general noise level of an open-plan space. Everyone knows this phenomenon from large restaurants. You can hold very confidential conversations there, which is hardly possible in a small space. It is however important that an open-plan space be designed to include a wide range of articulated spatial combinations. 'Office factories', purely utilitarian spaces, with several hundred people sitting in a single hall, are inhuman!

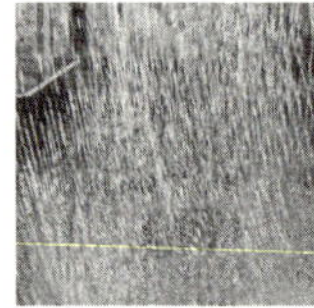

Projekt Delos 2000, from 1970

You planned the Delos 2000 residential estate project for Herten with Karl Ludwig Schweisfurth, but it was never built. How did you get this idea?

Karl Ludwig and I often travelled to Greece. We visited the ancient sacrificial sites, the Acropolis, and Crete, and enjoyed sailing our yacht to the island of Delos. During these trips we staged small sacred sacrificial ceremonies. We determined the sequence of the actions, the clothing, the processional dances, the lighting of the fire and the preparation of the meal in advance, without killing an animal. I remember Karl Ludwig saying once, "I can't be a priest with my hairy legs! I need a long gown." We oriented ourselves according to the position of the sun in planning our ceremonies, but we were once taken by surprise. Our ceremony was planned to start at dusk, but in the mist we had not noticed a mountain, behind which the sun set half an hour earlier than we had thought it would. By the time we had rowed the participants to land in dinghies and started the ceremony it was pitch dark…

In Delos, wandering through the narrow lanes and across the squares of the ancient colony, Karl Ludwig had the idea: "Say, in Herten we have the Paschenberg. Couldn't we build something like this there?" That was the beginning of the planning of 'Delos 2000'.

How were you going to adapt Mediterranean architectural concepts to our local conditions?

With a piazza, protected from the weather, set among low houses built close together, and narrow lanes for pedestrians.

How concretely did you pursue this project?

Very concretely! We made wonderful plans, which are partially shown in Karl Ludwig's publication 'Auf dem Wege, auf der Suche' [On the way, searching], and we almost had building approval for it. Then during a visit to the Ministry we found out that no public funds would be made available for the project. The responsible minister encouraged us and assured us that even as a privately financed project, Delos would also certainly find a market, but Karl Ludwig didn't want to risk taking on the responsibility for a residential estate project, so it remained a plan.

Flachglas AG, Gelsenkirchen 1982

In 1982, you planned the reception area of the administration building of Flachglas AG in Gelsenkirchen in cooperation with the artist Adolf Luther…

I met the technical head of Flachglas AG, Wolf von Reis, during the building of the Gelsenkirchen Theatre. At that time Flachglas was producing the big 'Thermopane' panes of glass for the theatre. Wolf von Reis invited me to redesign the hall in the administration building at the beginning of the 1980s. I immediately suggested that Adolf Luther, who made intensive use of light and glass in his works, be the artist involved.

Luther's concept was to clearly and vividly render the colours, refractions and reflections of the constantly varying fall of light through cracks and fractures in panes of bulletproof glass. Did the staff understand this concept or did they regard the cracks as mere destruction?

Initially there was trouble, because the staff thought he was having them on. "Shattered glass is supposed to be art? We have to make an effort to produce flawless

glass!" For them, every error in glass production could lead to complaints or be a reason for dismissal. We succeeded however in explaining the completely different quality of Luther's objects to the staff and in the end they accepted the brilliance of the refractions as art.

Has your design of the foyer been retained?

A year ago it was still there in all its former glory, although the administration building was sold long ago and is now used for other purposes. Some things are currently being changed.

Underground railway stations in Essen, 1983 - 1985, and Mülheim, 1993 - 1996

You have also designed transport buildings: the Essen-Viehofer Platz and Mülheim-Mitte underground railway stations. What were your concepts?

My four sons Georg, Jacob, Moritz and Philip, were involved in the design of the Viehofer Platz underground station. The Deutsche Plakatmuseum [German Poster Museum] was right nearby, which gave us the idea of making collages out of posters which were current back then and inserting them into simulated underground railway viaducts.

In Mülheim we conjured up silhouettes of the city on the station walls, so that passengers travelling underground would see the city above gliding by as if in a dream.

Piltz House, Düsseldorf 1985

An example of the interweaving of life, art, and architecture in private life is the house you built for the industrial executive Klaus Piltz in Düsseldorf...

In about 1980, I met Peter Kienitz, an executive of Ruhrkohle AG, at the Förderverein [society of friends and supporters] of the Folkwang Museum. He introduced me to his boss, Klaus Piltz. Piltz asked me to undertake the reconstruction of his house. He was receptive to contemporary art, and I involved the artists Horst Lerche and Adolf Luther in the reconstruction.

What is remarkable about the Piltz house is the symbiosis of architecture and art...

Yes! Horst Lerche provided an artistic design for the walls, so the pictures that 'hang on the wall' cannot simply be replaced with others. We harmonised all the spatial elements - from the paint on the walls up to the colour and design of the stairs.

So it wouldn't be easy to change the interior design. Has the house been preserved as it was?

Unfortunately not. After Klaus Piltz's sudden death the house was rented. Lerche's works are now covered with plasterboard cladding so that the new tenants can hang their own pictures on the walls...

The Werkbundsiedlung [Work Federation housing estate], Oberhausen-Alstaden 1984 - 1990

In the 80s you built the Werkbundsiedlung Oberhausen as a 'participatory' project. You, four other Werkbund architects, garden designers, tradesmen and the future residents were all involved in this ‚building game'. This housing estate shows that some utopias can be implemented: group planning, collective organisation and consideration of the newest ecological findings, while at the same time designing individual living spaces. The project was in the tradition of other famous Werkbund estates such as Weissenhof in Stuttgart. When did planning begin?

At the end of the 1970s, a state exhibition was to be held between the boundaries of the cities of Essen and Gelsenkirchen, running from Zeche Carl (site

of a former coalmine) to Nordstern. Dr Klausch and Professor Koellmann from the planning office asked me whether I could contribute anything on the subject of 'residence' for the Zeche Carl site. I passed this query on to the Werkbund board of management and found people who wanted to work with me. I developed the 'Stadtmauer' [city wall] project together in collaboration with the architects Wolfgang Meisenheimer, Hanns Uelner, Mirko Schulz, Heinz Döhmen and landscape architect Richard Bödeker.

What stood in the way of construction on the Zeche Carl site?

Contrary to original assurances, the city authorities refused to approve construction because of land pollution. We presented our project model on the occasion of the 75th anniversary of the founding of the Werkbund in Munich, and later at the Werkbund conferences in Wuppertal and Düsseldorf. There Dr Hans-Otto Schulte, head of the Planning Department in Oberhausen, asked me whether we couldn't build this estate on the Zeche site in Oberhausen-Alstaden. I drew up an initial development plan with Otto Schulte, on the basis of which the 'Stadtmauer' idea was built. We built a total of about 50 houses.

What was the concept?

The 'Stadtmauer' is the architectonic backbone of the complex. It serves as corridor for the top floors and on the ground floor and first floors it incorporates the kitchens and bathrooms of the rows of single-family houses. The sides of the houses facing the gardens were planned with the future residents, based on the 'rules of the game' stipulated by us architects. Completely varied designs emerged out of the 'play materials' of brick, wood, concrete, steel and glass.

How was the cooperation with the owners and future residents?

Initially there was great enthusiasm at the meetings. More people registered an interest than we had plots of land to allocate. That changed suddenly after the state government prohibited 'double funding'. Civil servants working for the post office, railways or city council could no longer claim additional state funding. The number of applications halved. Under the resulting pressure of costs, planning was often laborious and dragged on for years.

On the one hand, the estate is one of the loveliest there is and the residents are happy in their houses. On the other hand, there were also of course 'spoilsports' here too. We had settlement difficulties with about half the families who were building. They failed to see why they should pay architects' fees for work they had done themselves. But work done by owner-builders is especially problematic for supervising architects, because they can't rely on skilled work being done by a firm of specialists. This issue finally had to be resolved in court.

A corner plot that was hard to dispose of also provided us with a further opponent of the project, of whom there were several in the city council - a particularly idiosyncratic owner-builder. He obviously enjoyed 'taking the mickey' by building a kind of little 'fairytale castle', complete with knickknacks such as turrets, which we did not regard as fitting in with the Werkbund…

IV. Resumé and outlook

In 1995, you completed your last major construction project, the theatre in Stendal. What has been your focus since then?

Since then, I have been increasingly involved in urban planning and cultural politics in the Ruhr area, in Essen and in my own area, Kettwig. The renovation and refurbishing of the Kettwig market square to encourage people to spend more time there, and the building of a 'fairytale fountain' with a group of sculptures by Carl Emmanuel Wolff, for example, is a project very dear to my heart. It is now in its final phase, after 15 years of planning.

I am also collaborating with the Essen 2010 working group and was their spokesperson for many years. There, I try to integrate findings from human ecology into urban planning and development. While consumer behaviour is over-abundantly represented in the city, the 'meaningful' elements of life, the university, music, theatre and the arts for example, need support. The taboos around the red light district should also finally be removed, but all attempts to create a well thought-out, attractive entertainment district through urban planning have failed so far

Instead of which, one of the largest shopping centres in the area is currently being built between the university and the city centre in Essen...

Which I'm most displeased about! I would have preferred that Viehoferstrasse and Kettwigerstrasse, among others, be enhanced with weatherproof shelters, streams, and zones for play and recreation. Efforts by the BDA Ruhrgebiet and the Werkbund NW to promote a way of thinking that takes the entire area into consideration have also met with little success. There is a bitter rivalry between the cities - each city wants its own opera, own museums, shopping centre and so on.

Our 'tender bud', 'Architektur tanzt. Darstellende Spiele in öffentlichen Räumen', is also still not quite blooming... Still, the Ruhr area has been designated 'European Capital of Culture' for 2010 - perhaps that will create a new dynamic.

Which projects are you currently involved in with the Essen 2010 working group?

With urban redevelopment and deconstruction. I think it's deplorable to see how carelessly and unimaginatively we treat the more than 80 empty churches in the diocese of Essen, and often also the vacant 'cathedrals of labour'. Our 'aesthetic churches', theatres and museums, are also suffering from decreasing visitor numbers. After all attempts at conversion have failed, we seem to lack the courage to let such buildings 'die in peace' instead of demolishing them.

What does that mean in concrete terms?

Letting a building 'die with dignity' means accompanying its demise as you would a person's. Demolition requires the same commitment and thoughtfulness as a new building or a reconstruction does! In concrete terms, that means removing the windows in a controlled manner, opening up the roof, removing rooftops from towers, so that the building becomes more and more visible as a ruin, allowing plants, trees and birds to settle there. Deconstruction must be controlled. The process can unfold a special beauty. Rome would be nothing without its ruins, just a normal city!

In addition to your urban development commitments, you also worked as a consultant architect in the redevelopment of the 'Stadttor West' project in Essen…

Yes! The Chief Executive Officer of the Geno-Volksbank, Rudolf Conrads, proposed the project. My son Georg and I had already redeveloped the bank building, with Georg as chief architect and myself in a consultative role. The 'Stadttor West' project has enhanced the whole district, especially the ugly area around the railway embankment. Here too, Georg was in charge and I was his advisor. We created works of art from relevant relics from Essen's economic and technological history.

In 2000, I also drafted the architectural plans for the Burgtheater in the centre of Essen for theatre manager Christian Stratmann. Unfortunately it was not built for financial reasons.

In almost 60 years of practising architecture, you have transcended conventional perceptions of this role. You regard your function as being integrative and interdisciplinary - incorporating the roles of 'theatre manager' and 'director'…

The ideas of my architecture professor, Otto Ernst Schweizer, Heidegger's notion of building and living - by building, we live -, Johan Huizinga's concept of 'play' and 'the game', and Claus Bremer's challenge, "Think holistically! Think architecture! Think Participation (too)", were formative for me! Because theatre is a historical kind of 'staged game'.

The Olympic Spielstrasse was a wonderful result of this kind of thinking.

We integrated the arts into architecture, and 'overcame the problem of art through collective building' in Gelsenkirchen.

The most important stations of 'dramatic performances' were the Werkbund festival in Oberhausen-Altenberg and the Folkwang festival in Essen. The gatherings of our Hugo Kükelhaus working group also always began with 'active games' and ended with food, drink and more dancing. This shows how initial ill humour and antipathy became the joy of the players, and something else - the dancing and shared meal were always viewed as the most important things in retrospect!

Your view is that the movement of people in space also determines the development of a building…

I'll never forget a comment that the architect Hans Scharoun made. Asked constantly by the Berlin Senate how the Philharmonie would look, he finally answered gruffly, "I'm developing the interior space and thinking about how people will sit with each other and how the space will 'sound', and then the Philharmonie will look like something!" The visual appearance of the building developed out of the 'sound' of the interior, the movement of the visitors and their correlation with the players, which in turn gave rise to the look of the building! Not the other way around! If you start with the external form of the object you'll just produce 'waxworks'!

What messages would you give prospective architects who are just starting out?

Learn to move! Learn rhythm, dance. Learn to perceive space while moving, learn 'footwork'! Then learn a trade, preferably cabinet making. And then learn to think and speak - gabbing comes last! And not in reverse order! Only with 'footwork' do all the organs of perception come into play and get into the swing.

And consider the following propositions:

Building is how people live.
Culture is how people deal with each other and with nature.
Play is the effect of chance and rules.
Play creates culture.
The arts are meaningful games.
Theatres, concert houses, and museums are sacred places, aesthetic churches.

And then: Good luck!

Notes

[1] | Mensch und Raum, Das Darmstädter Gespräch 1951, published in: Bauwelt Fundamente, n.d., p. 90. On p. 91 he continues: "Building is actually dwelling. Dwelling is the way mortals exist on the Earth."

[2] | These films are posed. This is evident in the shots of apparent work processes, which do not correspond with actual processes and techniques. There are, for example, sequences in which Yves Klein lifts soft natural sponges onto a wall. That never happened. Wet sponges, soaked in polyester and dyed blue, were stuck to the wall.

[3] | There are various versions as to who initiated Yves Klein's invitation to Gelsenkirchen. Sometimes the gallery owner Alfred Schmela has been nominated, sometimes the artist Norbert Kricke. Kricke himself confirmed the fact that it was Werner Ruhnau who issued the invitation. In his letter to Werner Ruhnau on January 5th 1958 he wrote: "(…) after you invited Yves to Gelsenkirchen and made assurances (…)."

[4] | The text of "Die Entwicklung der Kunst zum Immateriellen" was published - as were the other joint texts by Yves Klein and Werner Ruhnau - in the original German and revised by Helmut de Haas.

[5] | Yves Klein, Le dépassement de la problématique de l'art, Editions de Montbliart, La Louvière 1960, Compare the extract in note 21

[6] | Compare Yves Klein's letter of January 11th 1958:

"…that I have solved the problem of the sponges soaked in blue, they stay so soft and natural, arranged on a kind of net. The whole thing will be a terrifically huge tapestry, which from all sides of the rotunda of the foyer and all in blue. (…) The tapestry will only have to be unfastened and cleaned with a vacuum cleaner like a normal carpet at long intervals (three or four years)." (Catalogue from Wiesbaden Museum, 'Wie das Gelsenkirchener Blau auf Yves Klein kam', 2004, p. 55)

In a letter on May 19th 1958 too, Yves Klein still speaks of 'wall hangings' "Since the exhibition ended I have been working determinedly on the production of:
1. a 1 m² wall hanging made of sponges in full size,
2. a complete wall hanging, but reduced to a proportion of about 50 x 150 cm, for the front walls.
I will also execute a small design of the entire foyer with the blue pictures and wall hangings." (Wiesbaden catalogue, p. 70)

[7] | Letter from Karl-Heinz Schwarzhof, 12.12.1995 (see page 236)

[8] | Letter from Ernst Oberhoff, 21.07.1974 (see page 236)

[9] | Letter from Ludwig Graafmann 14.11.2005 (see page 237)

[10] | Letter of the Institut National de la Propriété Industrielle, Paris, to the Museum Wiesbaden of 5 October 2004

[11] | Compare Yves Klein's letter of 11 December 1957 "(…) could you send me in response a general perspective drawing, with a view from the front, of the whole foyer? I could insert my two blue monochromes and my four white sponge (walls) (foyer, cloakroom) in colour into this drawing." (Wiesbaden catalogue, p. 45) (see page 238)

[12] | Yves Klein later put various variations of the perspective drawing of the Gelsenkirchen Theatre up for sale. (see page 238)

[13] | The text on air architecture, written in German and naming both Yves Klein and Werner Ruhnau as the authors, was published in Bauwelt magazine on 23 March 1959 and has been published elsewhere. Yves Klein published the French translation in Le dépassement de la problématique de l'art in 1960.

[14] Shared thoughts on air architecture. Drawings by Yves Klein, autumn 1958 and Shared thoughts on air architecture. Drawing (below) with jets and wall of fire by Werner Ruhnau, subscription of a jet, above left, by Yves Klein, autumn 1958 (see page 239)

[15] Letters from the German Patent Office, Munich, 30 June 1960, with Reichspatentamt patent specification No. 545632 of 7 March 1928, and from the Ministère Du Commerce et De L'Industrie of 3 November 1939. All letters can be viewed in the Ruhnau Archive.

[16] Compare Werner Ruhnau's letter in summer 1961: "Recently I have read again an article by Pierre Restany in (note: in the magazine) Kunstwerk about Yves as the inventor of air architecture. If I give you my project for the Stiftsruine in Bad Hersfeld and again find that it has been published in this form, you won't take it amiss if I get angry. In the enclosed catalogues you will see that I have used a stamp to add your name everywhere." (Wiesbaden catalogue, p. 138)

[17] The 'Schule der Sensibilität' text was composed in German. In the Ruhnau Archive there is a version of it dated 26 March and a final version of 27 March 1959. This last version has been published several times, including in 'Salve Hospes, Braunschweiger Blätter für Kunst und Kultur, 6. Juni 1960', and translated into French. There are however also false versions in circulation. The Nationalgalerie Berlin in a catalogue in 1976 for example, published a much-altered back translation of it from the French - as well as the unauthorised preliminary version of 26 March 1959.

[18] Werner Ruhnau, Baukunst, Düsseldorf / Essen 1992, p. 76 et seq.

[19] One of Rotraut Klein-Moquay's misinterpretations is even reproduced in the catalogue raisonee of Yves Klein's works, which was compiled by Paul Wember (Paul Wember, Yves Klein, Cologne 1969, p. 82 'RE 23'). She initially claimed that the first white sponge relief made by Yves Klein and Werner Ruhnau in the early summer of 1958 was incomplete. Only after she had acquired this work did she retract this claim.

[20] Compare the letter from the Gelsenkirchen town council of 25 June 1957: "These designs will be remunerated with 1,000 German marks each and be submitted to a jury for evaluation. After this decision, there will be intensive collaboration with the chief architect, Mr Werner Ruhnau, to ensure a consistent composition of the overall architecture." (Wiesbaden catalogue, p. 50) Compare also the contract in which the town council awarded the commission to Yves Klein on 13 February 1958: "The supervision and settlement with the commission will be the responsibility of the chief architect of the construction project, Mr Ruhnau Dipl. Ing. (graduate engineer). The permits for execution will be issued by the awarding authority after the models have been assessed and full-scale test pieces installed on site in each case." (Wiesbaden catalogue, p. 87)

[21] Yves Klein writes for example on the subject of collaboration:

June 16th 1957: "Dear friend, a thousand thanks for your generous hospitality. I enjoyed my stay with you and the good intellectual climate in your house very much. (…) but would you please be so kind as to write me an official letter very soon from the Gelsenkirchen town council, stating that I have been assigned to the Kricke - Arp team to participate in the competition for the designs for decoration of the theatre…" (Wiesbaden catalogue, p. 35)

November 1957: "I think that all of Paris is now talking only about this great theatre in Gelsenkirchen and about the exceptional spirit of understanding of the architect Werner Ruhnau in collaborating with artists. It is, I think, a historic event." (Wiesbaden catalogue, p. 41)

17 January 1958: "You can be sure and certain, dear WERNER, that I know very well that without you there wouldn't be any 'monochromes' in Gelsenkirchen and I never forget it. Never!..." (Wiesbaden catalogue p. 58)

February 1958: "The contract, what a wonder! I'm very happy with it and so happy to be working with you on the 'European Situation'!" (Wiesbaden catalogue, p. 66) Yves Klein' speech of 22 November 1958 to the Theatre Building Commission: „My painting aims to depict freedom in her original essence and for that reason ladies and gentlemen, I am asking you today to let me carry out this work for you in accordance with my ideal conception of painting and of collaboration with the architect Werner Ruhnau." (Wiesbaden catalogue, p. 96)

January 1959: Yves Klein's address for the opening of Jean Tinguely's exhibition in Düsseldorf, published in Le dépassement de la problématique de l'art, p.19 et seq.: "(…) I want to propose something to all those who can hear me exactly: 'COLLABORATION' (…) "Collaboration means exactly, working together on the same work. And the work I am proposing for this collaboration is art. (…) I would find it completely normal and natural to find out that one of the members of this famous pact (of collaboration - translator's note) had suddenly and spontaneously somewhere in the world signed one of my pictures (…) I will also sign everything I like among the works of the other members of this pact (…) In proposing this new form of collaboration this evening, I am not talking about a utopia (…) I know what I'm talking about. For over a year I have been successfully practising just this collaboration with the architect Werner Ruhnau. We have together created air architecture and a series of other works that are still in preparation."

[22] The contract of the Gelsenkirchen town council with Yves Klein of 13 February 1958 provided for sponges adhering to cover the entire surface: "The inclusive price of 30,000 German marks includes an allocation for materials amounting 20,000 German marks and refers to a complete coverage with sponges of the entire aforementioned surface. (…) In case of discontinuance of the surfaces of the cloakrooms or other parts, the cost of 30,000 German marks allocated for these surfaces will be reduced in proportion to the overall surface." (Wiesbaden catalogue, p. 86)

[23] The booths were built by the Technische Hilfswerk [German Federal Agency for Technical Relief].

[24] The staff of the architect's office for the Spielstrasse in Essen and Munich included Johannes Göhl, Jürgen Höfer, D.FA Blöbaum, and Albert Filoni. Göhl met Anita and Werner Ruhnau in the 1950s in a Munich jazz bar, where he played contrabass. With the commission for the Spielstrasse in the offing, Werner Ruhnau engaged him immediately as an 'art-friendly' architect. Göhl kept track of the building applications and was on-site supervisor, with support from Höfer. Blöbaum and Filoni drafted the plans.

[25] Anita and Werner Ruhnau have lived separately since the end of the 1970s. They divorced in 1980 due to Anita Ruhnau's remarriage, but have remained friends and still work together in the architect's office and the Archive. Elisabeth Stelkens has been Werner Ruhnau's companion since 1981.

Bazon Brock
Jeux et mise en scène

Indication explicite sur un thème de
vie de Werner Ruhnau

Il existe une merveilleuse anecdote sur la tentative
d'Yves Klein d'attribuer au ciel son bleu métaphysique.
On raconte qu'un soir, après un reportage télévisé sur
le retour de l'astronaute Jurij Gagarine, son ami Ruhnau
l'aurait appelé. Il lui aurait posé la question, sur un
ton légèrement ironique pouvant à tort être interprété
comme acrimonieux, de savoir s'il avait également
entendu à l'instant que Gagarine aurait qualifié
respectivement l'univers de couleur noir corbeau, et la
Terre de planète bleue. Yves Klein aurait fait une scène
terrible à son interlocuteur, en le menaçant pour avoir
ainsi saboté sa métaphysique bleue d'aller le noyer à la
prochaine occasion dans l'eau noire d'un lac d'un puits
de mine.

On comprend bien l'indignation d'Yves Klein à
l'encontre de cette correction froide et prétendument
platement matérialiste et antipoétique du bleu ordinaire,
couleur bleu ciel de l'iconographie chrétienne:
par exemple, si l'on était confronté à la demande
inacceptable de devoir dénigrer le bleu de Chartre,
bleu même du paradis, expression du Jérusalem
céleste mais aussi bleu du manteau protecteur de
la Vierge, à cause de leur bleuitude même, donc
de la perte du contrôle sur les sens, on pourrait
comprendre, du moins dans un premier temps, cette
indignation. Alors seulement on réalise à quel point
les monochromes bleus d'Yves apparaissent plus
importants lorsqu'ils ne sont pas un témoignage du
ciel mais de cette planète terre qui est nôtre, un corps
cosmique unique.

Le prétendu sacrilège de Ruhnau nous fut rappelé
lorsqu'en 2004, Volker Rattemeyer, dans le cadre de
son exposition à Wiesbaden sur la collaboration entre
Klein et Ruhnau, publia la communication de l'Institut
national français de la propriété intellectuelle selon
laquelle aucun brevet n'aurait été attribué au bleu

d'Yves Klein. Contrairement à Yves, Rattemeyer et
Ruhnau ne considéraient pas la référence à l'origine
banale du pigment bleu en question résultant d'un
mélange d'outre mer allemand et de liant provenant
d'un atelier d'un maître peintre de Gelsenkirchen
comme dénigrement d'un cavalier bleu métaphysique
déjà peint par Kandinsky et Marc en 1912 sous les
traits d'un chevalier du ciel. Bien plus, ils considéraient
la constatation de Gagarine, selon laquelle le bleu du
ciel et le noir de la terre grasse devaient être célébrés
comme ciel noir et Terre bleu, telle une indication divine
promettant de tous nous animer et nous motiver.

On a toujours eu de Werner Ruhau l'image d'un tel
maître de fête animé, de la vie terrestre, dans le sens
des communications sur sa conception du jeu selon
lesquelles «toute vie organisée supérieure tourne
autour de trois domaines vitaux: la sexualité, le kratien/
pouvoir et le consommable». En bon français cela
signifie qu'il en va de la grosse bouffe, de la grande
copulation et d'impressionner le plus possible. Ruhnau
qualifiait de créations l'exploitation sensuelle de ces
exigences humaines, à savoir conquérir et défendre
son espace vital, mettre en valeur les sources de
nourriture et se reproduire, ce à quoi ne parviennent
comme chacun sait, que des individus sociabilisés,
qui se soumettent donc à un ordre social. Cette
détermination non conventionnelle de concepts s'est
avérée très stimulante, pas uniquement pour Werner
Ruhnau mais pour tous ceux qui ont été inspirés par
ses idées comme la glaise est inspirée par le souffle de
l'architecte du monde.

Oui, l'expression de la mobilité sensuelle en tant que
création inclut une justification anthropologique de
l'architecture telle que Ruhnau a tenté de la réaliser.
L'Arché grec se réfère au dernier argument, à ce qui
ne peut être pensé à l'avance et à ce qui s'applique

toujours. C'est la marque distinctive du plus moderne des domaines de considérer la nature comme l'argument dernier. Pour qu'Arché marque de son empreinte la vie d'Anthropos, l'Homme, il faut que les hommes soient par nature les obligés de la culture. Étant donné l'hypothèse de tous les modernes selon laquelle la nature se développe tout d'abord de manière évolutionnaire, donc par le développement dans le jeu des éléments appartenant aux lois de la nature, il s'agit dans le développement culturel du jeu des forces des individus selon des règles qui peuvent certes être convenues par les participants, mais qui ne sont jamais laissées à la volonté de ceux-ci. Si les règles ne sont pas respectées, les communautés de jeux culturelles correspondantes s'effondrent, ce qui, en retour, illustre la validité des lois de la nature.

Rhunau résuma les approches anthropologiques des architectes, artistes, musiciens etc., à peine évoquées ici bien entendu, à la formule jeu dans l'espace, dans laquelle l'espace représente le champ d'application des règles. Les architectures des théâtres, salles et espaces de spectacles en sont l'illustration exemplaire. Ruhnau considéra durant toute sa vie que les plus importants aspects de son travail consistaient à rendre les architectures en question multiformes, c'est-à-dire polyvalentes pour accueillir les jeux les plus divers. Les espaces modulables permettent de multiples délimitations du terrain d'action qu'est le jeu et ainsi l'épanouissement ludique des forces culturelles en fonctions de règles à chaque fois différentes. Ruhnau considérait donc les architectures des salles de spectacles comme des formes possibles de leur utilisation pour le jeu des forces culturelles. Ruhnau commença ses travaux sur les architectures variables, comme les systèmes de podiums rétractables, au milieu des années 50, vraisemblablement sans relation avec la republication simultanée par Adolf Frisé de

«L'homme sans qualités» de Musil (dans cette œuvre, le rapport entre potentialité et actualité, entre sens du possible et sens de la réalité occupe une place centrale). Plus tard, Ruhnau fera de préférence remonter la généalogie de ses conceptions au théâtre de Heinrich Tessenows, construit à Hellerau en 1911.

Depuis ses concepts pour le théâtre de Gelsenkirchen en 1957, en passant par l'élaboration de la rue menant aux Jeux Olympiques à Munich en 1972, jusqu'à la conception de la fête de Folkwang au centre socioculturel de la Mine Carl à Essen en 1985, Ruhnau a conçu des dramaturgies dont les règles et l'espace de jeu provoquent les protagonistes. Comme la création représente pour lui l'incarnation de l'émotion sensuelle née des conditions de vie du moment, la création sous forme de jeux se traduit dans la capacité à réagir de façon toujours différente aux limites de l'espace et des règles du jeu: une forme de l'épanouissement de la liberté en tant que décision autonome sur l'art et la manière dont on peut réagir à des conditions imposées. Autrement dit, Ruhnau comprend les architectures, les espaces et les formes de jeu comme des simulations. Le donné est simulé, donc représenté, dans la conscience de sa modificabilité ou altérabilité de chaque instant. La liberté des règles et une marge de manœuvre sans limite, quant à elles, ne sont pas simulées. Les protagonistes se voient donc proposés comme récompense du jeu l'enseignement que la liberté, c'est-à-dire l'autonomie, ne peut que consister à se prescrire soi-même les règles et à se fixer les limites - ce qui ne veut pas dire l'abolition des limites et l'indétermination sans règles. A cet égard, le concept de Ruhnau est compatible au sens large avec la pédagogie des philosophes des lumières. De telles explications sont généralement associées à la figure du maître d'école, ce dont Ruhnau se défend, comme les successeurs de Rousseau, en soulignant sans cesse que les simulations reposent entièrement sur l'illusion et la déception, la séduction par le faux et le désenchantement par le réel, et produisent leur effet au moyen de canulars absolus, de trucages conscients, d'attrape-nigauds et d'astuces de prestidigitateur - elles ne glorifient donc aucune supercherie visant à imposer une normativité en vigueur une fois pour toutes.

Pour qui travaille de la sorte en tant qu'architecte, le risque est fréquent de se voir détracter d'une part comme simple décorateur de théâtre et d'autre part comme animateur ou maître de jardin d'enfant. Ruhnau a tenté de s'en défendre en évoquant la valeur culturelle élevée de ses travaux, ainsi que leur caractère éphémère, leur révocabilité et même leur complète dissolution. Ruhnau considérait que l'usure et l'emploi détourné étaient précisément des signes d'acceptation; il rejoint en cela les propres affirmations postmodernes de nombreux architectes, selon lesquelles le caractère éphémère sous forme de démolition, transformation et reconversion contribue à mettre l'Arché en valeur. Comme tous les Modernes, Ruhnau était fasciné par le bouddhisme ZEN, mais plus particulièrement depuis la programmation de ZEN 49 dans le bassin de la Ruhr et depuis qu'il avait fait la connaissance de pratiquants du bouddhisme ZEN comme Yves Klein. Il apprit ainsi qu'il n'existe au Japon aucun culte des architectures comme authentiques antiquités. Depuis des siècles, les temples sont tous démolis de temps à autre et reconstruits avec de nouveaux matériaux, selon les formes et les lois appliquées depuis les temps les plus anciens, reproduisant ainsi une arché-tecture au premier sens du mot. C'est précisément la transformation irrésistible et inéluctable qui permet à l'Arché de se former.

A l'image de nombreux activistes de l'époque moderne occidentale, Ruhnau avait, du fait de son approche anthropologique, appris à estimer davantage les productions culturelles en général que les productions des sciences et des arts en particulier. Les passions pour l'archaïque, le primitif, l'art brut, le populaire et l'enfantin, tout comme pour le rituel religieux, s'épanouissaient davantage dans le concept de jeu que dans le pathos de l'art ou la puissante ascèse des sciences. Tout comme Hugo Kükelhaus, l'ami de Ruhnau, dont les invitations provocantes à produire des sonorités simulaient tout au plus la pratique musicale, mais n'étaient justement pas orientées vers la musique en tant que production artistique - de même que les divers thérapeutes sociaux qui proposent la pratique théâtrale pour simuler les conflits de la vie et non comme exercice réservé aux dramaturges - Ruhnau a toujours considéré son objectif non pas dans le caractère atemporel d'une œuvre, mais dans la réalisation de la temporalité, en particulier dans la durée propre au jeu, c'est-à-dire pendant le jeu; de même, Ruhnau recherche encore et toujours explicitement la variabilité des espaces de jeu en fonction des règles choisies, pour contrecarrer tout dogmatisme des hiérarchies d'évaluation culturelles sophistiquées.

La réalisation se manifeste également toujours comme la dissolution de soi, comme une consommation par un usage intensif, symbolisée depuis toujours par le flambeau de la vie. Ruhnau a toujours accordé une grande valeur aux formules symboliques, ce qu'il a démontré de la manière la plus évidente lors de la fête de Folkwang au centre socioculturel de la Mine Carl, en nommant explicitement dans le programme les symboles et les adages comme produits de création. L'accent mis sur les dates de péremption et les points de rupture théorique renforce précisément le sens pour l'Arché des formes naturelles ou culturelles et des processus de sa transformation par métamorphose. Il faut atteindre un âge avancé avant de percevoir une telle constance dans le changement incessant et de l'accepter pour soi également. C'est plus facile à dire qu'à faire ou encore plus facile à postuler qu'à réaliser. Selon la loi de la transformation de toute vie au sens de l'Arché, c'est-à-dire selon les lois de la génétique, de nombreuses mutations parfaitement imprévisibles ont lieu, qui ne se révèlent significatives ou éphémères qu'au fil du temps - et c'est évidemment ce temps qui fait défaut à l'être humain, même quand il atteint un âge canonique. C'est de ce constat que résulte une fonction essentielle des jeux comme simulation de l'autonomie et de la liberté. Tout le monde connaît cet oubli de soi dans le jeu, c'est-à-dire le phénomène de l'uniformisation totale de toute expérience temporelle dans le présent, l'instant présent, pendant le jeu. En faisant l'expérience de l'intemporalité, les protagonistes oublient leur peur face à l'avenir incertain et au passé à jamais révolu. Contrairement aux musées ou archives, qui créent du temps en fabriquant sans cesse des ères nouvelles sous forme d'époques ou des synchronismes à partir d'asynchronismes, c'est-à-dire en démultipliant le temps, l'oubli de soi dans le jeu profite lui de la liberté temporelle, du temps mort, ce qui ne doit en aucun cas être comparé aux formes temporelles de l'éternité telles que définies d'un point de vue religieux. Les concepts de Ruhnau équivalaient également à une reformulation du sens proprement formidable du temps libre et du temps mort. Bien entendu, leur efficacité en tant que proposition pour réagir à ses instructions était réduite, mais les concepts temps de jeu, temps libre et temps mort contiennent quand même toujours un potentiel considérable de métamorphose temporelle.

Comment s'expliquer de façon à peu près claire, que les modèles de participation, c'est-à-dire d'adhésion au jeu à tous les niveaux et dans tous les contextes, auxquels les programmes politiques accordèrent même de l'importance il y a de cela des décennies,

éveillent si peu l'intérêt aujourd'hui? Les contemporains dressés aux attraits des divertissements, qui croient pouvoir s'attendre à un service rapide par des médias jouant les maîtres d'hôtel dans n'importe quel lieu ou patelin, à n'importe quelle heure du jour et de la nuit, sont déchargés de tout reproche quant à leur refus et leur incapacité à se montrer responsables, dès lors qu'ils constatent avec un geste de rejet que les efforts de codécision au sein de la CECA, Communauté Européenne du Charbon et de l'Acier, et pendant les événements des années 50, au cours desquels Willy Brandt en appela à la compassion, tout comme les travailleurs des années 60 et jusqu'aux activistes de l'aide au développement dans les années 70, n'auraient rien apporté de durable, si ce ne sont des gestes dédaigneux de la part des soixante-huitards.

Ce chœur d'abrutis est gouverné par des dirigeants du politiquement correct qui, au mépris de toute vérité historique, dépeignent par exemple les années 50 comme l'époque de la restauration moisie d'Adenauer, les années 60 comme un bordel étudiant pour calmer la faim de luxe et de bien-être au nom de tous les affamés, et les années 70 comme l'automne allemand, celui malheureusement du triste échec des grandes visions humaines. Ces jugements ne sont rien d'autre qu'un fascisme médiatique, qui paraît d'autant plus grave qu'il semble légitimé par la démocratie. Le totalitarisme et le fondamentalisme des médias actuels, démocratiquement légitimés, opèrent selon la méthode délirante suivante: quand les démocraties mènent des guerres d'agression, engagent des purifications ethniques comme mesures de pacification, autorisent l'euthanasie et l'eugénie, ordonnent l'arrêt des opposants par mesure de protection, etc., elles prétendent que ces mesures ne sont pas fascistes, totalitaires et fondamentalistes car ce sont des démocraties, et non des dictatures, qui les prennent.

Mais au regard de l'hommage rendu au travail de Ruhnau, on ne peut renvoyer assez à cette vérité historique selon laquelle les années 50 - contrairement à l'accusation diffamante qui en fait la Restauration moisie d'Adenauer - furent une époque marquée par de formidables luttes et par une participation civile croissante sur les plans politique et social, avec des campagnes incroyablement radicales contre le réarmement et les armes nucléaires, avec l'interdiction du Parti communiste allemand (KPD), de même que des modifications de la législation sociale encore jamais vues à ce jour, en comparaison de quoi les soubresauts étudiants des années 68 ressemblent à une version aire de jeu pour enfants gâtés. Cela signifierait donc que nous devons justement apprendre à honorer les conceptions de Ruhnau comme l'expression des évolutions historiques dans les sociétés d'Europe occidentales du XXe siècle. Nous devrions comprendre que les concepts de jeux ne peuvent être appliqués en indiquant que les oiseaux migrateurs et les associations sportives, les associations patriotiques et les communautés religieuses des prophètes aux pieds nus se seraient déjà servis de tels concepts, sans parler de la jeunesse hitlérienne et de la Jeunesse Libre Allemande, des corporations d'étudiants et des fédérations d'associations. Cette interprétation du concept d'adhésion et de participation au jeu a déjà été analysée plusieurs fois comme emploi idéologique.

L'idée d'auto-organisation, telle que Ruhnau la reprend des constats de collègues proches de Manfred Eigen, philosophe naturaliste de Göttingen, n'a justement rien à voir avec l'adhésion au jeu comme adaptation et la participation comme abandon de l'exigence d'autonomie. En effet, les conceptions de Ruhnau sont toutes intrinsèquement orientées vers la possibilité d'encourager les processus d'auto-organisation des individus dans le tissu social grâce à la création

architecturale. Mais le renvoi au concept de règle soulève aujourd'hui plutôt la question de l'existence de conditions cadre adaptées à de tels processus dans l'économie, la société, les sciences et les communautés culturelles. De ce fait, l'approche de Ruhnau semble surtout se distinguer en ceci que la logique de la raison insuffisante a toujours été pour lui plus proche de la réalité que celle de la raison suffisante. En référence également à ce principe de nos logiques, Ruhnau apparaît comme un précurseur des logiques de l'épanouissement de notre époque moderne telles que Musil les avaient pressenties. Y-a-t-il un témoignage d'admiration plus durable?

Dorothee Lehmann-Kopp
L'espace, le jeu et les arts

Entretien avec Werner Ruhnau

I. Les espaces de jeux - De la construction de théâtre à un instrument pour les arts vivants.

Le jeune architecte

Monsieur Ruhnau, qu'est ce qui vous a mené à l'architecture?

Dans ma ville natale de Königsberg il y avait des bâtiments modernes dont je me souviens bien. C'était par exemple le Schlosshotel de style Bauhaus avec des meubles tubulaires en métal et des chaises à bascule de Marcel Breuer et aussi un bar où on pouvait écouter et danser sur de la musique de jazz. A la maison, l'atmosphère était libérale. Mon père était commerçant et franc-maçon, ma mère était artiste peintre. Beaucoup d'architectes et d'artistes étaient invités chez nous. Au milieu des années 1930, ma mère déménagea en Italie. En 1938, je lui ai rendu visite à Bologne, une ville merveilleuse, et j'ai découvert Rome avec elle. J'avais 16 ans à l'époque.

L'atmosphère à la maison a changé avec le départ de ma mère. Mon père a épousé ultérieurement une femme médecin, et moi je songeais à faire des études de médecine. Lors de mon retour du «service du travail» dans l'artillerie lourde, je me mis à entendre de plus en plus mal de l'oreille gauche. Je fus exempté pour commencer mes études. Lors de mon stage dans un hôpital militaire, je me suis rendu compte que je ne le supporterais pas de travailler comme médecin. Lors de sa visite à Königsberg, ma mère me dit de façon lapidaire: «Va donc à Danzig, il y a à l'Ecole technique supérieure un bon département d'architecture». C'est ainsi que je suis devenu architecte.

J'ai commencé mes études à Danzig en 1941, mais en 1944 je me suis engagé volontairement pour le service militaire puisque beaucoup de mes amis de l'école, bien plus gravement blessés que moi, devaient toujours retourner au front. Après la fin de la guerre, j'ai suivi mes études jusqu'à l'examen intermédiaire à Braunschweig et puis jusqu'au diplôme en 1950 à Karlsruhe.

Qu'est-ce qui vous a marqué à Danzig?

J'y ai pris à connaître l'architecture, «mère des arts». Le dessin de nu était par exemple une matière obligatoire pour les architectes. Le professeur Pfuhle qui donnait les cours aux étudiants d'architecture et d'art dans ses merveilleux ateliers, nous demandait: «eh bien, dessinez donc ces hommes pour lesquels vous devez bâtir!» C'est ainsi que nous apprenions le dessin de nu au crayon et au fusain. Le professeur Karnapp enseignait le dessin à main levée de motifs urbains, de profils antiques, de chapiteaux et de proportions. Il parlait de la convergence des arts au bâtiment. Déjà dans l'antiquité, les architectes traçaient les plans pour créer ensuite l'aménagement et le façonnage véritable avec les peintres et les sculpteurs. - L'idée de l'architecture «mère des arts» ne m'a jamais quitté.

Quels professeurs et quels modèles vous ont influencé lors de vos études après 1945?

J'ai quitté Braunschweig pour Karlsruhe pour deux raisons: on disait que même dans ces temps «maigres» la nourriture y était meilleure, et non pas composée uniquement de pain de mais et de viande de cheval… En outre, deux professeurs formidables Egon Eiermann et Otto Ernst Schweitzer enseignaient à l'école supérieure technique. La modernité y avait fait son entrée. Je lisais avec grand intérêt à la Maison d'Amérique les revues américaines de construction. J'étais sidéré par les réalisations de Richard Neutra et de Ludwig Mies van der Rohe. Son pavillon de Barcelone de 1929 fut pour moi une révélation…

Nous avions des professeurs formidables qui safisfaisaient aussi mes besoins intellectuels. Eiermann n'était pas trop mon cas, mais par contre le professeur Haupt, qui enseignait l'architecture d'intérieure, lui oui. Otto Ernst Schweizer m'a marqué en particulier, notamment sa philosophie sur l'architecture rationnelle et irrationnelle qu'il illustrait par l'exemple des jardins baroques français et anglais. La recommandation de Schweizer: «Vous devez rendre visite à Willi Baumeister à Stuttgart» fut d'une importance primordiale. Baumeister m'impressionnait beaucoup. Ses tableaux, sa façon d'enseigner. J'ai tout de suite compris sa remarque sur ce qu'il devait faire en premier lors des premiers semestres: «ôter» les idées préconçues dans les têtes de ses étudiants. Cela valait aussi pour moi: en réalisant des projets d'intérieurs, je dessinais d'abord ce que je connaissais de chez-moi, à savoir un salon, une salle à manger, une chambre à coucher etc. Tout d'un coup, Mies van der Rohe m'a montré que ça allait aussi autrement! Mon premier amour de jeunesse m'a quitté d'ailleurs à cause de cela: Misa ne pouvait pas s'imager un mariage avec moi, puisque je m'enthousiasmais pour des meubles en métal - ce qui était inacceptable pour elle dans une salle de séjour.

En 1950, vous avez obtenu votre diplôme. Y avait-il alors des postes où des commandes pour les jeunes architectes?

J'ai postulé chez l'architecte Brecklinhaus à Essen, dont le fils avait fait ses études avec moi à Karlsruhe. Mais Brecklinghaus avait déjà engagé deux personnes. Il m'a recommandé à son collègue Willy Maximilan Schneider qui construisait surtout des bistrots et des églises. On peut voir encore ma marque dans la guinguette «Schwarze Lene» à Essen avec des profils de forme du toit et des poutres typique d'Ernst-Schweizer. Elles ressemblent à celles d'une station d'épuration que j'avais conçue. L'idée de Schweizer d'apporter de la «plasticité» au bâtiment était convaincante. Plasticité cela veut dire former des poutres et des corniches, des avancées de toit comme des événements sculpturaux. Six mois plus tard, Schneider n'avait plus de commandes. Il me licencia et je me trouvais à la rue au milieu de la ville d'Essen détruite par la guerre. Les trams y roulaient déjà - mais dans un paysage de décombres. Non seulement les moyens pour la construction des églises et des bistrots se tarissaient mais il n'y avait pas (encore) d'argent pour la construction immobilière.

C'est difficile à comprendre vu le grand besoin. Quand avez-vous construit vos premiers logements ou maisons?

Seulement quand je fus architecte à la chambre d'agriculture de Münster, donc à partir de 1952. Cela n'a pas toujours été lucratif. Un entrepreneur de bâtiment de l'entreprise Holzmann me fit faire les plans de sa maisonnette. Lorsque j'ai demandé mes honoraires je fus surpris par sa remarque: «mais Monsieur Ruhnau, vous avez été si souvent invité à manger chez nous!». J'ai pourtant reçu des honoraires habituels pour les maisons d'habitation à Wuppertal et à Coesfeld.

En 1952, vous avez reçu une grosse commande avec la chambre d'agriculture de Münster. Comment cela s'est-il produit?

L'oncle d'une amie à Essen m'avait envoyé chez son camarade de régiment, Alexander Löfken à Münster qui était chef du département de la construction de la chambre d'agriculture. Il cherchait des architectes. Löfken m'a plus engagé parce que nous étions tous deux membre de l'union académique des voiliers (ASV) et qu'à cause de mon diplôme mention «très

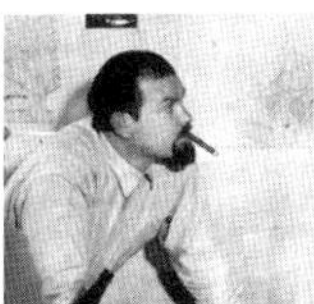

bien». C'est ainsi que cela fonctionnait à l'époque, et aujourd'hui encore. Löfken m'a fait entière confiance et m'a donné la responsabilité du projet de la construction de la chambre d'agriculture, l'architecte en chef, le Prof. Walter Hämer ayant quitté la chambre 'agriculture. Le beau concept pour l'administration de la chambre d'agriculture date de Hämer. Je fis ressortir la plasticité au style de Schweizer et concevais l'aménagement intérieur. Des «traces» de Schweizer sont visibles sur le bâtiment du théâtre de Münster, notamment sur les lamelles de la salle et dans bien d'autres détails aussi. Les façades lisses du style de Eiermann chez lequel avait étudié Max von Hausen, rivalisaient avec ma tradition Schweizer. - Il s'agit d'un mélange réussi.

A partir de 1953, vous avez commencé à concevoir, conjointement avec Max von Hausen, Ortwin Rave et Harald Deilmann, le théâtre de Münster…

A la chambre d'agriculture, j'ai souvent eu la visite de personnes appréciant beaucoup qu'une construction moderne soit en train de naître à Münster. Notamment le rédacteur en chef de la rubrique culture du journal «Westfälische Nachrichten» en fit rapport et m'encouragea. Un jour il me dit: «M. Ruhnau, il paraît que le théâtre sera reconstruite d'une façon historique tout comme le Prinzipalmarkt.» Lorsque je lui répliquais que je ne comprenais rien à la construction de théâtre, il m'encouragea: «Parlez de l'architecture moderne en général!» Il allait lancer, avec des articles correspondants, une discussion dans cette ville fixée sur la reconstruction historique. Aussitôt dit, aussitôt fait. Je tenais mon exposé. Parallèlement, d'autres initiatives comme le BDA (Association des architectes allemands) protestaient également. Finalement, les cadres supérieurs de la ville décidèrent que chaque architecte à Münster pouvait soumettre un contre-projet dans un délai de six semaines. Comme l'administrateur des finances municipales était parmi ces leaders

d'opinion, il me proposa un bureau à la chambre d'agriculture: au «Rinderstammbuch» (ancien nom du bureau pour le suivi du livre généalogique du bétail - du «Rinderstammbuch») à la Schorlemerstraße 2. Je commençais mes projets pour le théâtre, au début avec mon amie, l'architecte Helga Debusmann. Ensuite Max von Hausen et Ortwin Rave nous ont rejoint et, quelque temps plus tard, Harald Deilmann. Ils demandèrent: «Nous emmenons tous nos femmes?» - qui étaient aussi architectes - «Ou, nous le faisons seulement entre hommes?» J'ai été mis en minorité. Et c'est ainsi que Helga Debusmann est restée sur la touche - j'en ai honte encore aujourd'hui.

Mais personne de votre équipe ne s'était penché sur l'architecture de théâtre jusque-là?

C'est exact. Le théâtre était, pour nous, composé d'une scène et d'un auditorium. «Un point - c'est tout», c'était si simple! Et comment nous allions obtenir 900 places? - Le terrain avait été choisi par la ville. La façade renaissance du Romberger Hof se dressait encore mais en ruine. Je voulais, dès la phase de planification avec Helga Debusmann, l'inclure en tant que coulisse vivante dans l'ensemble du théâtre J'ai été impressionné en Italie par la façon de traiter les bâtiments historiques, leur conservation ou bien aussi leur intégration dans des bâtiments modernes: cela me paraît être un merveilleux dialogue entre l'ancien et le moderne. C'est pour cela nous devions concevoir l'axe du bâtiment en diagonal de la façade. Et puisque, le terrain n'était pas assez grand. Nous «avons réparti» les spectateurs «en hauteur», c'est ainsi que quatre rangs ont été créés. Au fond, tout à fait simple! Ici la scène, et juste en face, la salle et puis le foyer avec la ruine. En tant que théâtre une maison conventionnelle dans une langue de forme moderne.

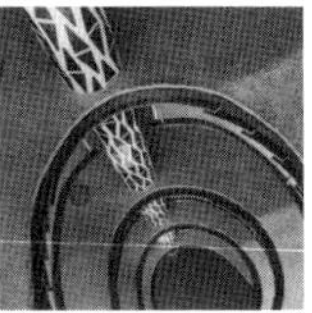

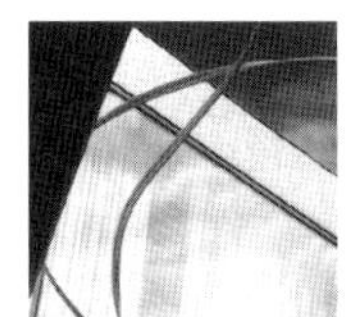

Le bâtiment neuf fut néanmoins célébré comme un «coup de foudre» pour la construction de théâtre, même au niveau international. De nombreuses personnalités importantes telle que Rockefeller ont visité Münster. Qu'est-ce qui les a tellement impressionnés?

Le «coup de foudre» c'était une langue architecturale moderne au milieu de la ville historique de Münster, entouré de trois églises, toutes classées bâtiment historique - et cela a été bien évidemment aussi le fait de ne pas avoir démoli la façade historique servant de coulisse authentique, de monument et de souvenir vivant des destructions de guerre.

Le «Picassoblitz» du sculpteur Norbert Kricke était aussi moderne. Comment avez-vous réussi à imposer de l'art avant-gardiste dans un milieu conservateur?

Déjà lors de la construction de la chambre d'agriculture, j'avais pris en considération l'art plastique: ma mère, qui avait aménagé chez moi à Münster aurait bien voulu participer à la construction en qualité d'artiste peintre. J'ai dû la retenir, puisque son langage formel n'allait pas bien avec l'architecture moderne. Pour la chambre d'agriculture c'était le sculpteur Vincenz Piper qui a crée une colonne. - Lors de la construction du théâtre [à Münster], j'ai proposé Norbert Kricke, dont j'avais fait la connaissance à l'occasion d'une exposition du Künstlerbund à Düsseldorf. Il y eut concours avec des artistes invités. Le jury était constitué, mis à part moi, d'Anton Henze et de John Anthony Thwaites, un officier du gouvernement militaire britannique, responsable pour l'art et promoteur de la modernité. C'est ainsi que nous avons pu imposer Kricke sans beaucoup de peine.

Quelles furent les réactions des habitants de Münster à l'œuvre de Kricke? Le titre «Picassoblitz» s'est bien implanté (plutôt) en tant que sobriquet affectueux mais ce titre fait aussi référence à quelques chose de nouveau et de très inconnu. Picasso n'était pas forcement bien aimé du grand public...

Oui, mais dans l'ensemble, les habitants de Münster avaient fini par accepter le projet de théâtre et aussi la sculpture de Kricke en dépit de sa modernité. Il y avait bien évidemment aussi des voix critiques. Le maire, par exemple s'excusait encore, des années plus tard, pour cet objet étranger dans le paysage urbain. La ruine aussi était contestée: le président de la commission des constructions me conseilla sérieusement: «faites donc rentrer une excavatrice par hasard pour que le truc s'écroule enfin.»

Mais nous avons reçu aussi beaucoup de soutien: en 1954, le ministère à Düsseldorf ne voulait pas, dans un premier temps, approuver notre projet. Les conseillers municipaux de Münster s'en indignaient et firent comprendre de façon véhémente aux fonctionnaires de Düsseldorf que l'ancien règlement général sur la construction des théâtres de l'ère Prusse datant des siècles passés était démodé: nous travaillions avec de l'acier, du verre, du béton, nous avions des ampoules électriques au lieu de lampes à gaz, des nouvelles techniques de protection contre l'incendie etc. Konrad Rühl, directeur ministériel au ministère de la construction accompagnait cette procédure d'autorisation. Nous avons imposé une révision du règlement général en vigueur sur la construction de théâtres. Le gouvernement du Land Rhénanie-du-Nord-Westphalie avait nommé, entre autres, l'architecte berlinois Fritz Bornemann et moi-même, pour le groupe de travail «DIN 18600», nous avons élaboré le nouveau règlement général pour les lieux de rencontre. Il est valable jusqu'à aujourd'hui, avec quelques modifications minimes.

Konrad Rühl vous avait déjà soutenu lors de la construction de la chambre d'agriculture…

Oui, j'étais angoissé sur le chemin de Düsseldorf pour y demander l'autorisation de la construction moderne et finalement je fus ravi de rencontrer Rühl parmi des tableaux et des meubles de style Bauhaus! - Rühl et Henze étaient membres du Werkbund. Plus tard les deux m'ont recommandé comme membre; l'adhésion au Werkbund se faisait à l'époque sur invitation. Je leur dois beaucoup. Le Werkbund était une institution importante, notamment dans les années 1950 et 1960.

Plus tard vous vous êtes penché sur l'espace de jeu, les formes de jeu, les techniques de jeu et aussi sur le jeu en soi. Quelles furent les idées déterminantes que vous avez emmenées de Münster?

Gustav Rudolf Seilner, le directeur du Staatsoper Berlin et Claus Bremer son dramaturge en chef sont venus nous voir sur le chantier en 1955. Claus Bremer m'a fait comprendre en quoi notre salle de théâtre était conventionnelle: ce face-à-face frontale historique de la scène et de l'auditorium qui n'est pas remis en question par l'architecte, exclurait d'autres formes expérimentales du jeu vivant. Le théâtre ne fonctionnerait pourtant pas une fois pour toutes tel que les Grecs l'ont inventé! Il veut des espaces variables.

Et puis autre chose avait changé dans votre manière de travailler depuis Münster. Le «Picassoblitz» était encore du «Kunst am Bau» [= politique d'intégration des arts à l'architecture et à l'environnement = mesure gouvernementale adoptée en 1950 qui consiste à réserver une partie du budget de construction d'un bâtiment public à la réalisation d'une ou plusieurs œuvres d'art conçues spécifiquement pour ce lieu - (ndlt)]

Oui, Bremer m'a dit: ta façon de gérer l'art c'est du «Kunst am Bau». Dans l'espace de jeu, tu confrontes visiteurs et acteurs et ici tu confrontes art plastique avec bâtiment. Tu dois penser de façon intégrée!» Cela m'a paru évident: il faut intégrer des artistes- en tant qu'«'experts pour l'esthétique» dès la planification de la construction tout comme des techniciens, des spécialistes pour la statique, pour l'acoustique etc. Autrement l'art deviendra une décoration postérieure - justement du «Kunst am Bau». Claus Bremer m'écrivit dans mon livre de famille: «Pense l'art de construire - pense le jeu théâtral!»

Le théâtre de Gelsenkirchen, 1955 - 1959

Après votre succès avec le théâtre de Münster vous avez immédiatement eu de nouveaux contrats?

Lorsqu'en 1954, notre projet à Münster n'a d'abord pas été approuvé nous avons dessiné fébrilement des projets assis à nos tables pour participer à des concours. Le théâtre de Gelsenkirchen fut alors un grand succès au concours; en septembre 1954, le jury nous a attribué le premier prix. L'achèvement du théâtre de Münster eut lieu parallèlement au projet pour Gelsenkirchen: en février 1956, le théâtre de Münster fut inauguré et en juin 1956, la première pierre fut posée à Gelsenkirchen.

Le bâtiment finalement réalisé à Gelsenkirchen diffère par contre visiblement du projet de concours…

Bien avant que l'équipe d'architectes, constituée de Deilmannn, von Hausen, Rave et Ruhnau, ne soit dissoute, j'étais rédacteur du projet à Gelsenkirchen. Après la victoire du premier prix au concours, c'était bien calme. En 1955, lors d'une conférence à la loge franc-maçonnique - j'étais encore franc-maçon, à l'époque - j'ai rencontré le metteur en scène principal de l'opéra de Gelsenkichen, Rudolf Schenkel. Je me suis renseigné auprès de lui concernant la situation. Il m'a dit: «Oui, M. Ruhnau, il paraît que le projet qui a obtenu le deuxième prix au concours va être réalisé. Je lui ai répondu: «Comment? Que puis-je faire?» Schenkel m'a conseillé de rentrer en contact avec Elisabeth Nettebeck, la présidente du comité culturel. Elle n'avait pas compris non plus, pourquoi l'administration avait l'intention de faire réaliser le projet de l'architecte Fritz Bornemann de Berlin. La raison de ce revirement de la direction était le souci que les frais pour mon projet d'un foyer immense soient beaucoup plus élevés que celles du projet de Bornemann. Finalement, Bornemann et moi avons eu l'ordre de faire une estimation des coûts selon DIN 276. Pour la dernière révision de l'estimation, je suis parti pour Norderney. - J'y ai fait la connaissance d'Anita Lange - nous nous sommes fiancés peu après pour nous marier en 1956.

En travaillant sur l'estimation des coûts, j'ai considérablement modifié le projet: d'un théâtre à trois balcons à un théâtre à deux balcons. Le bâtiment de dépôt au nord fut supprimé, les dépôts furent intégrés à l'édifice, la scène studio prévue à l'origine changée en «Petite Maison» (Kleines Haus), j'avais placé les vestiaires des artistes ainsi que les bureaux de l'administration directement derrière la façade principale. Enfin bref, pour réduire les frais, un nouveau projet vit le jour. Ce qu'il restait encore de l'ancien projet, c'était la silhouette urbaine. Et puis, la façade en verre pudiquement couverte avec des ailes métalliques s'est développée peu à peu en un foyer entièrement vitré et ouvert vers la ville - comme Mies van der Rohe l'avait projeté pour le théâtre de Mannheim en 1953.

Vous avez rencontré Mies van der Rohe dans les années 1960 à Chicago. Il vous a expliqué pourquoi son projet à Mannheim n'avait pas été réalisé?

L'échec de Mies s'explique par deux problèmes: les spectateurs de théâtre élégamment habillés craignaient de se sentir exposés derrière la façade en verre transparente dans le théâtre tout illuminé: les dames et messieurs ne voulaient pas se «retrouver dans la rue» dans leur tenue de soirée. Ce conflit existait aussi à Gelsenkirchen. Je devais prévoir des rails de fixation d'un rideau pour l'immense façade en verre au foyer, afin de pouvoir réagir vite si jamais les visiteurs se sentaient exposés. Ceci n'est toutefois jamais arrivé. Mies avait également proposé un rideau qui a été refusé. La bureaucratie allemande beaucoup plus conventionnelle que les passations de marchés et les phases d'exécution explique aussi cet échec. Mies m'a dit qu'il n'avait aucune idée ce qu'était une estimation du coût selon DIN 276. «Ici je passe mes ordres souvent par téléphone. Je connais le prix d'une façade et mes maîtres d'ouvrage me font confiance.»

Le fait que Mies n'habitait pas sur place a certainement été décisif pour l'échec du projet de Mannheim. J'ai déménagé à Gelsenkirchen pour vivre et travailler dans l'ancienne caserne de pompiers tout près du chantier - ainsi je pouvais toujours traiter directement avec tous les participants.

L'idée centrale de la façade entièrement vitrée c'est d'ouvrir le foyer de théâtre vers la ville et c'est vice versa le foyer de théâtre en tant qu'un prolongement urbain...

Lorsque le foyer du théâtre de Gelsenkirchen est illuminé c'est - vu de la ville - le spectateur même qui devient un acteur. Grâce à l'intégration de l'intérieur et de l'extérieur, les passants sont invités à participer, des seuils d'inhibition sont abaissés et le théâtre devient un élément de la vie urbaine.
La relation de la scène et de la salle dans la «Grande maison» (Großes Haus) est encore conçue de façon relativement classique bien que le vis-à-vis entre spectateurs et acteurs fixé par la construction soit estompé par la réalisation noire des murs et plafonds. Ainsi naît - au moins de façon visuelle - la sensation d'avoir une pièce uniforme. Des efforts entrepris pour réaliser une ouverture plus étendue ont échoué à cause de la vielle réglementation incendie.

A la «Petite Maison» je pouvais poursuivre l'idée d'un «théâtre comme atelier scénique»: le foyer, les sièges et les surfaces de jeu se confondent. Grâce à une disposition variable de sièges, toutes les situations de jeu peuvent être créées - telles que le théâtre de l'arène, le théâtre de l'espace, le théâtre de scène perspectiviste (en forme de boite optique) et le théâtre de scènes multiples.

En construisant ces bâtiments vous avez pu pratiquer l'intégration des arts plastiques d'une façon conséquente...

A Gelsenkirchen, j'ai eu, en tant qu'architecte compétent et responsable, l'occasion de mettre en œuvre l'idée de l'architecture comme «mère des arts». J'ai intégré des artistes comme des «experts de l'esthétique» au même titre que les experts pour les métiers techniques tels que la statique, le chauffage ou la ventilation. Dans notre «Bauhütte» située dans l'ancienne caserne de pompiers nous avons réalisé notre idéal: la réalisation du chantier commun avec des techniciens et des artistes. Le terme «Bauhütte» évoque les loges des bâtisseurs de cathédrales au Moyen Age ainsi que les ateliers du Bauhaus.
Des idées de Martin Heidegger exprimées lors d'une conférence en 1951 à Darmstadt me préoccupaient toujours: «la condition humaine implique être au monde en tant que mortel, implique: y habiter (…) Le sens même de la construction, à savoir, le logement tombe dans l'oubli.»[1] Bâtir signifie habiter - et vice-versa. Chaque architecte devrait comprendre cela!

Notre Bauhütte se distinguait par la force vivante du chantier de théâtre en forme d'atelier; on y créait des espaces pour les arts dramatiques. Nous voulions aussi faire découvrir aux spectateurs la qualité visuelle et scénique des salles. Yves Klein qui aimait bien agir en tant «qu'acteur» et qui adorait de se mettre en scène a bien su profiter de la possibilité de se présenter: pensez aux photos qu'il a fait prendre de lui-même, par exemple comme chef d'orchestre dans une salle vide, ou bien aux prises de vues[2] [cinématographique].

A côté de Norbert Kricke et d'Yves Klein d'autres comme Paul Dierkes, Jean Tinguely et Robert Adams coopéraient. Comment ce choix s'est-il fait?

Après la pose de la première pierre, j'ai intensifié la recherche de compagnons pour l'esthétique. La collaboration de Kricke était d'emblée certaine pour moi. En mars 1957, Anita et moi avons visité un vernissage de son exposition à la galerie Iris Clert à Paris. La galeriste nous a présenté un jeune peintre, Yves Klein - et sa fiancée, l'architecte Bernadette Allain. Yves nous a montré ses œuvres qui étaient

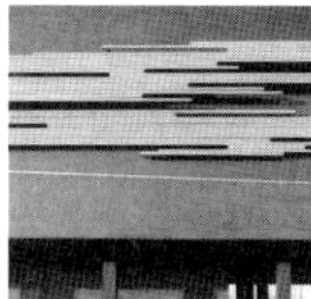

accrochées dans une petite pièce à l'arrière: c'étaient des petites tablettes monochromes de couleurs différentes. Cela m'a amusé tout de suite. C'était un artiste qui pensait de la même façon que moi! L'idée d'Yves de renoncer dans un tableau aux formes et à la polychromie correspondait à mes idées de libérer l'architecture de théâtre de ses éléments matériels tels que les poutres, le proscenium [l'avant-scène], les murs et la polychromie pour ainsi gagner une salle vide pour les arts dramatiques. Le lendemain nous lui avons rendu visite dans son atelier. J'ai invité Yves à collaborer avec moi à Gelsenkirchen et je lui ai montré une image de la maquette du théâtre au cahier de la pose de la première pierre. Je lui ai proposé de réaliser les deux parties latérales du foyer principal de façon monochrome - tout en favorisant déjà la couleur bleue[3]. Yves en était ravi. Nous avons acheté un monochrome bleu et Yves nous a fait cadeau d'un monochrome jaune pour ensuite signer les deux au verso. Lorsqu'il est venu nous voir, en été 1957, à Gelsenkirchen, il était fasciné par les étendues du chantier et des surfaces lui étant réservées. Il annonça avec exubérance: «Si je peux réaliser ce travail je vous offrirai dix monochromes, chacun de 2,8 x 1,50 mètres. Cela va devenir le foyer du siècle.»

La coopération d'Yves était-elle déjà confirmée par la ville à ce moment-là?

Non! Début avril, j'ai demandé à Elisabeth Nettebeck la permission d'attribuer un contrat direct à Yves et à Kricke. Elle m'a répondu après quelques jours de réflexion: «Nous ne pouvons pas négliger les artistes de Gelsenkirchen! D'autant plus qu'il y a la colonie d'artistes Halfmannshof. Nous devons organiser un concours d'idées. Veillez à ce que le jury comprenne votre architecture - et on va y arriver.» Et c'est ainsi que cela s'est fait: un jury qui votait dans le sens de

l'architecture et auquel j'appartenais aussi a décidé le concours en octobre 1957 - et j'ai pu commencer à travailler avec mon équipe préférée.

Robert Adams a créé finalement le grand relief dans le hall de caisses, Kricke a developpé les colonnes d'eau (non réalisées) et le relief en acier au mur extérieur de la «Petite Maison»(Kleines Haus), Klein a créé les murs latéraux et frontaux et Dierkes a réalisé les reliefs au mur circulaire de l'auditorium. Jean Tinguely nous a rejoint plus tard: Yves qui ne parlait pas un mot d'allemand l'avait invité au début en tant que traducteur. Mais les idées artistiques de Tinguely convenaient très bien à la «Petite Maison» - il y a créé des plastiques mobiles irréguliers de forme plane qui correspondent avec les situations de jeu changeantes.

Au milieu d'un pays du miracle économique des années 1950 vous réussissez à imposer de la monochromie au lieu des tables de forme rognon? Comment avez-vous convaincu l'administration et les citoyens?

L'atmosphère politique à Gelsenkirchen était plus ouverte qu'à Münster, où notre théâtre était partiellement perçu comme un affront contre la ville historique. Mais à Gelsenkirchen il y avait bien évidemment aussi des discussions. Je dois beaucoup à la présidente du comité culturel, Elisabeth Nettebeck qui me soutenait avec une confiance ferme et avec beaucoup de compréhension quant à la conception artistique générale. Ses visites au chantier sont inoubliables. Il était important pour moi de lui montrer la situation des espaces sur place. Mais Mme Nettebeck était gravement handicapée. Alors que faire? Mes deux collègues Fero Freymark et Reinhard Pietrowski lui avaient construit un brancard, dans lequel nous la portions à travers le chantier, avec une vieille chaise et de quelques tuyaux en fer.

Il y avait aussi d'autres conseillers municipaux ainsi que des dirigeants syndicalistes qui nous encourageaient.
- Imposer les tableaux monochromes a été très difficile. La monochromie était ennuyeuse d'après quelques politiciens et fonctionnaires tandis que la couleur bleue n'était pas assez festive à leur goût. Le conseiller municipal et président du comité de sport, Willi Müller connu à Gelsenkirchen et bien enraciné dans le milieu ouvrier a été décisif pour le choix de la couleur. Il raconta à la commission de construction du théâtre l'histoire du velours bleu qu'il avait offert à sa femme pour qu'elle s'en couse une robe de soirée. Et lors de leur prochaine visite au théâtre toutes les dames et tous les messieurs - ainsi que ceux de la bonne société - se sont tournés vers elle. Il demandait: «Mais qu'est-ce qu'ils regardent? Quelque chose ne va pas avec la robe?» Il a demandé à sa femme de faire quelques pas en avant et il s'est aperçu que le bleu chatoyait de mille nuances et coloris différents, ce n'était pas qu'un simple bleu mais un bleu splendide et lumineux. Ainsi fut levé le ban.

D'accord Willi, si c'est ça à quoi tu penses, Ruhnau doit avoir son bleu. Jusqu'à ce moment-là, une maquette d'Yves en rouge pompéien avait aussi été en discussion. Et puis, nous avions songé quelque temps à laisser les reliefs d'éponge en couleur blanche. Enfin tout est devenu bleu après la déclaration de la «révolution bleue» et la fondation du «partie des patriotes bleus».

Mais même après l'intervention de Willi Müller, la discussion n'a pas été entièrement close: lorsqu'on m'a reproché d'être daltonien pour le fait d'avoir réduit le choix des couleurs sur du gris, du bleu et du blanc j'ai consulté le professeur Debus de Stuttgart, un conseiller en couleur. Heureusement il a compris tout de suite mon intention et il m'a défendu devant la commission de construction du théâtre.

Vous avec vécu et travaillé en commun avec la famille et avec de nombreux amis, artistes et collaborateurs dans l'ancienne caserne de pompiers mise à votre disposition par la ville. La situation spatiale, comment était elle?

L'ancienne caserne de pompiers abritait mon bureau d'étude avec un secrétariat, une grande pièce pour dessiner et puis quelques petits bureaux, l'appartement de trois pièces et seulement une douche. Ici vivaient Anita, notre fils Philip, né en 1958 et moi-même, mais aussi Paul Dierkes et souvent Yves en compagnie et bien d'autres visiteurs comme Jean Tinguely, Robert Adams, Martial Raysse, Piero Manzoni et Iris Clert. Quelques collaborateurs, dont Franz Krause, vivaient dans les maisons limitrophes. Il y avait en outre, sur le chantier qui était éloigné d'environ 100 mètres une cave avec un atelier où Yves et moi expérimentions. Sur le terrain du chantier se trouvait la caravane de Paul Dierkes - ici ses étudiant logeaient et faisaient la fête. Cette «caravane d'amour» devint la pomme de discorde pour les citoyens…tout comme le drapeau Nivea que nous avions hissé à l'ancienne caserne de pompiers après que [le club de football] Schalke 04 avait remporté son titre de champion d'Allemagne. En tant qu'artistes nous nous sentions comme des êtres extraterritoriaux et nous nous donnions nos propres règles. Anita travaillait au bureau, représentait et recevait - elle se chargeait des préparations énormes pour des petits-déjeuners, des déjeuners et des dîners. L'équipement très simple fit que nous avons conclu un contrat qui réglait notre vie ainsi que notre travail en commun. En octobre 1958, notre fils Moritz est né dans ce «chaudron de sorcières».

Il s'agissait d'une atmosphère d'atelier inspiratrice et créative puisque le chantier de théâtre représentait pour tous les participants notre studio commun.

Nous y trouvions ensemble pour Yves des matériaux comme des grilles en métal et des barres d'armatures qui servaient finalement de socle pour les sculptures éponge. Il y avait de tout - pas uniquement du matériel mais aussi des ouvriers serviables qui nous assistaient sur place. Des folies merveilleuses agrémentaient nos soirées. Nous chantions notre poème «Viens au vide avec moi» d'après la musique «Nasser Asphalt» de Hans Martin Majewski. Nous organisions des courses avec des jouets mécaniques en forme de grenouille, produisions à l'initiative de Franz Krause des «Schüttelbilder», rêvions de vivre nus dans des oasis paradisiaques climatisées, fondions avec notre cri de guerre «vive la situation européenne» le partie des patriotes bleus pour ainsi trouver des règles de jeu au jardin d'Eden - libéré de tout cannibalisme - pour une nouvelle société. A côté d'Yves et moi comme chefs de tribu pour la France et l'Allemagne, il y avait comme membres entre autres Anita Ruhnau, Bernadette Allain, Franz Krause, Paul Dierkes, Charles Wilp.

Le sujet sensible du «cannibalisme» avait été abordé pour des raisons concrètes: lors de nos petits-déjeuners l'oldenbourgeois Paul Dierkes adorait manger de la charcuterie. Comme il mangeait alors des animaux «nos frères et sœurs» les cochons, nous l'appelions en blaguant notre «cannibale».
Il faut voir notre façon de vivre et d'agir dans le contexte de l'époque. Les magasins étaient de nouveau remplis de marchandises; il y avait le premier grand «Fresswelle» [excès alimentaire]. La ville était pourtant encore détruite, la pénurie de logements régnait. Nos pièces aux bâtiments destinés à la démolition étaient très convoitées. Il régnait une atmosphère de redressement pleine d'espoir, pratiquement plein emploi, la conjoncture était surchauffée, nous étions heureux, de trouver des entreprises pour les travaux à réaliser. La date pour la pose de la première pierre avait déjà due être avancée pour anticiper des arrêts de travail imminents.

Vous aviez eu pendant la phase des travaux - mis à part des artistes et des visiteurs permanents aussi - de la visite de beaucoup de personnes. Qui en a fait partie?

Parmi les visiteurs il y avait par exemple le compositeur Maurizio Kagel, les galeristes Iris Clert et Alfred Schmela, l'historien d'art Paul Wember, le danseur Sylvano Bussotti et bien d'autres personnes.
La Bauhütte avait une attirance magique pour ceux qui s'intéressaient à l'art, premièrement pour Helmut de Haas, qui était à l'époque le rédacteur en chef au feuilleton du quotidien «Die Welt» à Essen. Il avait créée la notion de Bauhütte et il donnait à nos manifestes et à nos cris de guerre la dernière touche. Charles Wilp était notre reporter d'images.

L'architecte Franz Krause était un membre tout à fait important du Bauhütte, puisqu'il était entièrement artiste. Il portait - à côté de Ernst Kroeber, Winfried Ter Huerne et Karlheinz Schwarzhof une part importante aux planifications de l'aménagement d'intérieur: l'éclairage, les rampes d'escaliers, les chaises rotatives, les fauteuils de théâtre, la couleur des parois dans le foyer etc. - il fallait que tout soit coordonné - aussi avec les œuvres des artistes. Krause faisait partie de «la famille».

Vous avez coopéré de façon intense avec Yves Klein - comment s'est passée cette coopération?

Yves et moi nous avons beaucoup expérimenté dans notre atelier commun à la cave du théâtre. Il existait déjà en mars 1957 de la sympathie entre nous. D'une certaine manière nous nous sommes sentis de la même famille. Sa mère était artiste peintre, comme la mienne - mais nous deux nous nous sommes détachés de leur style artistique. Nous avions tous les deux l'idée de «débroussailler» l'art pour créer des espaces libres. Un tel désir a été aussi compris par la fiancée d'Yves, Bernadette qui était architecte.

Nos titres de travail étaient «la Climatisation de l'espace», «la surextension bleue», «le vide», «l'immatérialisation» (Yves avait repris ce dernier terme de moi, d'abord il parlait de la «dématérialisation»)[4]. Grâce à notre coopération nous avons surmonté la problématique des arts particuliers en réalisant un bâtiment. Yves s'exaltait du «dépassement de la problématique de l'art![5]»

Vous avez collaboré entre autres dans les reliefs éponges et dans les panneaux monochromes...

Oui! Parallèlement au concours d'artistes j'avais commencé avec Yves Klein à concevoir des reliefs éponges pour les parois frontales. Je lui ai donné l'idée de créer des reliefs avec ses éponges utilisées comme pinceau. Je lui ai présenté en juin 1957 dans la Bauhütte le «principe aléatoire» en laissant tomber par terre des petites éponges. Nous décidions: «les parois frontales pourraient aussi paraître ainsi». Après cela est née la première maquette en blanc de relief éponge, pour des raisons de budget encore avec des éponges coupées. - Tout cela s'est d'abord produit en secret: Kricke voulait promouvoir des reliefs en aluminium de Kurt Neyers pour les parois frontales. J'ai fait en fin de compte usage de mon droit en tant qu'architecte compétent en me décidant en faveur des reliefs d'éponges; cela a abouti à la polémique avec Kricke. Plus tard il m'a raconté qu'il avait détruit par colère une œuvre d'Yves dont il était propriétaire.

Pour les grands reliefs prévus aux murs frontaux nous devions par exemple essayer des combinaisons d'éponges avec des éponges entières ainsi que leurs techniques de durcissement et de coloration. - J'ai convaincu Yves avec quelques efforts de ne pas accrocher les reliefs d'éponges en tant que tapis directement au mur mais de les y monter directement pour ainsi faire partie du bâtiment[6].

C'était aussi valable pour les panneaux?

Oui. Nous devions d'abord trouver le support idéal, de l'enduit intérieur Rotband sur treillage céramique et non pas sur métal déployé, comme Yves l'avait prévu. J'ai jeté spontanément des cailloux sur les ondulations fraîchement enduites par des ouvriers qui travaillaient le stuc - les cratères cosmiques qui en ont résulté nous ont fasciné immédiatement. Nous avons été observés par mon conducteur de travaux supérieur qui courait à la Bauhütte en secouant la tête: «Mes chers amis», disait il à mes collaborateurs, « les deux sont devenus entièrement fous maintenant! Ils jettent des cailloux dans l'enduit frais!» Ainsi est née la structure superficielle réfractaire des œuvres[7]. Plus tard, Yves a continué à travailler avec ces structures et cratères dans ses «séries cosmiques». Puis, vint le monochromie bleu…

Le fameux «bleu de Gelsenkirchen» n'est pas identique au soi-disant «IKB» (International Klein Blue)…

Non! Les travaux aux grands foyers n'auraient simplement pas pu être réalisés avec le mystérieux mélange d'Yves - un mélange liant-pigment sur la base d'alcool et d'acétone. La couleur s'évaporait en arrosant; une partie infime de la couleur arrivait sur la surface en enduit - cette partie résiduelle avait largement perdu son effet chromatique et sa propriété d'adhésivité. Ainsi, aucune luminosité ne pouvait être obtenue. Nous étions en outre pour ainsi dire ivres des vapeurs toxiques. De plus, le mélange était très inflammable - «classe de danger A 1». Nous avons alors développé, en commun avec Ernst Oberhoff, conférencier à la Werkkunstschule Wuppertal, le bleu de Gelsenkirchen[8]: du pigment ultramarin allemand avec du liant Caparol soluble dans l'eau. Après l'achèvement de toutes les expériences et travaux préparatoires, l'entreprise de peinture Graafmann[9] a arrosé la couleur sur les panneaux et sur les reliefs éponges. - Cela m'a attiré d'ailleurs beaucoup de désagréments avec la ville: le mélange légendaire et mystérieux avec le soi-disant «medium» qu' Yves avait présenté à la commission de la construction du théâtre n'était pas utilisable? Une délégation irritée m'a rendu visite sur le chantier: «Monsieur Ruhnau, qu'est-ce ça veut dire? Nous avons accordé à Monsieur Klein le prix élevé pour ses tableaux à cause de cette précieuse couleur parisienne et maintenant c'est un maître artisan peintre qui arrose une couleur ultramarine allemande tout à fait normale?» Cela m'a coûté un grand effort pour apaiser les esprits - Ces dernières décennies, le bruit court dans le monde d'art que le bleu «IKB» avait été breveté. C'est faux comme l'INPI (l'Institut National de la Propriété Industrielle) l'a confirmé au musée de Wiesbaden![10]

Toutes ces décisions communes concernant le support, la structure, la matière collante, le liant, la couleur etc. représentent le processus de création artistique proprement dit: ces décisions déterminent la qualité visuelle et tactile, donc l'effet artistique des œuvres. Pour cela nous avions l'intention de signer en commun nos travaux du foyer. Mais cela a été oublié dans le tumulte général. - Toutefois, nous avons conclu un accord vers la fin de l'année 1957, début de l'année 1958: Yves avait signé de façon arbitraire mon plan de construction du foyer[11] pour l'offrir[12] finalement à M. Breuer, inspecteur en bâtiment et chef du service de construction à Gelsenkirchen. Après cela, nous avons décidé que chacun de nous deux pouvait produire et signer lui-même les œuvres que nous avions développées en commun à Gelsenkirchen.

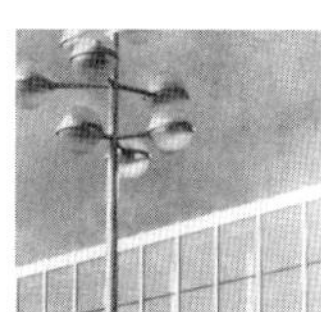

L'architecture de l'air était un autre projet commun avec Yves…

Très tôt, je m'étais penché sur des sujets tel que le climat, l'homme et l'environnement: d'abord en tant que plaisancier, puis par mon intérêt pour la médecine et puis en tant qu'architecte. Au 19ème siècle, des urbanistes créaient déjà des passages couverts indépendants du temps en couvrant des rues et des places; un équilibre climatique entre zones urbaines extérieures et intérieures. Le concept de Buckminster Fuller de couvrir entièrement un quartier urbain est un exemple tardif de ces tentatives.

Les murs ne sont pas transparents; des fenêtres ont une transparence limitée. Ma façade du théâtre de Gelsenkirchen entièrement vitrée crée un lien optique entre l'intérieur et l'extérieur - mais uniquement la nuit lorsque le foyer est éclairé. Pendant la journée, et lorsque l'espace intérieur n'est pas éclairé, il se produit un effet miroir. La vitre devient une «paroi miroir» de couleur blanche: on y voit des reflets de nuages et de maisons et non pas l'espace intérieur.

Cela nous a mené à nos idées d'une architecture de l'air[13]tout d'abord au moyen de murs et de toits d'air[14]. A l'époque, il y avait dans les grands magasins des portes d'air. Nous rêvions d'oasis climatisées. J'ai conçu les premières esquisses de toits d'air et de murs de feu sur pièce d'eau. J'avais commandé auprès de la société Küppersbusch des maquettes d'un mur de feu, d'une colonne de feu et des buses d'air pour un toit d'air. Nous avons expérimenté avec des flux d'air qui détournaient et jetaient l'eau au loin de façon horizontale. Les mécaniques des fluides n'étaient pas suffisamment élaborées pour être employées sur les façades principales des théâtres. Ainsi nous avons décidé de les réserver pour notre «café de feu-d'eau-d'air» sur la place devant le théâtre [de Gelsenkirchen].

Plus tard, Yves copia mes dessins sur l'architecture de l'air pour les faire ensuite breveter à Paris. Contrairement aux affirmations de ses héritiers, il est exclu qu'Yves ait effectivement reçu un brevet. L'office de brevets allemand m'a refusé un brevet le 30 juin 1960 en renvoyant à un brevet français de 1932 et à un brevet allemand de 1928[15].

Cette technique aurait-elle été effectivement réalisable?

Non! Le bruit énorme causé par les becs et les coûts d'énergie posaient des problèmes. Mon projet de la Stiftsruine à Bad Hersfeld n'a par conséquent pas été réalisé. En 1959/1960 j'en ai discuté avec le professeur Leo Brandt de l'office de la recherche (du land de Rhénanie du Nord Westphalie) à Düsseldorf. L'information obtenue fut claire: ces techniques d'une architecture de l'air ne sont pas réalisables. A partir de 1960, j'ai poursuivi une autre approche pour la protection contre les intempéries: la «traite» de nuages au moyen de fusées contenant du iodure d'argent.

Yves n'a pas voulu admettre ces frontières techniques. Après que nous nous soyons disputés sur ce sujet, Yves, en collaboration avec l'architecte Claude Parent fit circuler au début des années 1960 des présentations peu réalistes basées sur mes dessins. Ses fantaisies des corps qui planent dans les oasis climatisées sur des flux d'air, sont une absurdité: ils éclateraient sous la pression élevée! Nos discussions, si la terre était une boule ou bien un disque avaient également un caractère absurde…

L'architecture de l'air a régulièrement été un sujet ces dernières années. En 2005, il y eut une exposition intitulée «Yves Klein, Air architecture» au MAK Center for Art and Architecture à Los Angeles. Cette exposition a été également présentée en 2006 à la MAK-Galerie à Vienne…

Déjà le titre est trompeur: «Yves Klein. Air architecture», un tel titre laisse suggérer que Yves en était l'unique inventeur. Mon nom en tant qu'auteur des premiers projets est masqué. Bien qu'Yves n'ait pas participé à mes projets pour la Stiftsruine Bad Hersfeld, je l'ai cité sur sa demande en tant que coauteur de l'idée de l'architecture de l'air[16]. Je n'avais rien contre non plus, lorsqu'il a copié mes dessins pour ensuite les emmener à l'office des brevets à Paris. Nous avions bien convenue de pouvoir signer les œuvres de l'autre. - des représentations qui dépeignent Yves comme l'unique auteur sont de fait incorrectes! Cela s'est produit dans le catalogue du MAK Center mais aussi dans le catalogue du Centre Pompidou de 2006: il y est par exemple publié sans commentaire critique le «manifeste de l'hôtel de Chelsea» de 1961. Yves se proclame dans son manifeste comme l'unique inventeur (entre autres) de l'architecture de l'air.

L'histoire de notre coopération et de nos qualités d'auteur commun est également niée, lorsque les héritiers d'Yves font, par exemple, supprimer, lors d'une exposition au musée Yves Klein à Nice, son nom du «Temple des Eléments» - ou inversement lorsqu'ils taisent mon nom sur le mur de feu sur le toit du musée ou bien dans les œuvres de Gelsenkirchen.

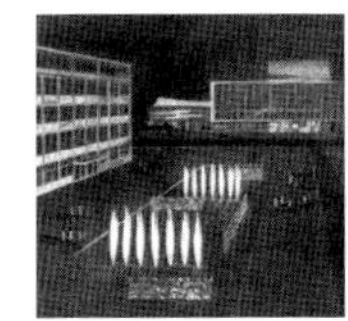

Vous avez développé les «murs de feu» pour le «Temple des Eléments» et pour la place devant le théâtre [de Gelsenkirchen]. Comment cela devait ressortir?

Nous avons projeté un «Feuer-Wasser-Luft-Café» protégé par des toits d'air, des murs et des fontaines de feu conçus par Yves et moi - et des colonnes d'eau de Norbert Kricke. A l'époque, des «sculptures de feu» existaient déjà en masse à Gelsenkirchen. Quand on s'approchait sur la route nationale du nord de la ville le ciel était tout rouge - comme une mer de lumières impressionnante composée d'ampoules des raffineries, des éruptions rouges des hauts-fourneaux et des feux des nombreuses torches de brûlage. Gelsenkirchen était jadis la «cité des 1000 feux». Aujourd'hui, ils sont tous éteints. En revanche, la ville s'appelle maintenant «la cité des 1000 soleils» en faisant référence à l'industrie solaire qui s'y est établie au cours du changement structurel.

Le «Feuer-Wasser-Luft-Café» devait créer une liaison entre le théâtre et le Hans-Sachs-Haus pour ainsi enrichir la vie urbaine…

Oui, nous avions eu l'intention d'étendre le jeu théâtral de la scène et du foyer jusqu'à la place devant le théâtre avec les citoyens. Toute la ville devait jouer.

Pour l'ouverture du théâtre, en décembre 1959, nous prévoyions une grande fête avec et pour les citoyens, mise en scène par le compositeur Rainer Riehn, le critique musical Heinz-Klaus Metzger, Claus Bremer et moi-même. Je devrais y participer avec Yves pour des jeux de feu et de l'air, John Cage pour la musique, Sylvano Bussotti pour la danse et Nam June Paik pour des jeux de lumière. Finalement, cela ne s'est pas réalisé et il y a eu lieu une fête d'ouverture conventionnelle. Yves a d'ailleurs conçu la robe de fête d'Anita en satin duchesse rosé, coordonnée avec les tons des panneaux bleus au foyer.

D'autres projets de vous et d'Yves Klein s'appelaient le «Théâtre du vide» et «L'école de la sensibilité»…

Le «Théâtre du vide» devait avoir sa première au Petit théâtre (Kleines Haus). Lorsque le rideau s'ouvre, les spectateurs ne voient qu'une scène vide et entendent de la musique monotone…

«L'école de la sensibilité» représentait pour nous un prolongement de nos idées développées à la Bauhütte[17]. Cette école devait naître dans l'arrière-pays de Nice et unir tous les secteurs des arts et de la vie. Nous l'avions conçue en complément aux écoles nationales conventionnelles: un laboratoire non structuré sans programme d'études et sans examens avec des professeurs comme Frei Otto, John Cage, nos artistes de la Bauhütte et d'autres. Afin d'éviter une institutionnalisation, nous avions prévu de fermer notre école au bout de dix ans. Pour l'aménagement du bâtiment nous avions mis de côté au chantier du théâtre des éponges, du treillage céramique, des pigments, du liant et des cailloux. Après la mort d'Yves, en 1962, sa veuve Rotraut Klein et le galeriste Alfred Schmela ont voulu acheter ses matériaux. Anita et moi avons refusé.

Conformément à la durée de la vie prévue notre école, j'ai commencé dix ans après la mort d'Yves à créer des objets visant à commémorer notre coopération et de nos projets communs à partir de ces matériaux authentiques. J'ai publié, exposé, offert et vendu ces objets.[18]

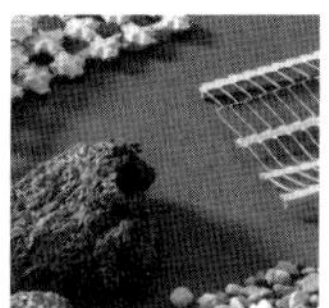

Vous l'avez mentionné, il y a des conflits avec les héritiers d'Yves. Quel est le point majeur du litige, d'après vous?

Rotraut Klein-Moquay et son mari, Daniel Moquay ne reconnaissent pas ma qualité de coauteur des œuvres datant du temps de la Bauhütte. Ils nient l'histoire de notre coopération et sa grande importance pour l'œuvre ultérieure d'Yves. Les combinaisons d'éponges et les reliefs éponges, le Bleu de Gelsenkirchen, les Anthropométries, les Cosmogonies et les Sculptures de Feu mais aussi des termes comme «Le développement de l'art vers l'immatériel» ou bien «La climatisation de l'espace» sont tous des projets et des travaux d'Yves qui ont été inspirés aussi par moi et par notre temps passé en commun à la Bauhütte.

En 1976, par exemple eut lieu une exposition à la Neue Nationalgalerie de Berlin. Elle avait pour deuxième étape la Kunsthalle de Düsseldorf. Le directeur du musée berlinois Dieter Honisch avait l'intention de me charger de la présentation du compartiment «Gelsenkirchen». Cela ne s'est pas fait, puisque Rotraut avait menacé de retirer ses prêts au cas où je participais. Elle a prétendu que j'allais fournir des objets et des informations «non authentiques». La galerie Denise Renée / Hans Mayer organisa sur ce une belle présentation «Yves Klein /Werner Ruhnau» qui complétait l'exposition à la Kunsthalle par la représentation de la phase à la Bauhütte - une phase si importante pour Yves. Le critique d'art Heiner Stachelhaus publia le catalogue «Yves Klein - Werner Ruhnau». Il s'y trouve pour la première fois éditée la correspondance avec Yves ainsi que le texte authentique de la «Schule der Sensibilität» et les plans de l'architecture de l'air. Rotraut voulut faire fermer l'exposition chez Hans Mayer mais elle échoua puisque son propre avocat ayant concédé ma qualité de coauteur.

Malheureusement, ce type de conflits, y compris juridiques, persiste jusqu'à aujourd'hui. Un problème est que Rotraut ne connaît pas entièrement la phase de Gelsenkirchen. Yves était fiancé à l'architecte Bernadette Allain pendant la phase creuse de planification et d'expérimentation de mars 1957 jusqu'à l'été 1958. Rotraut est venue seulement vers la fin de l'année 1958 lors de la phase de réalisation, et elle n'était qu'occasionnellement sur le chantier. Elle n'a même pas été invitée à l'ouverture des théâtres - Yves y est plutôt venu accompagné de sa mère et de sa tante. Le manque de connaissance de nos planifications et de nos expérimentations à Gelsenkirchen a conduit Rotraut à des erreurs d'évaluation et a provoqué ainsi nos conflits[19].

A cet égard, les expressions propres d'Yves Klein sont intéressantes…

Oui! Notre coopération étroite - déjà fixée au contrat[20] avec la ville de Gelsenkirchen ressort indubitablement des écrits et des lettres[21] d'Yves. La correspondance entre Yves et moi est reproduite en partie dans le livre de Heiner Stachelhaus. Le Musée de Wiesbaden a publié en 2004 la correspondance intégrale et avec une nouvelle traduction au catalogue de l'exposition «Wie das Gelsenkirchener Blau auf Yves Klein kam» [Comment le bleu de Gelsenkirchen est venu à Yves Klein].

Comment ont évolué les choses pour vous après l'ouverture du théâtre?

Aucun projet de construction n'était en vue. Je n'avais pas la vie facile avec la ville (la municipalité de Gelsenkirchen) comme quelques décideurs et faiseurs d'opinion m'en voulaient toujours pour le conflit autour du Bleu de Gelsenkirchen et des reliefs[22] pas entièrement couverts d'éponges. Pour

couronner le tout, il est paru en 1960 un rapport sur les Anthropométries d'Yves dans l'hebdomadaire allemand «Stern». Les Anthropométries représentaient à l'époque une source de conflit, ils étaient considérés comme de la «pornographie»; le rapport du «Stern a circulé autour de la table des réunions du Conseil. On m'imputa aussi ce «scandale».

Les rapports sur le «palais de rêve de Gelsenkirchen» publiés dans la presse mondiale offraient un heureux contraste. Des visiteurs sont venus de partout, je faisais beaucoup de conférences, bref: c'était un va-et-vient très animé dans les grandes pièces de notre nouveau domicile à la Husemannstraße. L'artiste Otto Piene y a montré son premier ballet de lumières et Ferdinand Kriwet y a fait des exposés. J'ai été personnellement emballé par Christo dans l'atelier de Charles Wilp à Düsseldorf. Mais tout cela n'apportait pas de commandes. Anita s'est fait prêter une fois 300 marks chez des amis tandis que j'étais obligé de réclamer le restant de mes honoraires auprès de la ville de Gelsenkirchen par l'intermédiaire d'un tribunal arbitraire.

L'écho international sur les théâtres de Gelsenkirchen a été véritablement impressionnant. A l'occasion de la nouvelle construction du Théâtre national britannique, Sir Laurence Olivier vous a invité à Londres pour un entretien de planification. Les membres de la maison royale britannique, Lord et Lady Harewood, vous ont rendu visite dans l'ancienne caserne de pompiers. Et en 1963, Victor Glasstone commentait dans le film de la BBC diffusé dans tous les pays du Commonwealth: «The most successfull building I know anywhere in the world»...

L'avant-garde internationale estimait ma façon de comprendre l'architecture et le climat, l'intégration des différents arts et le dépassement de la problématique des arts en bâtissant.
Le département culturel du ministère des affaires

étrangères, en la personne de Dr. Dieter Sattler a soutenu l'exposition «German Theater Today» à New York et a pris en charge mes frais de voyage. Pepsi Cola a réglé les frais de mon séjour et du transport des modèles. Le German Information Center me «faisait passer» aux Etats Unis et établissait des contacts avec des universités. C'est ainsi que je fut invité à la Columbia University à la conférence «Transition: From material to immaterial architecture». C'était au printemps 1961 - bien avant le film de la BBC. Cette exposition a eu un succès éclatant. Gustav Gründgens interprétait le Méphisto au New York City Theater, l'attention de la presse pour le théâtre de Gelsenkirchen et aussi pour ma personne était énorme. Il y avait constamment des fêtes au sein de la «Snobiety» new-yorkaise.

Quelques contacts ont été maintenus; le professeur d'architecture à la Columbia University, James Marston Fitch nous a rendu visite à Gelsenkirchen en 1966 et y a fait un exposé au sujet de «Environmental Design»

Revenons encore sur la situation du carnet de commandes: quels étaient vos prochains projets de construction?

J'ai eu la première commande en 1960 - c'était une maison pour mon beau-frère Bartold von Gadenstedt à Volkersheim. J'étais obligé de faire la planification et la direction des travaux, assisté d'un seul apprenti.

A partir de 1961, arriva enfin «la prospérité» - arrangée par la famille d'Anita. J'ai construit la cité à Lechenich de plus de 100 maisons individuelles avec atriums et quelques 60 ou 70 appartements construits sur des étages multiples. Mon bureau d'étude s'est ainsi agrandi et cela m'a permis d'aller à Canada au milieu des années 1960.

Podienklavier - Histoire et concept

Dès 1958/59 vous avez conçu des «Podienklaviere» afin de créer des espaces à géométrie variable pour les spectacles vivants. Votre invention s'inscrit dans une évolution historique de l'architecture théâtrale, des espaces scéniques, des Arts et des formes de société. Qu'est-ce qui à l'époque était révolutionnaire?

Premièrement, en ce qui concerne l'architecture théâtrale: le terme grec «Thea» signifie la «perspective», le «Theatron» est le lieu de représentation pour les spectateurs. À l'origine, la bonne visibilité de ce qui se déroulait sur scène fut obtenue en jouant dans une vallée encaissée. La pente de cette vallée constituait en quelque sorte des «gradins naturels». Les personnes installées à l'arrière pouvaient regarder par dessus les personnes placées devant elles. Sous le toit ouvert du ciel, dans cette pièce de réunion pré-architecturale, les éléments naturels tels que la position du soleil pour «l'éclairage» ou la direction du vent pour l'acoustique jouaient eux aussi un rôle dans la pièce.

Au fil du temps, les Grecs perfectionnèrent la situation naturelle par des mesures architecturales. C'est ainsi que les amphithéâtres virent le jour sous forme de «vallées artificielles encaissées». Les spectateurs pouvaient contempler les Dieux que les poètes antiques avaient fait «redescendre sur scène» et assister à la mise en scène de leurs conflits tels que l'amour, le pouvoir, le combat et la mort.

Les artistes de l'époque moderne entreprirent une redéfinition de ce rapport figé entre la scène et le spectateur: les représentations de théâtre classique ne sont qu'une variante du spectacle vivant! Cette découverte importante me fut révélée par Claus Bremer à Munster. En 1911, Adolphe Appia et Heinrich Tessenow créèrent à Hellerau un espace scénique qui ne séparait plus la scène et la salle. Des caisses de 16 centimètres de haut et d'un volume d'un mètre carré, les «praticables», permirent de créer différentes topographies de la scène et de la salle.

Mon Podienklavier pour Düsseldorf et Bonn est un perfectionnement de ce principe. L'empilage contraignant des caisses à Hellerau est remplacé par un système de levage hydraulique d'éléments d'assise mobiles verticalement d'un mètre carré de volume. Ainsi, chaque siège peut être déplacé à la verticale afin de créer chaque topographie et chaque affectation souhaitées des sièges par rapport aux espaces scéniques. J'ai perpétué l'idée d'Erwin Piscator et de Walter Gropius de concevoir le théâtre comme un «piano de la lumière et de l'espace», perfectionnant l'idée de cette géométrie variable entre les acteurs et les spectateurs recherchée par les hommes de théâtre.

Comment cette thématique était-elle perçue, au début des années 1960, dans les cercles initiés?

Cette thématique suscita de vives discussions lors des rencontres de l'Institut International du Théâtre (ITI). L'ITI jouait un rôle important pour moi - ne serait-ce que du fait qu'une polémique intellectuelle constante m'opposait à Walter Unruh, le nouveau fondateur de la Deutsche Theatertechnische Gesellschaft. Unruh était un homme très cultivé, réfléchi, sympathique, mais qui s'était toutefois engagé, en 1935, lors du Congrès Volta à Rome, pour l'idée d'un retour à une «culture théâtrale allemande» prônée par le «Führer». Ce faisant, il prenait justement partie contre les idées de Gropius et Piscator que je défendis moi-même plus tard! En 1960, lors du premier grand congrès international de l'ITI d'après-guerre à Berlin, qui se déroula en présence de l'Union Internationale des Architectes (UIA), tous les hommes de théâtre importants et les architectes célèbres tels que Clemens Holzmeister, Sven Markelius,

Philip Johnson se réunirent. Et - permettez-moi de faire l'éloge de ma propre personne, moi, en tant que jeune architecte, ai été le seul à aborder le fait que la question du proscenium, cette intersection entre la scène et la salle, passait complètement à côté de sa vocation: le proscenium était à tort transformé en «bouc émissaire»! Le véritable problème du théâtre résidait dans cette manière de penser obsolète qui constituait, comme par le passé, à dissocier le Thea et la Scene, la salle et l'avant-scène, le corps et l'esprit! Si cette manière de penser n'évoluait pas, on en resterait au stade de la représentation théâtrale historique, au modèle figé, et on reléguerait le spectacle vivant au rang de «monument historique». L'avenir du théâtre, disais-je à l'époque, était un spectacle vivant qui ne se contentait pas uniquement de jouer dans, mais avec l'espace! Ceci rendait nécessaire une architecture à géométrie variable.

J'ai réitéré cette idée, dans les années 70 et 80, en l'introduisant dans l'enceinte de l'Organisation Internationale des Scénographes, Techniciens et Architectes de Théâtre (OISTAT). Lors des concours de l'OISTAT, de jeunes architectes venus du monde entier, en particulier d'Union soviétique, présentèrent des projets de salles de spectacles ouvertes, à géométrie variable!

Podienklaviere réalisés: Francfort, Essen, Oberhausen, Stendal

Est-ce que le Podienklavier a réussi à s'imposer comme instrument spatial pour les spectacles vivants?

Oui! Lors des concours qui se sont déroulés en 1958/59 pour la conception des théâtres de Bonn et Düsseldorf, je l'ai proposé sous forme d'hexagone pour Düsseldorf et de carré pour Bonn.

A peu près à la même époque, le metteur en scène George Izenour conçut un système similaire aux États-Unis pour le Loeb-Theatre à l'Université de Harvard. L'idée de produire mécaniquement des topographies variables y vit donc également le jour quelques mois après.

J'ai réalisé un Podienklavier pour la première fois en 1978 à Francfort. Les directeurs Wilfried Minks et Johannes Schaaf m'avaient invité à transformer le théâtre. Il n'était pas possible d'installer des estrades isolées en raison des marches de béton disposées dans le parquet. J'ai sellé sur les marches des rangées entières de sièges, qui peuvent être soulevées ou baissées à l'aide de plateformes ciseau.

En 1978, Jürgen Sawade réalisa également des rangées de sièges avec plateformes ciseau pour la Schaubühne à Berlin. Lors de la transformation du Théâtre Grillo-Theater à Essen, entre 1986 et 1990, je me suis retrouvé, comme à Francfort, face à un parquet de marches en béton. J'ai construit, au dessus du parquet, un Podienklavier avec des plateaux de deux mètres sur un mètre et avec des pieds réglables manuellement.

Entre 1992 et 1996, j'ai réalisé des estrades en rangées à l'aide de plateformes ciseau dans le théâtre d'Altmark à Stendal. En 2000, un Podienklavier avec technique d'ascenseur spirale inspiré de mes ébauches a été monté dans le Saalbau à Essen. Aujourd'hui, l'idée que j'ai lancée est devenue courante et elle est utilisée partout. Dommage que je ne l'aie pas fait breveter! Le «Totaltheater» de Gropius l'est; il n'a toutefois jamais été construit.

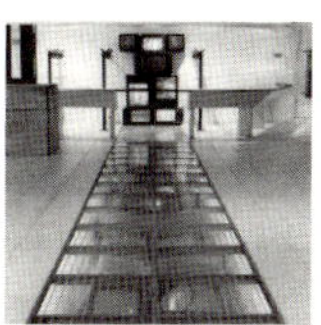

Vous avez coopéré avec des artistes d'art plastique également pour les théâtres d'Essen et de Stendal. Est-ce que vous emploieriez le terme d'«art architectural»? Ou est-ce qu'il s'agissait plutôt d' «architecture artistique»?

Les transitions sont fluides. En règle générale, on se retrouve toutefois face à de l'art architectural. La collaboration avec des artistes est en tout cas indispensable! Si l'on pense de manière intégrée, la construction et l'art sont étroitement imbriqués. Mais c'est précisément là qu'il peut y avoir des conflits: alors que la prestation par exemple du staticien «disparaît dans la construction», de nombreux artistes souhaitent que leurs travaux soient compris et présentés comme des œuvres d'art à part entière et non pas comme des parties intégrantes de la construction. À Gelsenkirchen par exemple, un conflit m'opposa à Kricke: il insistait pour que le relief de Robert Adams, sur le flanc sud de la paroi de la caisse, soit placé à environ dix centimètres du mur. Il serait ainsi devenu une œuvre d'art à part entière, isolée, qui aurait pu être déplacée. Kricke m'en a voulu pendant des années de m'être imposé comme architecte responsable, et d'avoir fait en sorte que le relief se «fonde» avec le bâtiment.

De nombreuses coopérations se sont toutefois déroulées sans accrocs: je n'ai, par exemple, eu aucun problème avec Doris Schöttler-Boll et Monika Günther à Essen. Il en va de même de la coopération avec Leonardo Mosso et VA Wölfl à Stendal. Par contre, un autre problème de fusion entre l'art et l'architecture se présenta ici: les employés du théâtre retirèrent les images noires de VA Wölfl placées au fond du foyer pour y installer des portraits d'acteurs et des photos de leurs productions. À cette occasion, les murs en béton apparents, qui revêtaient un caractère important d'un point de vue artistique, furent irréversiblement

peints en blanc! Même si les images noires avaient été raccrochées, l'ensemble aurait été fortement dénaturé! Le cercueil des médias de VA Wölfl et de Jacob Ruhnau fut toutefois conservé.

Vous avez produit, avec Norbert Kricke, Leonardo Mosso, Adolf Luther, Rupprecht Geiger et d'autres, des multiples, qui, au niveau visuel, fonctionnent comme des objets «autonomes»…

Oui, mais ce sont précisément les objets que nous avons conçus pour la construction. Nous avons signé des contrats pour le tirage; les artistes et moi-même avons perçu respectivement 50 pour cent des recettes.

Forme de société - Forme de théâtre: pièces expérimentales

Vous vous êtes beaucoup engagé, en tant qu'architecte, pour les espaces à géométrie variables et le spectacle vivant. Quelles sont les pièces de théâtre expérimentales qui étaient importantes pour vous dans les années 1960?

En 1959, j'ai conçu un «théâtre du vide» en collaboration avec Yves Klein pour la salle à géométrie variable «Kleine Haus» in Gelsenkirchen. Après la mort d'Yves en 1962, nous n'eûmes plus l'occasion de faire une représentation commune. En 1963, je voulais produire, avec l'artiste Ferdinand Kriwet, une pièce nommée «Aspectacle» pour le théâtre mobile. La pièce devait commencer sur le parvis et se diriger doucement vers l'intérieur de la «Kleine Haus», inclure la garde-robe et le foyer dans l'action en invitant le spectateur à se transformer lui-même en acteur de la pièce. Il fallait pour ce faire, outre une forme de construction mobile ouverte, des spectateurs, des acteurs, des techniciens et du personnel administratif ouverts à des expériences nouvelles, personnes qui faisaient défaut, à l'époque,

à Gelsenkirchen. Les employés du théâtre ne jouèrent pas le jeu. Ils ne protestèrent certes pas haut et fort, mais ils firent une «sortie discrète» par la porte du fond; ils se mirent tous, les uns après les autres, en «arrêt maladie».

En 1968, nous avons publié des extraits de partition de l'«aspectacle» dans «Forme de société - Forme de théâtre, Forme de théâtre - Forme de société», un catalogue de notre exposition présentée dans le musée «Museum am Ostwall» à Dortmund. Dans ce catalogue fut également publié notre manifeste qui appelait, au nom des «amis de l'art nouveau à Dortmund», à expérimenter de nouvelles formes de théâtre: «une société ouverte demande des formes théâtrales ouvertes qui demandent elles-mêmes une architecture de théâtre ouverte!»

En 1964, le théâtre d'Essen joua la pièce «Gilda appelle Mae West» au parc des expositions d'Essen. Les scènes se déroulaient autour des spectateurs installés sur des tabourets. Les spectateurs restaient certes spectateurs sans devenir encore acteurs, mais une relation spatiale sans cesse changeante se créa toutefois entre eux et les acteurs.

Climat - Urbanisme - Espace scénique

Le jeu, l'espace et le climat étaient les thèmes des cours magistraux et séminaires que vous dispensiez en tant que professeur au Canada. Comment êtes-vous devenu chargé de cours?

En 1963, la diffusion du film de la BBC de Victor Glasstone dans tout le Commonwealth avait attiré l'attention sur ma personne dans ma fonction de créateur du théâtre de Gelsenkirchen. En 1965/66, l'Université Laval à Québec me nomma «professeur attaché à plein temps». Dans cette université, la filière d'architecture était structurée en années, comme

à l'école. Je donnais cours aux dernières années. La situation était identique l'École d'architecture de Montréal où j'enseignai à partir de 1967.

Dans la faculté de géographie de l'Université de Laval, je fis connaissance d'une collègue qui partageait mon intérêt pour l'importance du climat sur notre vie. Nous avons étudié les rapports entre le microclimat, le méso climat, le macroclimat, le crypto climat, l'urbanisme et la physiologie des êtres humains.

Qu'est-ce que cela signifie concrètement?

On qualifie de «microclimat» le climat des couches d'air proches de sol, de «méso climat» le climat par exemple en ville, dans des vallées etc., le «crypto climat» le climat dans une pièce intérieure. Le macroclimat est déterminé par la latitude géographique et par les masses de terre et d'eau.

Une température de 37 degrés Celsius dans le cerveau et le tronc humain étant la condition sine qua non au bon fonctionnement des organes vitaux principaux, l'Homo sapiens a pu se développer, dans un premier temps, dans des climats adaptés à sa nature comme par exemple en Afrique. L'invention de la construction de maisons permit ensuite de créer, en plus des vêtements, une seconde enveloppe de protection contre les influences climatiques. Cette invention a permit le peuplement de la terre et la progression des hommes dans des zones de climat était moins favorable.

Les pièces intérieures créèrent toutefois des problèmes d'aération artificielle, d'éclairage artificiel, en particulier dans des lieux de réunion, comme par exemple les théâtres! Ainsi le ciel nuageux dessiné sur le plafond en bois, qui protégeait des intempéries, du Teatro Olimpico à Vicenza suggérait la nature. Il fut construit de manière posthume, en 1585, selon les plans d'Andrea Palladio.

Mais l'obscurité dans la pièce intérieure, même de jour, l'air vicié, les odeurs de cave, l'acoustique d'une caisse de bois démasquaient le ciel peint comme une illusion optique. Toutes les catastrophes qui ont eu lieu dans des théâtres, par exemple les incendies dus à des lampes à gaz, s'expliquent par le fait que ces pièces de réunion étaient fermées et isolées du monde extérieur Ces dangers sont inhérents à la création de mondes intérieurs artificiels.

En tant qu'être mortel vivant sur cette terre et venant après Heidegger, ces rapports entre le corps, l'espace intérieur et extérieur, entre la vie et le climat ne cessèrent de me tourmenter. Une symbiose urbaine entre habitation, apprentissage, repos, travail ne peut prospérer que là où le climat naturel est supportable pour l'homme. Mais même dans le sud, les rues et les places sont par «mauvais temps» comme vidées de leurs âmes… La «climatisation de l'espace», même des espaces extérieurs tels que les rues ou les places, le «Jardin d'Eden» auquel nous rêvions déjà à Gelsenkirchen, fait partie, à mon sens, des missions fondamentales des architectes.

Vous avez publié de nombreux articles à ce sujet que vous avez présenté de manière très complète dans le livre «Versammlungsstätten» paru en 1969…

Oui! Dans ce livre, l'accent est mis sur l'importance du climat pour l'évolution de la construction de théâtres et sur la relation qui unit la place et le théâtre pour le spectacle vivant.

Quelles conséquences avez-vous tirées de la climatologie environnementale pour l'urbanisme?

En 1968, j'ai publié ma proposition pour la ville du nord: un système de passages avec une place du marché centrale, conçue comme un Podienklavier, qui devait également servir, à certaines heures, de scène

pour des spectacles vivants. Pas d'immeubles, mais une construction en patio à quatre étages. La place du marché, l'agora, se situant au cœur de ce quartier au climat contrôlé est le lieu de rencontre des citoyens, qui peuvent ici discuter, faire la fête, jouer dans un espace aux multiples perspectives. Magasins, bureaux, appartements, églises et restaurants s'inscrivent dans le même système de passages que l'agora. La ghettoïsation des différents domaines de vie est abandonnée au profit d'un entrelacement! Une telle ville «indoor» ou ville «crypto» est reliée au climat de la nature grâce, par exemple, à des cours jardins qui facilitent une aération des places et des rues couvertes.

Aviez-vous des personnes vous accompagnant dans ce projet?

Oui! Le Groupe d'Etudes d'Architecture Mobile (GEAM) a joué un rôle très important. Nous y avons discuté de cette idée. Yona Friedman était la force motrice; nous sommes devenus amis. J'étais proche intellectuellement de Frei Otto entre autres parce qu'il concevait également ses toitures de tente comme une technique de protection contre les influences climatiques. Mes visites au GEAM à Paris et les discussions dans la cabane de chantier de Gelsenkirchen furent une source d'inspiration pour mes conférences sur la climatisation et la protection météorologique au moyen de toits aériens ou de mesures météorologiques.

Dans quelle mesure cette vision s'est-elle imposée dans la formation des architectes dans les universités allemandes?

Peu malheureusement. J'ai voulu introduire les thèmes du climat, des arts et du spectacle comme éléments importants de la formation des architectes dans l'université nouvelle fondée de Bochum, et par la suite à Dortmund. Toutefois, mes efforts auprès du professeur

Hans Schwippert, qui influençait les décisions, échouèrent. Dans les deux cas, c'est une formation d'architecte plutôt classique qui vit le jour.

À l'époque, le climat était un thème secondaire pour les architectes. Aujourd'hui, un demi siècle plus tard, tout le monde parle du «temps». Les changements et catastrophes climatiques ainsi que la météo occupent une place importante dans tous les programmes d'information. Dans les années 1960, l'importance de la recherche climatique pour le comportement environnemental était nouvelle. J'ai été très tôt influencé par la thèse d'Albert Kratzer intitulée «climat urbain», parue à la Technische Hochschule de Munich en 1935. Kratzer a étudié les corrélations entre la densité démographique, la formation de poussière et la densité des précipitations principalement aux alentours de la gare centrale de Munich. Il fut le premier à démontrer l'influence de la ville sur le climat.

Vous avez présenté un projet, dans le cadre d'un concours pour la construction de l'université de Dortmund. Comment se présentait-il?

En 1964, le lancement du concours d'architecture de l'université de Dortmund prévoyait une construction située en dehors du centre-ville. J'ai refusé de participer: une telle exclusion était néfaste pour la vie urbaine! L'université de Bochum avait déjà était construite loin du centre-ville. Ne respectant pas les consignes du concours, je planifiai, pour Dortmund, avec mon collègue Bruno Schönhagen, une université en passages située directement au-dessus de la gare de Dorstfeld-Süd. Le travail n'a bien entendu pas été pris en considération. Comme à Bochum, l'université se situe maintenant au vert et la ville, quant à elle, souffre de la présence d'espaces vides. L'université aurait permis de dynamiser considérablement le centre-ville!

Des voix se sont élevées contre le fait que les universités étaient trop éloignées du centre-ville?

Oui! Notre section du BDA dans la Région de la Ruhr, par exemple, s'est beaucoup engagé contre cela et à Essen nous avons remporté la partie. C'était au début des années 1970. Le gouvernement du Land décida de planifier la construction de l'université à proximité du centre-ville, sur le terrain de l'ancien quartier Segeroth. Le Segeroth était un quartier ouvrier mal famé fameux où se succédaient déchetteries, friches et quartiers de prostituées. Le Bahndamm situé entre le campus de l'université et la Berliner Platz va bientôt disparaître. L'université deviendra ainsi véritablement une partie de la ville.

Outre les cours dispensés entre 1965 et 1968 au Canada, vous avez dirigé, à Gelsenkirchen, un bureau d'architecture très actif. Vous aviez également une famille nombreuse avec quatre enfants. Comment avez-vous réussi à tout coordonner?

C'est bien la raison pour laquelle mes activités de professeur au Canada posaient des problèmes. Le bureau à Gelsenkirchen marchait certes très bien - nous avions décroché le contrat pour la cité Lechenich à Cologne. Mais pour ma vie de famille, mes longues absences posaient des problèmes… Toujours trois mois au Canada, trois mois en Allemagne - ce que les université ne voyaient pas non plus d'un bon œil. «À plein temps» signifiait réellement «tout le temps». J'ai profité de ces nombreux voyages pour découvrir les Etats-Unis: Chicago, où j'ai rendu visite à Mies van der Rohe, et Boston, où j'ai rendu visite à Gropius. Suite à une recommandation du Professeur Jerzy Soltan, je fis partie, à l'université de Harvard du jury d'examen de diplôme, ce à quoi s'ajoutèrent de nombreux séjours à New York. C'était une situation certes intéressante et fatigante mais nuisible à ma vie de famille. Anita ayant entre-temps acheté une maison à Essen, je pris finalement une décision: je reste en Allemagne.

Vous avez organisé des expositions au Canada au cours desquelles vous présentiez des artistes de l'avant-garde allemande. Comment se présentait la vie culturelle au Canada?

Relations humaines et vie sociale étaient marquées par la pruderie anglo-saxonne qui m'était étrangère. La vie culturelle me semblait provinciale comparée à la nôtre. Les musées se considéraient davantage comme des établissements de formation à vocation pédagogique. Ceci était en partie intéressant et en partie ennuyeux. Ce que nous, nous appelions l'avant-garde n'existait là-bas que dans le cinéma et non pas dans les arts plastiques.

A la demande de mes collègues de l'université et des personnes du musée, j'ai présenté ce qu'on qualifiait d'avant-garde dans le domaine des arts plastiques en Allemagne. Cette exposition, intitulée «Collection Ruhnau», fut présentée à l'université Laval pour se rendre ensuite au Musée à Québec, puis à l'université et au musée de Montréal. Winfried Ter Huerne, directeur du bureau et ami de Gelsenkirchen, ainsi que l'artiste Ferdinand Spindel réunirent les travaux de Spindel, Adolf Luther, Günther Uecker, Christian Megert, Raimund Girke, Marianne Aue et d'autres. Je fis transporter les œuvres au Canada à mes frais, les assurai et organisai leur transfert. L'accord passé avec les artistes était le suivant: je vous fait connaître là-bas, je prends en charge tous les frais et une fois les expositions terminées, les travaux m'appartiendront.

L'exposition universelle se déroula à Montréal en 1967. Vous avez développé un «concept de jeu» pour le pavillon allemand…

De pair avec Claus Bremer, le dramaturge Paul Pörtner et d'autres, j'ai proposé d'interpréter de manière scénique le pavillon allemand de Frei Otto et de Rolf Gutbrod. Les différents niveaux d'exposition étaient autant de scènes. Nos plans ont échoué pour des raisons financières. Pourtant, ce projet a porté ses fruits. Les architectes Paolo Nestler, Gutbrod et d'autres avec lesquels j'étais en contact étroit ont trouvé mon idée tellement intéressante qu'ils ont soumis ma candidature pour la préparation des Jeux olympiques de Munich en 1972.

Les préparatifs ont donc commencé en 1967, juste après votre retour du Canada?

Oui, il s'agissait dans un premier temps des préparatifs pour la Route des jeux, la «Spielstraße» munichoise, qui devint pour moi presque plus importante que le théâtre de Gelsenkirchen. D'autre part, la planification du nouveau bâtiment administratif de la société Herta KG à Herten fut lancée, bâtiment pour lequel je conçus un environnement de travail climatisé.

II. Jeux sacrés (et autres)

Route des Jeux olympiques, Munich 1972

En 1968, vous avez entamé la préparation de la Spielstraße pour les Jeux olympiques de Munich. Comment est né ce projet?

En 1966, Munich obtint l'adjudication pour la réalisation des Jeux olympiques de 1972. Les forces motrices étaient Willi Daume, Président du Comité national olympique pour l'Allemagne, et Herbert Hohenemser, du Conseil municipal et de la direction de la culture de la ville de Munich. Ils avaient promis au CIO de réunir les idées qui formaient l'essence des Jeux olympiques antiques: le sport et le culte.

Le résultat devait être des «jeux rayonnants». Sur proposition des architectes Paolo Nestler et Rolf Gutbrod, qui connaissaient le concept que j'avais proposé pour le pavillon allemand lors de l'exposition

universelle de Montréal, Hohenemser et Daume me convièrent à Munich. Je suggérai d'interpréter les disciplines sportives des Jeux en tant que «spectacle vivant de la performance» et de les commenter de manière critique avec les moyens mis à disposition par l'art. Ce concept pouvait être réalisé sous forme de «Route des Jeux» sur de nombreuses petites scènes et dans des cabanes disposées[23] autour du Lac olympique. J'entends encore Herbert Hohenemser dire, à propos de cette forme d'intégration de l'art, du culte et du sport: «Monsieur Ruhnau, excellente idée! Nous allons la réaliser!»

Votre concept était le suivant: les Routes des Jeux sont des zones de communication libre, vivante entre habitants, visiteurs, artistes et autres acteurs. Comment se présentait la Route des Jeux de Munich?

Une architecture formée de petits champs d'action variables qui permettent une forme scénique ouverte fut intégrée dans le paysage sportif encerclant du Lac. Les travaux des acteurs, des artistes, des peintres, des sculpteurs, des musiciens et des réalisateurs offraient des choix multiples pour les visiteurs. Certains groupes incluaient les spectateurs; pouvait participer qui voulait. Repas et boissons, discussions, théâtre, musique, arts plastiques et film se marièrent pour former une véritable manifestation interactive. Nous avions quotidiennement jusqu'à 30 000 visiteurs!

Quelle forme et quelle fonction prenait votre mission dans ce cadre? Vous étiez architecte? Intendant?

Les deux! Je fus tout d'abord concepteur du programme et des concepts, puis, intendant et directeur artistique. Une fois le programme terminé, s'ajoutèrent des contrats en tant qu'architecte pour la conception et la construction du théâtre. Dès le début, j'avais approuvé, dans ce cadre, une installation

formée d'éléments de petite taille, ouverte - comme contrepoids au caractère monumental des stades sportifs. C'est ainsi que je planifiai le centre de presse, les terrasses de show et la péninsule de cabanes[24]. En collaboration avec le bureau d'architectes Behnisch et Partner, j'esquissai le projet du Theatron sur les rivages du Lac olympique. Le grand modèle qui représentait de manière claire tous les théâtres et les manifestations scéniques fut approuvé.

Henning Collin, avocat et conseiller juridique des Éditions Burda à Munich, devint indispensable à la rédaction des différents types de contrats.

Vous avez gardé votre maison à Essen et deviez donc faire la navette. Comment se sont déroulés les préparatifs?

Pendant la phase de préparation de quatre ans, je planifiai, dans un premier temps, un concept artistique. Je choisit ensuite des directeurs pour chaque catégorie et les proposai au Comité artistique du Comité d'organisation. Nous nous sommes ensuite mis à la recherche d'artistes semblant pouvoir s'inscrire dans ce projet et pour lesquels le Comité devait également donner son approbation.

Les séances étaient présidées par Herbert Hohenemser. Il était en contact étroit avec Willi Daume. Dès que le vent semblait tourner et que le concept de la Route des Jeux semblait être remis en cause, Daume était à son poste, ne démordant pas de sa décision de réaliser ce projet. Erich Kästner, Günter Grass, Herbert von Karajan étaient également membres du Comité artistique je ne les ai toutefois jamais rencontrés. Kästner était quant à lui toujours présent et m'a toujours sans doute soutenu secrètement avec insistance.

Pendant des années, je partais tous les lundis matin en avion pour Munich. J'étais plutôt un étranger parmi tous

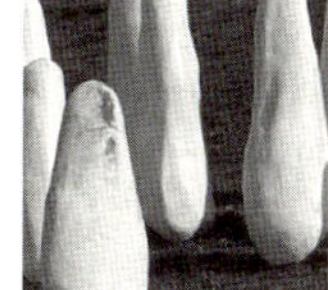

ces hommes d'affaire qui prenaient le même vol et qui étaient habillés en tenues sombres et accompagnés de leur petite mallette noire. A partir de 1970, la ville de Munich mit à ma disposition une grande maison dans la Funkerstraße. Plus la date de l'ouverture approchait, plus la foule des visiteurs et des habitants devint dense. Pendant les Jeux olympiques, la rue Funkerstraße se transforma en une sorte de lieu de refuge de la critique contre la gigantomanie des Jeux olympiques.

Comment avez-vous sélectionné les artistes?

Anita et moi avons trouvé tous les artistes pour les spectacles vivants, en collaboration avec Anke Roeder, Frank Burckner et Frieder Weber, à Amsterdam, le lieu de rencontre de l'avant-garde théâtrale. Nous y avons découvert tous les artistes, comme par exemple Jérôme Savary (France), Mario Ricci (Italie), les Kipper Kids (Angleterre), Shuji Terayama (Japon) et le théâtre de marionnettes de Stockholm.

Le plus difficile fut de trouver des artistes pour les arts plastiques, bien que nous connaissions très bien cette scène depuis de nombreuses années. Nous avons entrepris de nombreux voyages dans ce but. J'ai dû par exemple me rendre à Rome pour rencontrer Mario Ceroli, Anita se rendit à Paris et à New-York où elle s'entretint avec Andy Warhol, Roy Lichtenstein, Robert Rauschenberg et d'autres. L'invitation d'artistes new-yorkais se solda toutefois par un échec pour des raisons financières. Karl-Heinz Hering, Président de l'association Düsseldorfer Kunstverein, était «l'éclaireur» d'Anita pour toutes les questions qui touchaient aux arts plastiques. Il recommanda Timm Ulrichs, Anatol Herzfeld, Renate Göbel, Fritz Schwegler et bien d'autres.

Combien d'artistes ont participé?

À peu près 500 personnes en comptant les techniciens! Chaque artiste perçut un cachet de 3000 Marks et le logis pour sa participation. Dans un premier temps, il fallut trouver à les loger dans un Munich surpeuplé! Et bien entendu, il y eut des plaintes. Certains s'étaient imaginés séjourner dans un hôtel 4 étoiles et non pas dans une chambre de sous-location… Mario Ceroli et Saskia de Boer sont même repartis. Le personnel de théâtre était moins compliqué; ils acceptèrent de séjourner dans des gymnases. Anita s'occupait des artistes.

En outre, nous avions de nombreux visiteurs dans la Funkerstraße. Par exemple Karl Ludwig Schweisfurth, propriétaire de l'usine de fabrication de viandes et de charcuteries Herta, pour laquelle je planifiai, en même temps, un nouveau bâtiment administratif à Herten. Il nous rendait souvent visite sur la Route des jeux où il proposa également, bien entendu, des saucisses Herta qui faisaient contraste avec le maïs vert de Dorothee Selz et d'Antoni Miralda, les pommes de terre rouges et les petits pains bleu marine que nos vendeuses, leur panier de marchandise sur le ventre, proposaient, sur la route des Jeux, à un public stupéfait.

Quelles ont été les répercussions, pour la Route des jeux, de l'attentat perpétré par des terroristes palestiniens contre l'équipe israélienne?

L'attentat du 5 septembre a jeté une ombre terrible sur ces «Jeux de la gaieté». Nous étions convaincus que seuls nos jeux artistiques pouvaient maintenant se poursuivre… En réalité, c'est le contraire qui arriva. C'est nous qui dûmes payer, la Route des jeux fut fermée alors qu'au théâtre de la ville, on continuait à jouer «La veuve joyeuse» et que les Jeux continuaient. «The games must go on», voici ce que clamaient les haut-parleurs, mais nous, nous fûmes engouffrés dans un vide béant. Mes fils vendirent un grand nombre de cahiers publicitaires dont il restait des milliers d'exemplaires, Otto Piene fit rayonner son arc en ciel, pour la clôture, au-dessus du Lac olympique, la fontaine de Heinz Mack continua également de jaillir, mais beaucoup de nos artistes plièrent bagage et rentrèrent chez eux. Lors d'une dernière manifestation, Terayama brûla un immense oiseau en balsa, une colombe de la paix.

Nous avons trouvé que cette décision contre la Route des jeux particulièrement absurde, puisque par exemple Shuji Terayama, dans une de ses pièces, avait abordé le thème de la violence à Mexico City, peu avant les Jeux de 1968. À cette époque, l'armée avait violemment réprimé une manifestation étudiante, faisant des centaines de morts. En 1972, le Village olympique était nouvelle fois confronté à la violence.

Quelle importance revêtaient pour vous, à l'époque, les fondements théoriques du jeu?

J'ai formulé mes premières réflexions concernant le phénomène du jeu avec Hans Curjel et Claus Bremer qui m'ont donné des impulsions fondamentales. Dans les années 1920, Curjel avait mis en scène des pièces expérimentales, en tant que directeur de l'Opéra de Berlin. Le poète et dramaturge Claus Bremer m'avait déjà beaucoup inspiré à l'époque de Munster et de Gelsenkirchen. Lors de nos concertations, l'«Homo ludens» de Johan Huizinga fut très certainement mentionné. Dans mes souvenirs, c'est ainsi que nous avons créé le terme de «Route des jeux».

Dans l'ensemble de votre œuvre, vous accordez une grande importance à la Route des jeux de Munich. Pourquoi?

Il s'agit pour moi de la signification de l'espace public au sein de la ville et du citoyen responsable agissant dans ce décor. La Route des jeux fut une étincelle! Les citoyens découvrirent, de pair avec les artistes, des espaces publics et s'approprièrent ces espaces pour des jeux scéniques.

Spectacle vivant dans les espaces publics après 1972

La Route des jeux de Munich a t-elle trouvé des successeurs?

Le Ministère allemand des affaires étrangères m'a convié en 1974 pour raviver, à Londres, à l'occasion des «semaines allemandes», l'esprit de la Route des jeux olympiques. C'est ce que nous avons mis en oeuvre de manière impressionnante à l'Institute of Contemporary Art (ICA). Parallèlement aux actions que nous menions, Joseph Beuys présentait, à cet endroit, une exposition, et dans la salle Royal Albert Hall, Karlheinz Stockhausen donnait des concerts. Les «semaines allemandes» étaient une sorte de manifestation publicitaire visant à promouvoir l'héritage culturel de la République Fédérale d'Allemagne. Le travail était même payé!

Au cours de projections de diapositives sur le thème de la planification urbaine, nous avons présenté d'immenses «villes dortoirs» sans vie urbaine. Nous avons proposé des idées visant à l'intégration de secteurs en quelque sorte ghettoïsés et nous avons présenté le concept de la Route des jeux. Des troupes de théâtre telles que les Kipper Kids, qui avaient participé aux manifestations de Munich, organisèrent leur spectacle dans le ICA au beau milieu des visiteurs. Ce qui s'était déroulé en 1972 à l'extérieur était

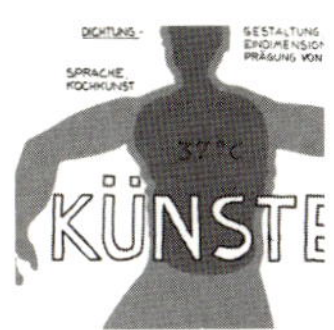

reproduit à Londres dans des espaces intérieurs. Hilmar Hoffmann, de la direction de la culture de la ville de Francfort, et Karl Richter, directeur du secrétariat pour la coopération culturelle à Wuppertal, communiquaient et discutaient de manière très engagée de nos intérêts. Ce furent des journées fabuleuses agrémentées de nombreuses manifestations culturelles. - Par ailleurs, on retrouva, dans les années 1970, certaines «réminiscences» de cette atmosphère par exemple «Kiellinie - Spiellinie» à Kiel ou «Alstervergnügen» à Hambourg.

Vous avez travaillé en collaboration avec le secrétariat pour la coopération culturelle à Wuppertal à l'occasion de nombreux projets, notamment, le symposium «Spiel Spiele Spielräume».

Oui. Le symposium se déroula en 1984 à l'occasion du dixième anniversaire de l'existence du secrétariat culturel. Une Fête de la ville, répartie dans tout Wuppertal, se déroulait en parallèle. Tous les lieux se transformèrent en théâtre, même la Schwebebahn, le chemin de Fer suspendu! En outre, nous avons conçu, pour de nombreuses villes, des projets de Route des Jeux. Les fêtes de quartiers avaient droit de citer partout.

Vous vous engagez encore aujourd'hui pour que le spectacle vivant se déroule dans les espaces publics. Quels sont les projets qui ont vu le jour au cours des dernières années?

En 1996, j'ai conçu, par exemple, un «Temple des éléments» inspiré de nos fantaisies de Gelsenkirchen pour la Berliner Schlossplatz: un toit aérien, les arts de la terre, du feu et de l'eau encerclent le «temple» central équipé d'un Podienklavier pour les spectacles vivants.

Pour ce qui est de la capitale culturelle de 2010, je prépare, en qualité de «modérateur», le projet «Danse de l'architecture. Spectacles vivants dans les espaces publics»conjointement avec la section du BDA de la région de la Ruhr et le Deutscher Werkbund de Rhénanie du Nord Westphalie. Nous avons comme mentors les théâtres de Bochum et de Gelsenkirchen, le théâtre régional de Westphalie à Castrop-Rauxel et le Pact Zollverein à Essen. Notre projet évoluera encore après la mise en place du bureau de la capitale de la culture.

De la signification du jeu

Le jeu est un élément central de votre œuvre complète. Comment interprétez-vous le terme de jeu?

J'interprète le jeu et l'homme qui joue comme l'a décrit le philologue Johan Huizinga en 1938 dans son livre «Essai sur la fonction sociale du jeu». Son «homo ludens» englobe l' «homo sapiens» et l' «homo faber». - La culture naît du jeu, le jeu est plus ancien que la culture. On n'a pas besoin d'apprendre aux enfants à jouer; cette faculté est innée. Tout ce qui se passe ici-bas sur terre s'inscrit dans le grand jeu cosmique.

Les scientifiques Manfred Eigen et Ruthild Winkler parviennent à la même conclusion dans leur livre, paru en 1993, intitulé «Le Jeu»: «Ce n'est pas l'homme qui a inventé le jeu, mais bel et bien le jeu et uniquement le jeu qui confère à l'homme son intégrité.» Le jeu est un phénomène naturel qui dirige le monde depuis la nuit des temps: la conception de la matière, l'organisation en structures vivantes, le comportement social des hommes. - Les éléments fondamentaux du jeu, ses hasards et ses lois, déterminent tous les événements qui se déroulent dans l'univers.» A partir du moment où je prends conscience que ce sont les éléments du jeu, en d'autres termes, le concours des règles et du hasard

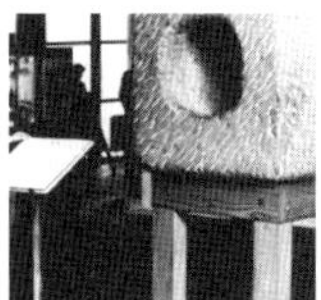

qui déterminent ma vie, je peux participer en toute conscience à ce jeu, gâcher le jeu ou tricher. Si je ne perce pas les mystères de ce jeu, je peux rapidement me transformer moi-même en «balle».

Ce sont les règles du jeu qui déterminent les processus de notre vie quotidienne et qui les font accéder à une dimension de l'esprit, ceci s'applique en particulier aux Jeux sacrés. Et même lorsqu'il y a des règles, le hasard se mêle au jeu, en d'autres termes: tout résultat reste incertain!

Si je tente toutefois d'imposer un résultat au processus de conception, j'écarte la carte du hasard et l'œuvre devient alors un «cadavre de cire». - La culture est pour moi le terme générique désignant toutes les différentes formes de vie nées du jeu.

Huizinga a exploré l'évolution des cultures de ce monde en accordant une importance particulière aux aspects linguistiques...

J'ai découvert, en plus, dans ce contexte, la signification de ce que l'on appelait l'écologie humaine en tant que science des corrélations entre l'homme et son environnement. En 1975, l'humanökologische Gesellschaft à Vienne m'invita à donner une conférence sur les exigences climatiques posées par un environnement répondant aux besoins des hommes. D'autres conférenciers se sont penchés sur les forces motrices guidant notre comportement humain: instincts sexuels, pulsions de consommation et accession au pouvoir. Pour moi, cela fut une véritable illumination! Ces pulsions sont réglées afin de faire naître, à partir du chaos, une manière de vivre ensemble, en d'autres termes la culture. C'est la raison pour laquelle les cultures, en Thaïlande ou au Groenland, sont tellement différentes car les conditions climatiques et les règles du jeu sociales sont différentes.

Les scientifiques de l'écologie humaine mentionnent également, outre l'espace vital relatif à la consommation, au sexe et au pouvoir, l'espace vital informatif et vecteur de sens. Vous ne mentionnez pas, vous, ces deux éléments. Pourquoi?

La signification du domaine informationnel ne revêt pas une grande importance à mes yeux. Traverser une rue pour rencontrer une connaissance croisée au hasard ou se rendre dans un magasin pour acheter quelque chose n'est, à mon sens, que purement pratique! Les choses sont différentes lorsqu'il s'agit d'un jeu sacré, vecteur de sens, par exemple lors de la chorégraphie et de la mise en scène d'une basse danse: dans ce cadre, je perçois mon entourage par le mouvement, le toucher, la vision et l'ouïe.

J'ai pris conscience de cela grâce à l'artiste, artisan et philosophe Hugo Kükelhaus. C'est lui qui me lança cette remarque provocante «vous vous baladez dans la ville uniquement pour faire du lèche-vitrines» et il lança dans la foulée la citation de Goethe «'Fais de toi un organe', pour remarquer que tu marches! Déambule, observe, sois à l'affût!»

Quelle est la signification de cette pensée philosophique pour vous en tant qu'architecte?

Les organes de la perception ne peuvent déployer leurs fonctions que par le mouvement du corps dans la pièce. La Résidence de Würzburg de Johann Balthasar Neumann, par exemple, révèle à quel point les maîtres d'œuvres anciens avaient conscience de l'importance de la qualité scénique et du sens du mouvement dans le cadre de la perception d'espaces. Chaque visiteur peut percevoir des nombreux événements enchevêtrés visuels, acoustiques et haptiques qui ne deviennent accessibles que par son mouvement dans la pièce. Ils marchent tout d'abord sur du gravier qui crisse, puis sur les carreaux de pierre durs, puis sur des tapis mous puis ensuite à nouveau sur du parquet grinçant. Ce faisant, ils contemplent des peintures de Tiepolo au plafond, touchent les rampes sculptées et perçoivent les différents sons et les différentes odeurs des pièces. La Résidence de Würzburg est ainsi une sorte de «champ d'expérience» dans le sens où l'entendait Hugo Kükelhaus.

Un autre facteur a également gagné de plus en plus en importance: la découverte que l'homme n'établit et ne fait l'expérience de relations qui existent entre lui, son environnement et son prochain que par le biais du mouvement dans la pièce. Pour rendre hommage à la célèbre formulation de Platon «Le chant et la danse sont un don des dieux». Il est très important pour moi de ressusciter les danses simples, les basses danses et les jeux du mouvement. Les danses de cour de l'époque baroque réunissaient les invités, les intégraient à la pièce et les mettaient en relation avec l'hôte. On pourrait très bien faire ça encore aujourd'hui!

A quelle époque avez-vous rencontré Hugo Kükelhaus?

Dans les années 1950 à Munster. Il enseignait à l'époque les élèves du premier semestre au centre de formation professionnelle. Nous avons perdu contact à l'époque. Ce contact renaquit ensuite dans toute sa splendeur dans les années 1970. Je fis la rencontre de Kükelhaus lors de la manifestation «EXEMPLA 1975» qui se déroulait dans le cadre de la Foire internationale de l'artisanat et des métiers de Munich. Là, j'ai visité à plusieurs reprises à son «champ d'expérience des sens» et j'ai participé au congrès «Organisme et technique». Le congrès avait pour thème la question de savoir dans quelle mesure le développement technique influait sur la vie de l'homme et le perturbait dans son équilibre vital.

A quoi ressemblait ce champ d'expériences?

Il était composé de 35 stations individuelles avec des objets et des appareils; par exemple un arbre à sentir, des vases à toucher, une pierre pour fredonner et des disques de rotation. Le visiteur était invité à agir: ce n'est que par l'action qu'il pouvait faire des expériences acoustiques, visuelles, olfactives et haptiques - un voyage d'initiation et une école des sens.

Pour préserver ce champ d'expérience, Kükelhaus fonda un cercle de travail appelé «Organisme et technique»…

Oui! C'était en 1977. L'objectif de cette association était la promotion de l'héritage intellectuel d'Hugo Kükelhaus: la conception des processus de la vie sur la base de méthodes relatives aux lois du corps; une conscience des organes en tant que source du comportement social. Kükelhaus m'a demandé en 1979 d'assurer la présidence de ce cercle de travail, ce que je fis jusqu'en 1988. C'est à l'occasion d'une réunion des membres en 1978 que j'ai rencontré ma compagne actuelle, Elisabeth Stelkens. Nous vivons ensembles depuis 1981[25].

De 1981 à 2003, le siège de l'Association se trouvait ici chez nous dans le KunstOrt à Kettwig. Outre les appartements, les bureaux d'architecte et la collection Anita et Werner Ruhnau, cet ancien hôpital pour enfants abritait également, par intermittence, une galerie d'art contemporain, de théâtres et de lieux de répétition, des agences, un atelier textile et bien d'autres choses encore.

J'avais loué, puis acheté cette grande maison avec ses surfaces très vastes pour présenter des objets issus de la Route des Jeux olympiques, tels que la forêt de menhirs de Franz Falch ou la roue de marathon de Timm Ulrichs, ainsi que les stations du champ

d'expérience dans une combinaison d'un nouveau type. Malheureusement, ces plans échouèrent: sur les bords extérieurs se trouvait un foyer provisoire de jeunes qui devait être démoli quelques années plus tard. Cela ne fut pas réalisé. La ville de Essen utilise ce «lieu provisoire» comme crèche pour enfants.

Le bureau de l'Association Organisme et Technique ainsi qu'un «champ d'expérience pour les sens et la pensée» se trouvent aujourd'hui dans le château de Freudenberg à Wiesbaden. Elisabeth, qui avait occupé le poste de Présidente de l'Association «Organisme et Technique» de 1988 à 2003, travaille actuellement à la rédaction de l'histoire de cette association.

Pour vous jeu, art et culte sont très proches…

Oui! Le temple, le théâtre et les églises, les musées, les salles de concerts sont des autels, des scènes pour les jeux sacrés, donnant un sens à la vie. Dans les théâtres et dans les musées, ce sont les artistes qui indiquent les partitions du jeu en tant que «prêtres de l'esthétique», et dans les Églises, les religieux en font de même avec la Bible, le Coran ou autres textes saints.

Lors des Jeux olympiques de Munich, nous avons proposé aux différentes communautés religieuses d'installer leurs autels sur le Route des Jeux et de demander à leurs prêtres de réaliser leurs jeux sacrés au beau milieu des jeux artistiques et sportifs. Malheureusement, les Églises n'ont pas joué le jeu.

Qu'entendez-vous par «jeux sacrés»?

Donner une nouvelle dimension aux événements quotidiens en les mettant en forme! Par exemple, en célébrant sciemment, à telle ou telle occasion, le petit-déjeuner comme un festin, en concevant la marche comme une danse, en décorant la pièce et en revêtant un habit de fête.

Nécropole, Kassel 1994

Parmi les «Jeux sacrés», on comptait également les dogmes et les rituels autour de la mort qui diffèrent d'une culture à l'autre…

La représentation de toutes les étapes de la vie, concrètement, au niveau du corps et des procédures du jeu doit être ouverte - même lorsqu'il s'agit de thèmes qui sont encore largement tabous dans nos sociétés. Tout ce qui accompagne la mort est en grande partie l'affaire des communautés religieuses et des établissements funéraires. Je trouve qu'il est toutefois important de pouvoir enterrer un parent ou un ami défunt selon ses propres représentations et règles du jeu! - L'idée du sculpteur Harry Kramer de mettre en place une nécropole dans la forêt Habichtswald près de Kassel m'a tout de suite enthousiasmée. À cet endroit, les artistes conçoivent, de leur vivant, leur propre tombeau se fondant dans le paysage et planifient la mise en scène de leurs propres funérailles.

La nécropole n'est pas un «cimetière» reclus mais bel et bien un lieu où déambulent des promeneurs et où ils peuvent, le cas échéant, demeurer près des tombeaux, voire - de manière très profane - faire un pique-nique. Est-ce que cette utilisation vivante correspond à vos intentions?

Oui! Il nous arrive désormais d'utiliser ce lieu pour organiser des fêtes, comme par exemple l'anniversaire d'Elisabeth et le mien. Angela Landgrebe, une amie de Kassel, y organise également des fêtes. Il est bien entendu à disposition d'autres personnes qui souhaitent l'utiliser, en conformité avec son concept des quatre colonnes de la famille, des amis, des artistes et des voisins.

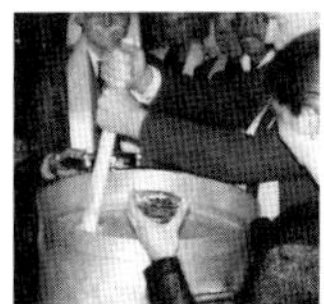

La vie et la mort sont plus proches, dans ce concept, que dans notre culture traditionnelle des cimetières. La mise en scène de la mort par une fête rappelle les rites païens. Vous avez cité comme modèle, un jour, la nécropole d'Athènes. Quelle conception de la mort et de l'au-delà est à la base de votre lieu de spectacle?

Comme tous les jeux, ma vie, apparue sous le soleil de Königsberg le 11 avril 1922, touchera un jour à sa fin. Je suis né, suis devenu adolescent, suis devenu adulte, suis devenu âgé et je serai mort un jour. Je demande à ce que la dernière partie du jeu de ma vie se joue sur le lieu de spectacle qui m'a été offert par Harry Kramer dans la forêt Habichtswald, en chansons, avec du pain et du vin.

La fête, jeu porteur de sens

Une fête est un jeu au cours duquel les participants choisissent et fixent un thème, un contenu et des règles. Je discerne dans la fête le plus ancien jeu d'équipe des arts. L'architecture, la danse, le théâtre, la musique, la peinture et la sculpture s'unissent dans la fête en tant qu'arts classiques s'adressant aux sens de la perception, et se font architecture, danse, musique, peinture et sculpture de la fête en s'intégrant au «jeu». N'importe quel processus vital peut être mis en scène dans un festival. Le théâtre musical, qui s'adresse à l'ensemble des sens, est toujours une mise en scène de «fête». Etant donné que le théâtre musical traditionnel a pour objectif la représentation et non la participation, la mise en scène d'une fête va plus loin parce qu'elle vise aussi la participation de tous les protagonistes. Les théâtres existants, comme les églises, sont en règle générale construits pour la représentation sur scène et ne conviennent donc que dans certaines conditions au jeu festif:

Les comédiens tels des prêtres agissent sur des «scènes» et sont séparés des spectateurs. On retrouve également dans les arts voisins cette représentation ou «exposition» dans des espaces spéciaux, comme les musées pour les arts plastiques, les salles de concert pour la musique, etc. Contrairement au désir d'adresser une attention spécialisée par thème à la musique (sens de l'ouïe), à la peinture (sens de la vue), à la sculpture (sens du toucher) et à la danse (sens du mouvement), la conscience, elle, veut connaître leurs corrélations: la musique produit ses effets dans et à travers l'espace, la danse qui est mouvement dans l'espace, est perçue sur les plans haptiques et visuels, la sculpture s'adresse aux sens du toucher et de la vue, tout est lié.

La résurrection de la fête, des cérémonies en tant qu'œuvre globale, jeu de tous dans le temps et l'espace, me paraît particulièrement bien adaptée pour raviver d'anciens désirs de formes scéniques de participation. Notre réalité actuelle exige un affermissement des forces de l'engagement personnel et de la responsabilité partagée.

Dans la fête, des arts naissent de l'action de chacun et rien n'est prédéfini; ne plus être que spectateur, auditeur, devenir soi-même acteur et participant.

Des contenus et thèmes adéquats, pouvant être mis scène par les participants, sont par exemple:la reproduction, la naissance, la mort, l'alimentation, la boisson, l'habitat, les combats de gangs, la ronde des saisons - des événements cosmiques.

Werner Ruhnau, 1982

III. Travailler - Habiter - Utopies

Herta KG, Herten 1968 - 1972

Lors de la construction du bâtiment administratif de la fabrique Herta KG, vous avez conçu un «environnement de travail climatisé». A l'époque, c'était véritablement une entreprise expérimentale - également du point de vue de l'entrepreneur. «Intégration de l'art et du travail» et «humanisation du monde du travail», telles étaient vos idées motrices, que Ludwig Schweisfurth, chef du groupe Herta, s'appropria également. Comment avez-vous fait la connaissance de Schweisfurth?

J'ai rencontré Karl Ludwig dès le milieu des années 1950 à Munster. Wine Tasch, l'épouse du directeur de la chambre d'agriculture, était sa tante. Karl Ludwig était encore étudiant, son père dirigeait le groupe Herta. Les familles Tasch et Schweisfurth étaient intéressées par l'art; ils nous ont rendus visite à Gelsenkirchen. Lorsque Karl Ludwig repris l'entreprise familiale, une première collaboration vit le jour. Ce devait être aux alentours de 1965. Les premiers projets pour Herten prirent forme à Montréal. Une construction entièrement nouvelle fut planifiée pour l'ensemble de l'entreprise Herta, aux portes de la ville, d'une part parce que dans le centre-ville, l'usine rattachée à l'ancienne boucherie était beaucoup trop petite et d'autre part, parce que des subventions d'urbanisme étaient disponibles pour la transformation du cœur de la vieille ville. J'étais chargé de planifier les secteurs administratifs et sociaux et d'apporter mon conseil, au niveau conceptuel, pour la construction de l'usine. Ce projet était soutenu par le Ministère et la ville qui accordaient une grande importance à une architecture de qualité.

Vous avez conçu un environnement de travail et de repos richement structuré et terrassé, dans lequel sont fermement intégrés de nombreuses œuvres de différents artistes. Avez-vous été obligé de convaincre?

Oui! Mais Karl Ludwig était très ouvert à l'art moderne et aux idées nouvelles. Cela concerne à la fois sa manière de structurer mais également sa manière de diriger: son propre poste de travail faisait également partie intégrante d'environnement de bureaux ouvert. - J'avais réussi à le convaincre que l'idée de bureaux individuels était obsolète. C'est ainsi que naquit un environnement de travail climatisé bénéfique à l'être humain - sur environ 6000 mètres carrés et sur deux étages. Ma remarque suivante fut un coup de maître argumentatif: «Karl Ludwig, si nous créons une architecture formidable, tu n'auras plus besoin de faire de publicité.» Et c'est ce qui effectivement se produisit - y compris des voix critiques!

Les arts plastiques faisaient partie intégrante de l'environnement bureautique. Quels sont les artistes que vous avez mandatés?

Dans un premier temps, il s'agissait de Günter Weseler, Rupprecht Geiger, Ferdinand Kriwet, Norbert Kricke, Heinrich Brummack et d'autres, et par la suite, Wolf Vostell et Hugo Kükelhaus. En 1975, Schweisfurth s'était rendu avec moi à l'«Exempla» et y avait fait la connaissance de Kükelhaus. Ses travaux issus du champ d'expérience ne furent réalisés qu'à partir du milieu des années 1970, tout comme la voiture de boucher de Wolf Vostell. - Les deux artistes participèrent en outre par la suite à la transformation du bâtiment administratif de Herta à Berlin et à l'agrandissement d'une usine avec abattoir à Badbergen.

Karl Ludwig s'intégra de plus en plus au monde artistique moderne. Il nous donna même une procuration, à Anita et à moi-même, pour acheter en son nom des œuvres d'art. Cela prit fin lorsqu'il devint un collectionneur célèbre et que des artistes commencèrent à le courtiser personnellement.

Comment les collaborateurs ont-ils accueilli cet open-space?

Au début, les réactions étaient à 100% positives. L'art moderne n'était pas perçu comme un art en soi mais plutôt comme partie intégrante de la pièce, de l'environnement de bureaux climatisés. Par la suite, la voiture de boucher installée par Vostell, souleva une vague de protestations. Si elle avait été là dès le début, elle aurait sans doute été mieux acceptée comme partie intégrante de l'architecture.

Notre «Dinner-Theatre» installé dans le bâtiment social ne causa aucun émoi. J'avais invité les Kipper Kids et d'autres troupes de théâtre de la Route des Jeux olympiques à venir se produire et à représenter des spectacles vivants pendant la pause de midi au beau milieu des personnes attablées. Le personnel accueillit ces spectacles avec beaucoup d'enthousiasme. Ces manifestations ont toutefois dû être interrompues pour des raisons financières.

Il faut dire que la voiture de boucher dans la salle de pause était quand même une idée provocante! Elle joue sur l'association entre la consommation de viande et la mise à mort industrielle...

Oui. Des écrans étaient installés dans l'ancienne Cadillac retransmettaient des scènes en direct filmées dans les différents sites de production tels que les abattoirs, les salles de réfrigération et les services d'emballage. Ca ne plaisait pas aux gens! Ils ne souhaitaient certainement pas également, que, pendant leurs pauses, on leur rappelle leur travail souvent très «sanglant».

La relation entre consommation de viande et le fait de tuer, ce «cannibalisme», avait déjà été un thème dans la cabane de Gelsenkirchen. Karl Ludwig Schweisfurth vendit plus tard ses usines à viande et exploite, depuis, une ferme écologique en Allemagne du sud. Pensez-vous qu'il y ait un lien de cause à effet?

Je pense que oui. C'est en voyant les abattoirs, en particulier à Badbergen, que j'ai réalisé à nouveau à quel point tuer des animaux, nos «frères et sœurs», était un acte brutal. «Cette façon de tuer à l'échelle industrielle s'apparente pour moi à un génocide!» voici ce que je disais avec insistance à Karl Ludwig. «Et votre propriétaire d'abattoir le fait sans vous faire prendre conscience de ce qui se passe réellement.»

Wolf Vorstell, Hugo Kükelhaus et moi-même avons fini par réussir à convaincre Karl Ludwig d'entreprendre un abattage à domicile, que nous avons mis en scène, pour la réouverture du Kräuterhof à Herten, dans un style du jour où l'on tue le cochon. Nous avons vu que le cochon choisi ne voulait absolument pas mourir et pourtant, il fut tué. Les spectateurs, qui étaient plus d'une centaine, furent tous pétrifiés par cette vision. A mon avis, cela a également contribué, par la suite, à ce que Karl Ludwig décide de vendre le groupe Herta et de se consacrer à l'agriculture biologique dans les fermes de Hermannsdorf.

A quoi ressemble le bâtiment administratif à Herten plus de 30 ans après?

Après la vente à Nestlé, le caractère de l'objet a changé. Sur le toit du bâtiment social, des équipements techniques sont maintenant installés, la grande salle en open-space est perturbée par des cloisons de séparation aussi hautes que le mur; la salle centrale, avec la «table d'anniversaire» de Heinrich Brummack, est quasiment vide, le magasin historique de la

vieille ville est méconnaissable car des constructions nouvelles y ont été apposées. La vitre de Rupprecht Geiger qui se trouvait au dessus de l'entrée principale a été défigurée par une lampe montée en plein milieu.

Est-ce que vous privilégiez encore aujourd'hui le concept d'un bureau en open-space?

Bien entendu! L'open-space est et reste la meilleure forme de bureau qui soit. Les bureaux isolés entravent la collaboration. Les bureaux classiques de trois à cinq personnes perturbent le travail pour des raisons acoustiques. Chacun est obligé de suivre les coups de téléphone et les discussions de ses collègues! Le niveau sonore général d'un bureau en open-space étouffe ce genre de bruits «individuels». Tout le monde a déjà rencontré un tel phénomène dans de grands restaurants. Il est possible, dans un tel lieu, de s'entretenir sur des choses très personnelles, ce qui est quasiment impossible dans une pièce de plus petite taille. Il est toutefois important que la conception des pièces de grande taille prévoie des combinaisons spatiales richement structurées. «Les fabriques de bureaux», purement fonctionnelles, où sont entassées plusieurs centaines de personnes, sont absolument inhumaines!

Projet Delos 2000, à partir de 1970

Vous avez planifié, avec Karl Ludwig Schweisfurth, pour Herten, le projet de quartier Delos 2000, qui n'a finalement pas été réalisé. Comment est née cette idée?

Karl Ludwig et moi faisions régulièrement des voyages en Grèce. Nous visitions des mémoriaux antiques, l'Acropolis, la Crète et nous aimions nous rendre avec notre voilier, sur l'île de Delos. Lors de ces voyages, nous mettions en scène de petits jeux de sacrifice. Nous définissions au préalable le déroulement des scènes, les tenues, les basses danses, l'allumage du feu et la préparation du repas sans tuer d'animaux. Je me souviens encore très précisément comment Karl Ludwig a clamé, une fois: «Je ne peux pas jouer au prêtre avec mes jambes toutes poilues! Il me faut une longue tunique.» Lors de nos jeux, nous nous orientions également en fonction de la position du soleil. Une fois, nous avons été surpris: le début du jeu était prévu pour le crépuscule, mais nous n'avions pas vu, dans la brume, une montagne, derrière laquelle le soleil se coucha une demi-heure plus tôt que prévu. Le temps que nous amenions les joueurs jusqu'à terre et que nous commencions le jeu, il faisait nuit noire.

À Delos, nous nous promenions dans les petites ruelles et sur les places de la cité antique lorsque Karl Ludwig eut une idée: «Dis-moi, à Herten, il y a le «Paschenberg». Est-ce que nous ne pourrions pas y construire quelque chose d'analogue à cette cité?» - Ce fut à ce moment là que les plans de «Delos 2000» virent le jour.

Comment souhaitiez-vous procéder pour adapter le concept architectural méditerranéen aux conditions en Allemagne?

Grâce à une piazza protégée des intempéries au centre de maisons à toiture plate, construites de manière dense et de ruelles étroites pour les piétons.

Avez-vous mené ce projet de manière concrète?

Très concrètement! Nous avons ébauché des plans formidables qui sont en partie publiés dans la publication de Karl Ludwig intitulée «Auf dem Wege, auf der Suche». Et nous avions déjà presque obtenu les permis de construire. Mais lors d'une visite au Ministère, nous avons toutefois appris qu'aucune subvention ne serait versée pour la réalisation de ce projet. Le Ministre compétent en la matière nous a

toutefois encouragé et nous a assuré que même si ce projet ne bénéficiait pas d'aides publiques, Delos trouverait certainement un marché. Mais pour Karl Ludwig, financer un projet de cité était une entreprise trop risquée et c'est la raison pour laquelle ce projet est resté au stade de planification.

Flachglas AG, Gelsenkirchen 1982

En 1982, vous avez conçu le hall d'accueil du bâtiment administratif de la société Flachglas AG à Gelsenkirchen en collaboration avec l'artiste Adolf Luther...

Pendant la période de construction du théâtre de Gelsenkirchen, je fis la connaissance du directeur technique de la société Flachglas AG, Wolf von Reis. Flachglas, à l'époque, fabriquait les grandes vitres en thermopane pour le théâtre. Au début des années 1980, Wolf von Reis m'invita à revoir la conception de la salle du bâtiment administratif. J'ai tout de suite proposé de travailler en binôme avec l'artiste Adolf Luther qui se consacrait de manière intensive dans ses travaux, à la lumière et au verre.

Le concept de Luther consiste à mettre en évidence et à rendre vivantes les colorations, les cassures et les réflexions des incidences de lumière variant sans cesse par le biais d'impacts et de fissures dans les vitres blindées. Est-ce que le personnel a compris le sens du concept ou est-ce qu'il croyait avoir affaire à une destruction?

Il y a eu dans un premier temps des problèmes parce que les collaborateurs se sentaient un peu menés en bateau: «Ah bon parce que du verre cassé, c'est de l'art? Et nous, nous devons fabriquer du verre à la pureté irréprochable!» Chaque erreur de production du verre entraînait des réclamations et pouvait même coûter leurs postes aux employés. Finalement, il a été

possible de faire comprendre aux collaborateurs la qualité complètement différente des œuvres de Luther. Ils ont fini par accepter le brio des cassures comme une œuvre d'art.

Est-ce que votre aménagement du foyer est resté en état aujourd'hui?

Il y a un an, il était encore là, dans toute sa splendeur, bien que le bâtiment administratif ait été depuis longtemps revendu et qu'il ait maintenant une toute autre vocation. Des changements sont toutefois actuellement en cours.

Stations de métro à Essen 1983 - 1985, et à Mülheim, 1993 - 1996

Vous concevez également des bâtiments destinés aux transport: les stations de métro de Essen-Viehofer Platz et de Mülheim-Mitte. Quels en sont les concepts?

Lors de la conception de la station de métro Viehofer Platz, j'ai été assisté par mes quatre fils Georg, Jacob, Moritz et Philip. Le musée allemand de l'affiche se trouvait à proximité immédiate. Cela nous a donné l'idée de réaliser des collages à partir d'affiches actuelles à l'époque et de les insérer dans des viaducs de métro fictifs.

A Mülheim, nous avons, d'un tour de magie, reproduit les silhouettes de la ville sur les murs du métro de sorte que les voyageurs de jour pouvaient voir passer la ville pendant des jours, comme dans un rêve.

Maison Piltz, Düsseldorf 1985

La maison d'habitation que vous avez conçue pour le directeur industriel Klaus Piltz à Düsseldorf est exemple de l'osmose entre l'art, l'architecture et la vie dans le domaine privé…

J'ai fais la connaissance de Peter Kienitz vers 1980 au sein de l'association de soutien du musée Folkwang. Il était cadre dirigeant dans la société Ruhrkohle AG. Il m'a présenté son patron, Klaus Piltz. Piltz qui m'a demandé alors de transformer sa maison. Il était très ouvert à l'art moderne et je fis participer à ce projet de transformation les artistes Horst Lerche et Adolf Luther.

L'élément marquant de la maison de Piltz est cette symbiose entre l'architecture et l'art…

Oui! Horst Lerche a conçu les murs de manière artistique; les tableaux, également, qui sont «accrochés au mur» ne sont pas interchangeables comme bon vous semble. Par ailleurs, nous avons également marié tous les éléments spatiaux les uns avec les autres, de la peinture des murs jusqu'à la couleur et la forme de l'escalier.

Il ne serait donc pas simple d'apporter des modifications à l'aménagement intérieur. Cette maison existe-t-elle encore sous cette forme?

Malheureusement, non. Après la mort inattendue de Klaus Piltz, la maison a été louée. Les travaux de Lerche sont maintenant revêtus de plaques de plâtre afin que les nouveaux locataires puissent accrocher au mur leurs propres tableaux.

Cité des artisans d'Oberhausen-Alstaden, 1984 - 1990

Au cours des années 1980, vous avez réalisé la cité des artisans d'Oberhausen, un projet «invitant au jeu». Parmi les participants à ce «jeu de construction», il y avait vous, quatre autres architectes de la cité, un architecte de jardin, les ouvriers, ainsi que les futurs habitants. Cette cité montre que certaines utopies peuvent prendre corps: planifier en groupe, organiser en commun, prendre en compte les dernière découvertes écologiques et concevoir en même temps des espaces d'habitation individuels. Ce projet s'inscrit dans la tradition des autres cités célèbres telles que Weißenhof à Stuttgart. Quand avez-vous entrepris la planification?

À la fin des années 1970 devait se dérouler une exposition régionale à la frontière d'Essen et de Gelsenkirchen, des mines de Carl jusqu'à Nordstern. Les responsables du bureau de planification, M. Klausch et le professeur Koellmann m'ont demandé si j'avais une idée sur le thème de l'habitation pour le terrain de la mine Carl. J'ai soumis ce défi à la direction de l'association des artisans et j'ai trouvé des personnes me suivant dans cette aventure. C'est ainsi que j'ai conçu, en collaboration avec les architectes Wolfgang Meisenheimer, Hanns Uelner, Mirko Schulz, Heinz Döhmen et l'architecte paysagiste Richard Bödeker, le projet «Stadtmauer» (remparts).

Qui s'est opposé à la réalisation de ce projet sur la mine Carl?

Contrairement à ce que la ville m'avait assuré initialement, les pollutions du sol ne permettaient pas de réaliser une construction. Notre modèle de projet fut présenté à lors de la célébration des 75 ans de l'Association des artisans à Munich, puis plus tard, lors des congrès de l'Association des artisans à Wuppertal et Düsseldorf. Hans-Otto Schulte, chef

de planification à Oberhausen, me demanda alors s'il n'était pas possible de réaliser cette cité sur le terrain de la mine d'Oberhausen-Alstaden. Je développai, dans un premier temps, avec Otto Schulte, un plan de construction. C'est sur cette base qu'a été réalisée l'idée du «rempart». Nous avons construit en tout à peu près 50 maisons.

À quoi ressemblait ce concept?

Le «rempart»est la colonne vertébrale architectonique du dispositif. Il sert de lien pour les greniers et comprend, au rez-de-chaussée et au premier étage, les cuisines et les salles de bain des maisons mitoyennes. Vers le jardin, les maisons ont été conçus avec les futurs habitants - sur la base des «règles du jeu» que nous, architectes, avions définies. Les «matériaux à jouer» telles que les tuiles, le bois, le béton, l'acier et le verre donnèrent naissance à des conceptions très différentes.

Comment s'est déroulée la coopération avec les maîtres d'ouvrage et avec les futurs habitants?

Dans un premier temps, un grand enthousiasme régnait lors des assemblées des habitants de la cité: la demande était supérieure au nombre de terrains à attribuer. Puis, il y eut un brusque revirement lorsque le gouvernement du Land annonça qu'il interdisait une double subvention. Les fonctionnaires de la poste, des chemins de fer ou de la ville ne pouvaient plus demander de subventions supplémentaires au Land. Le nombre de candidats diminua alors de moitié. Sous pression financière, les planifications étaient parfois très laborieuses et durèrent des années.

La cité est d'une part l'une des plus belles qui existent et les habitants sont très satisfaits de leurs maisons. Mais d'autre part, il y a eu également ici des trouble-fête. Nous avons eu des problèmes avec près de la moitié des familles lors de la facturation. Ils ne voyaient pas pourquoi des honoraires d'architecte étaient facturés alors que les prestations étaient réalisées par un travail propre. - Mais c'est précisément les prestations propres qui posent de gros problèmes à l'architecte chargé de la maîtrise d'ouvrage puisqu'il ne peut pas se fier à une exécution qualifiée par une firme spécialisée et experte en la matière. Il a même fallu avoir recours aux tribunaux pour clarifier les choses.

Pour un terrain d'angle particulièrement difficile à vendre, les adversaires de ce projet, qui se trouvaient également dans les rangs de l'administration municipale, nous ont fait cadeau d'un maître d'ouvrage particulièrement opiniâtre. Il a trouvé manifestement très drôle de nous mener en bateau. Il avait fait construire une sorte de «petit château de contes de fées» - orné de petites fantaisies telles que des tourelles, ce que nous ne trouvions pas du tout dans l'esprit de l'Association de l'artisanat…

IV. Synthèse et perspective

En 1995, vous avez achevé le dernier grand projet de construction avec le théâtre à Stendal. Quels sont depuis les projets sur lesquels vous vous concentrez?

Depuis, je me consacre plus intensément à des missions d'urbanisme et de politique culturelle dans la Région de la Ruhr, à Essen et dans mon quartier de Kettwig. Afin d'embellir la place du marché de Kettwig et d'inciter les gens à s'y attarder, j'ai très à coeur par exemple de la transformer et de réaliser une fontaine ornée de sculptures de Carl Emmanuel Wolff. Ce projet, en phase de planification depuis 15 ans, est maintenant sur le point d'être achevé.

Depuis de nombreuses années, je travaille par ailleurs au sein du cercle de travail Essen 2010 en tant que porte-parole. J'essaye, dans ce cadre, d'intégrer des découvertes en matière d'écologie humaine dans le domaine de l'urbanisme. Alors que le comportement de consommation dans la ville n'est que trop présent, la raison d'être, quant à elle, a besoin d'un appui. Ceci englobe par exemple la vie universitaire, musicale, théâtrale et artistique. - Il convient également de lever enfin le tabou même sur les quartiers de prostituées d'une ville. Tous les projets urbanistique visant à la création de quartiers de divertissement attrayants se sont jusqu'à présent tous soldés par un échec.

A la place, on voit s'ériger, actuellement, à Essen, entre l'université et le centre-ville, l'un des plus grands centres commerciaux du territoire…

A mon grand mécontentement! Je préférais nettement que les rues Viehoferstraße et Kettwigerstraße soient valorisées notamment par la mise en place de toitures visant à la protection contre les intempéries, de tracés de cours d'eau, par des aires de jeu et de repos. Au sein du BDA dans la région de la Ruhr et au sein de l'association des artisans de Rhénanie du Nord Westphalie, nous essayons de concevoir un fil directeur pour l'ensemble de la région, mais cette approche n'a pas l'écho souhaité. Les villes se livrent à une lutte de concurrence sans merci - chaque ville veut avoir son propre opéra, ses propres musées, ses propres centres commerciaux et j'en passe et des meilleures.

Même notre douce petite fleur qu'est «Danse de l'architecture. Le spectacle vivant dans les espaces publics» n'arrive pas vraiment à s'épanouir. La région de la Ruhr a tout de même remporté le titre de «Capitale de la culture 2010» - espérons que cela génère une nouvelle dynamique.

Quels sont les projets auxquels vous vous consacrez actuellement au sein du cercle de travail Essen 2010?

Je me consacre à la restructuration urbaine et aux chantiers urbains de déconstruction. Je trouve très triste de voir le sort réservé aux Églises vides, qui se chiffrent à plus de 80, dans l'évêché de Essen - et bien souvent aussi de «cathédrales du travail» abandonnées, qui sont traitées de manière négligente et entièrement dépourvue de fantaisie. Nos temples de l'esthétisme tels que les théâtres et les musées souffrent également d'une sorte de désertion des visiteurs. Même si toutes les tentatives pour «reclasser» ces bâtiments échouent, le courage de laisser de tels bâtiments mourir en paix, plutôt que de les démolir, fait souvent défaut.

Qu'est-ce que cela signifierait concrètement?

Laisser mourir un bâtiment en paix, cela signifie l'accompagner dans la mort tel un mourant. Sa déconstruction demande autant de précaution et d'attention que la réalisation d'une construction nouvelle ou que la transformation d'un bâtiment! Cela pourrait signifier, de manière concrète: retirer de manière contrôlée les fenêtres, ouvrir le toit, pour les tours, les pointes du toit, de sorte que le bâtiment ressemble de plus en plus à une ruine, et de sorte que des plantes, des arbres ou des oiseaux puissent venir s'y loger. Cette déconstruction doit être guidée. - Ce processus est en mesure de dévoiler une beauté particulière. Rome sans ses ruines ne serait pas Rome, mais rien qu'une grande ville banale.

Outre votre engagement urbanistique, vous travaillez, dans le cadre de la transformation du «Stadttor West», en tant qu'architecte conseiller…

Oui! Ce projet a inspiré le Président du Comité directeur de la Geno-Volksbank Rudolf Conrads. Dans un premier temps, mon fils Georg et moi-même avions restructuré le bâtiment de la banque - Georg en tant qu'architecte responsable et moi dans une fonction de conseiller. Le projet «Stadttor West» revalorise l'environnement, en particulier l'espace insignifiant qui entoure le Bahamas. Là aussi, c'est Georg qui s'occupe de la direction; moi, je conseille. Nous créons des œuvres d'art à partir de vestiges de l'histoire économique et technique d'Essen.

J'ai d'ailleurs conçu, en tant qu'architecte, en l'an 2000, le «Burgtheater» situé au centre-ville d'Essen pour le compte de Christian Stratmann, directeur du théâtre. Malheureusement, cette construction n'a jamais été réalisée pour des raisons financières.

L'activité que vous exercez en tant qu'architecte depuis presque 60 ans maintenant s'étend bien au-delà de la manière dont on conçoit habituellement les rôles. Vous interprétez vos missions comme ayant un caractère intégratif et interdisciplinaire - également en tant que «directeur de théâtre» et en tant que «réalisateur»...

J'ai été marqué par les idées de mon professeur d'architecture Otto Ernst Schweizer, de la compréhension heideggérienne de la construction et de l'habitation - en construisant, nous habitons -, de la perception du jeu de Johan Huizinga et des exhortations de Claus Bremers: pense de manière intégrée! Pense en termes d'art architectural! Pense (également) en termes d'invitation au jeu! Car le théâtre n'est qu'un genre classique du spectacle vivant.

La Route des Jeux olympiques était une formidable transposition de cette manière de penser.

L'intégration des arts dans la construction, la «victoire sur la problématique de l'art par le biais d'une construction réalisée en commun» a été réalisée à Gelsenkirchen.

Les étapes importantes d'une invitation au jeu mise en scène étaient la fête de l'association des artisans à Oberhausen-Altenberg et les fêtes Folkwang à Essen. - Les manifestations qui se déroulaient dans le cadre de notre cercle de travail Hugo Kükelhaus commençaient elles aussi par des jeux du mouvement pour se terminer ensuite par «des mets et des vins» et par de la danse. On pouvait nettement discerner, dans ce cadre, à quel point la mauvaise humeur et les hésitations finissaient par se transformer en gaieté pour les gens qui participaient, voire même plus. Les danses et le festin commun avaient toujours la première place dans les souvenirs de la manifestation!

Conformément à votre manière de concevoir les choses, le mouvement des hommes dans l'espace est également l'élément qui détermine la naissance d'un édifice...

Une affirmation de l'architecte Hans Scharoun reste à jamais gravée dans ma mémoire: le sénat de Berlin ne cessant de lui demander obstinément à quoi ressemblerait la philharmonie de Berlin, il finit par répondre de manière bourrue: «je suis en train de concevoir l'intérieur, de réfléchir à la façon dont les gens seront assis les uns par rapport aux autres, d'étudier le «timbre» de la pièce - et après, la philharmonie, elle, ressemblera bien aussi à quelque chose!» L'aspect visuel du bâtiment trouve son origine dans le «timbre» de l'intérieur du bâtiment, naît du mouvement des spectateurs et de la façon dont ils sont installés par rapports aux musiciens. C'est ça qui détermine l'apparence de ce bâtiment! Et non pas l'inverse! Partir de la forme extérieure de l'objet donne naissance à des «cadavres de cire»!

Quels sont les messages que vous aimeriez communiquer à la nouvelle génération d'architectes?

Apprenez à vous mouvoir! Apprenez la rythmique, la danse. Apprenez, dans ce cadre, à percevoir et à ressentir une pièce: apprenez à utiliser vos jambes! Puis, apprenez un métier artisanal, le mieux étant la menuiserie. Puis, apprenez à réfléchir et à parler - l'art du bavardage en dernier! Et non pas dans l'ordre inverse! Ce n'est que lorsque vos jambes rejoignent le jeu que tous les organes de perception se mettent à danser.

Et vérifiez les thèses suivantes:

Construire, c'est la façon dont les gens habitent.
La culture, c'est la façon dont les hommes se traitent entre eux et traitent la nature.
Le jeu, c'est une synthèse entre le hasard et les règles.
Le jeu est la base de la culture.
Les arts sont des jeux qui offrent une raison d'être.
Le théâtre, les salles de concert, les musées sont des lieux sacrés, des temples de l'esthétique.

Et puis pour finir: Bonne chance!

Commentaires

[1] | Mensch und Raum, Das Darmstädter Gespräch 1951, paru dans: Bauwelt Fundamente, sans indication de date, p. 90. Page 91 est mentionné en plus: «Bâtir c'est au fond habiter. Habiter est la manière dont les mortels sont au monde».

[2] | Ces prises de vue sont factices: cela se perçoit clairement dans des phases de travail simulées qui ne correspondent pas aux déroulements et aux techniques effectivement réalisés. Ainsi, des séquences montrent Yves en train d'attacher des éponges naturelles molles à la paroi. Cela ne s'est toutefois jamais produit. C'étaient plus tôt des éponges humides, imbibées de polyester et teintés en bleu au préalable, qui ont été collées aux parois.

[3] | Dans des publications sur Yves Klein, différentes versions circulent sur l'auteur de l'invitation d'Yves Klein à Gelsenkirchen. Parfois on mentionne le galeriste Alfred Schmela, parfois l'artiste Norbert Kricke. Toutefois, l'artiste Norbert Kricke lui-même confirme que Werner Ruhnau a lancé cette invitation. Il écrit dans sa lettre à Werner Ruhnau en date du 5 janvier 1958: «(…) après que tu aies invité Yves à Gelsenkirchen et que tu aies pris des engagements (…)»

[4] | La version originale du texte «Die Entwicklung der Kunst zum Immateriellen» est paru - comme les autres textes d'Yves Klein et de Werner Ruhnau - en allemand, et a été revue du point de vue linguistique par Helmut de Haas.

[5] | Yves Klein, Le dépassement de la problématique de l'art, Editions Montbliart, La Louvière 1960, voir également les extraits de la note 21.

[6] | Voir entre autres la lettre d'Yves Klein en date du 11 janvier 1958: «…que j'avais résolu le problème des éponges teintés en bleu, elles restent ainsi souples et

naturelles assemblées sur une sorte de filet. L'ensemble deviendra une immense tapisserie de chaque côté de la rotonde du foyer et le tout en bleu (…) Les tapisseries n'auront qu'à être décrochées et dépoussiérées par l'aspirateur, et tout simplement données à nettoyer comme des tapisseries ordinaires à des intervalles relativement longs (trois ou quatre ans).» (Catalogue du Musée de Wiesbaden, Wie das Gelsenkirchener Blau auf Yves Klein kam, 2004, page 55).

Yves Klein parle encore des «tapisseries» dans une lettre en date du 19 mai 1958: «(…) depuis la fin de l'exposition, je travaille avec acharnement à la réalisation
1. d'un mètre carré de tapisserie éponge grandeur nature,
2. d'une tapisserie complète mais de proportions réduites à environ 50 cm x 150 cm pour les murs du fond.
Je vais aussi construire une petite maquette du foyer complet avec les tableaux bleus et les tapisseries. (…)», catalogue Wiesbaden, p.70.

[7] | Lettre de Karl-Heinz Schwarzhof, 12.12.1995 (voir p. 236)

[8] | Lettre d' Ernst Oberhoff, 21.07.1974 (p. 236)

[9] | Lettre de Ludwig Graafmann, 14.11.2005 (p. 237)

[10] | Lettre de l'Institut National de la Propriété Industrielle, Paris au Musée de Wiesbaden en date du 5 octobre 2004.

[11] | Voir aussi la lettre d'Yves Klein en date du 11 décembre 1957
«(…) pourriez-vous m'envoyer par retour du courrier un dessin en perspective générale de face de la vue entière du Foyer? Sur un tel dessin, je peux peindre en couleurs mes deux monochromes bleus et mes quatre blancs éponges (foyer - garde-robe) (…)», catalogue Musée de Wiesbaden, p. 45. (et voir aussi p. 238)

[12] | Yves Klein a plus tard commercialisé la perspective du théâtre de Gelsenkirchen en différentes variations. (voir p. 238)

[13] | Le texte - rédigé en allemand - sur l'architecture de l'air a été publié entre autre dans le «Bauwelt» du 23 mars 1959. Yves Klein a publié la traduction en français dans «Le dépassement de la problématique de l'art» de 1960.

[14] | Réflexions communes sur l'architecture de l'air. Dessins d'Yves Klein, automne 1958
Réflexions communes sur l'architecture de l'air. Dessin (en bas) avec buses et mur de feu de Werner Ruhnau, dessin de la buse en haut à gauche par Yves Klein, automne 1958. (voir p. 239)

[15] | Lettre du bureau des brevets à Munich en date du 30 juin 1960, avec en annexe les descriptions de brevet du Reichspatentsamt n° 545632 du 7 mars 1928 ainsi que celle du Ministère du commerce et de l'industrie du 3 novembre 1939. Toutes lettres sont disponibles à l'Archiv Ruhnau.

[16] | Voir aussi la lettre de Werner Ruhnau datant de l'été 1961: «Je viens de lire de nouveau au Kunstwerk [le journal] [un article] de Pierre Restany sur Yves en tant qu'inventeur des architectures de l'air. Si je te donne maintenant mes projets sur la Stiftsruine de Bad Hersfeld pour les retrouver plus tard dans une telle forme, tu ne m'en voudrais pas si je me fâche. Dans les catalogues mis en annexe tu peux voir que j'ai ajouté partout ton nom à l'aide d'un tampon.» (catalogue Wiesbaden, p. 138)

[17] | Le texte «Schule der Sensibilität» a été redigé en allemand. A l'archive Ruhnau existe une version du 26 mars, ainsi qu'une version finale du 27 mars 1959. Cette dernière version a été publiée à plusieurs reprises

et traduite en français, entre autre dans le «Salve Hospes, Braunschweiger Blätter für Kunst und Kultur, 6 juin 1960».De fausses versions circulent également: la Neue Nationalgalerie, Berlin a par exemple publié dans son catalogue de 1976 une retraduction du français fortement modifiée - et de plus traduit de la première version non autorisée du 26 mars 1959.

[18] | Werner Ruhnau. Baukunst. Düsseldorf / Essen 1992, p. 76 sv.

[19] | Une fausse estimation de Rotraut est même citée au catalogue de Paul Wember qui contient un catalogue raisonné des travaux d'Yves Klein (Paul Wember, Yves Klein, Köln 1969, p. 82 «RE 23»): Elle a déclaré comme œuvre inachevé le premier relief éponges en blanc, réalisé au début de l'été 1958. Ce n'est que lorsqu'elle en a fait elle-même l'acquisition, qu'elle a repris cette affirmation.

[20] | Voir le courrier de la ville de Gelsenkirchen à Yves Klein en date du 25 juin 1957: «Chacun de ces projets sera honoré de 1000,- DM. Ils doivent être présentés à un jury visant pour être évalués. Après la prise de décision, il doit y avoir une coopération intensive avec Werner Ruhnau, l'architecte responsable pour parvenir ainsi à une réalisation homogène de l'architecture entière.» (catalogue Wiesbaden, p. 50). A voir aussi la passation contractuelle de la commande à Yves Klein par la ville [de Gelsenkichen] du 13 février 1958: « La surveillance et la facturation de la commande incombent à l'ingénieur diplômé Ruhnau. L'autorisation de réalisation elle-même est accordée en tout état de cause par le maître de l'ouvrage après l'expertise des modèles et des maquettes en dimension originale attachées sur place.» (catalogue Wiesbaden, p. 87).

[21] | Yves Klein écrit, par exemple sur la «collaboration»:

16 juin 1957: «…Cher ami, merci mille fois pour votre parfaite hospitalité. J'ai beaucoup apprécié ma visite chez vous et le bon climat spirituel qui règne dans votre maison. (…) mais voulez-vous, très rapidement, être assez aimable pour m'écrire une lettre officielle de la part de la ville de Gelsenkirchen m'engageant au concours des maquettes de décoration du théâtre dans l'équipe Kricke - Arp et Yves…» (catalogue Wiesbaden, p. 35)
Novembre 1957: «…Je crois que tout Paris, aujourd'hui, ne parle plus que du formidable théâtre de Gelsenkirchen et de l'exceptionnel esprit de compréhension de son architecte Werner Ruhnau dans sa collaboration avec les artistes. C'est historique je pense!» (catalogue Wiesbaden, p. 41).

17 janvier 1958: «…Soyez sûrs et certains, Cher WERNER, que je sais très bien que sans vous il n'y aurait pas eu de «monochromes» à Gelsenkirchen et je n'oublie pas. Jamais!...» (catalogue Wiesbaden, p. 58).

Février 1958: «…Quelle merveille ce contrat! J'en suis très heureux et tellement enthousiaste de travailler avec vous à cette «situation européenne»! (catalogue Wiesbaden, p. 66).

Discours d'Yves Klein à la Commission du théâtre de Gelsenkirchen du 22 novembre 1958: «…Ma peinture tente d'être une figuration de la liberté à l'état matière première; Madame, Messieurs, c'est pour cela que je vous demande aujourd'hui de bien vouloir m'accorder de réaliser ces œuvres pour vous, dans l'esprit de mon idéale conception de la peinture et de collaboration avec l'architecte Monsieur Werner Ruhnau.» (catalogue Wiesbaden, p. 95).

Janvier 1959: Discours d'Yves Klein lors du vernissage de l'exposition de Jean Tinguely à Düsseldorf, publié dans «Le dépassement de la problématique de l'art», p. 19 sv.: «…je voudrais proposer à tous ceux qui voudront bien entendre: la COLLABORATION! (…) Collaborer veut dire exactement travailler en commun à un même ouvrage. L'ouvrage pour lequel je propose la collaboration, c'est l'Art. (…) Je trouverai alors, tout naturel et normal, d'apprendre un jour que l'un des membres du fameux pacte [de collaboration, ndlt] a signé soudain, spontanément, un de mes tableaux quelque part dans le monde (…) De même tout ce qui me plaira pami les œuvres des autres membres du pacte, je m'empresserai de le signer (…) Je ne parle pas, utopiquement ce soir, en proposant cette nouvelle forme de collaboration (…) je parle en connaissance de cause: depuis plus d'un an déjà, je pratique avec l'architecte Werner Ruhnau la collaboration avec succès. Nous avons créé, sans toutefois avoir encore réalisé, des plastiques d'eau, de vent, de feu et de lumière.»

[22] | Le contrat entre Yves Klein et la ville de Gelsenkirchen en date du 13 février 1958 prévoyait un collage d'éponges sur la totalité d'une surface: «Le prix forfaitaire de 30000 DM comprend les frais de matériel d'un montant de 20000 DM et se réfère à un collage d'éponges sur l'ensemble de la surface susmentionnée (…) Si les surfaces de la garde-robes ou d'autres parties ne sont pas réalisées, les frais de 30000 DM seront proportionnellement réduits de cette surface par rapport à la surface totale.» (catalogue Wiesbaden, p. 86).

[23] | Les cabanes ont été construites par le Technisches Hilfswerk (protection civile).

[24] | Les collaborateurs des bureaux d'architecture pour la Route des Jeux à Essen et à Munich étaient entre autres: Johannes Göhl, Jürgen Höfer, D.FA Blöbaum, Albert Filoni. Anita et Werner Ruhnau avaient fait la connaissance de Göhl dès les années 1950 dans un caveau de Jazz à Munich où il jouait de la contrebasse. Lorsque le contrat pour la Route des Jeux prit corps, Werner Ruhnau l'engagea immédiatement comme architecte «proche des arts». Göhl supervisait les demandes d'obtention de permis de construire et il pris en charge la direction des travaux sur place, assisté par Höfer. Blöbaum et Filoni firent des esquisses de projet.

[25] | Anita et Werner Ruhnau vivaient séparés depuis la fin des années 1970. Leur divorce fut prononcé en 1980 en raison du remariage d'Anita Ruhnau. Amitié et coopération au sein du bureau d'architecture et de la Collection Werner Ruhnau perdurent toutefois jusqu'à aujourd'hui. - Elisabeth Stelkens est la compagne de Werner Ruhnau depuis 1981.

Anhang

Anmerkungen

[1] | Mensch und Raum, Das Darmstädter Gespräch
1951, erschienen in: Bauwelt Fundamente, o.J.,
S. 90. Auf S. 91 heißt es weiter: „Bauen ist eigentlich
Wohnen. Das Wohnen ist die Weise, wie die Sterblichen
auf der Erde sind."

[2] | Diese Filmaufnahmen sind gestellt: Deutlich er-
kennbar ist dies an Aufnahmen angeblicher Arbeits-
vorgänge, die jedoch nicht den tatsächlichen Abläufen
und Techniken entsprechen. So gibt es beispielsweise
Sequenzen, in denen Yves Klein weiche Naturschwämme an die Wand heftet. Das ist jedoch nie geschehen:
An die Wand geklebt wurden vielmehr nasse polyester-
getränkte und blau vorgefärbte Schwämme.

[3] | Es kursieren unterschiedliche Versionen darüber, wer
die Einladung Yves Kleins nach Gelsenkirchen initiierte:
Mal wird der Galerist Alfred Schmela genannt, mal der
Künstler Norbert Kricke. Dass Werner Ruhnau derjenige war, der diese Einladung aussprach, bestätigt jedoch
Kricke selbst. In seinem Brief an Werner Ruhnau vom
5. Januar 1958 schreibt er: „(…) nachdem Du Yves
nach Gelsenkirchen eingeladen und Zusicherungen
gemacht hast (…)."

[4] | Der Text „Die Entwicklung der Kunst zum Immateri-
ellen" erschien - wie auch die anderen gemeinsamen
Texte von Yves Klein und Werner Ruhnau - im Original
auf Deutsch, sprachlich überarbeitet von Helmut de
Haas.

[5] | Yves Klein, Le dépassement de la problématique de
l'art, Editions de Montbliart, La Louvière 1960, vergleiche Auszug in Anmerkung 22

[6] | Vergleiche unter anderem den Brief von Yves Klein
vom 11. Januar 1958:
„(…)dass ich das Problem der in Blau getauchten
Schwämme gelöst habe, sie bleiben so weich und
natürlich auf einer Art Netz angeordnet. Das Ganze wird
zu einem ungeheuer großen Wandteppich, dies von
allen Seiten der Rotunde des Foyers und alles in Blau.
(…) Die Wandteppiche müssen nur abgeschraubt und
mit einem Staubsauger in sehr langen Zeiträumen (drei
oder vier Jahre) wie normale Teppiche gereinigt werden." (Katalog Museum Wiesbaden, Wie das Gelsenkirchener Blau auf Yves Klein kam, 2004, S. 55)

Auch in einem Brief vom 19. Mai 1958 spricht Yves
Klein noch von „Wandbehängen":
„(…)seit dem Ende der Ausstellung arbeite ich mit
Verbissenheit an der Herstellung:
1. von einem 1 m² eines Wandbehangs aus Schwämmen in natürlicher Größe,
2. eines kompletten Wandbehanges, aber reduziert auf
die Proportionen ungefähr
50 x 150 cm, für die Stirnwände.
Ich werde auch einen kleinen Entwurf des gesamten
Foyers mit den blauen Bildern und den Wandbehängen
ausführen." (Katalog Wiesbaden, S. 70)

7 | Brief von Karl-Heinz Schwarzhof an Werner Ruhnau vom 12. Dezember 1995

Sehr geehrter Herr Prof. Ruhnau,

nach vielen Jahren hatten wir mal wieder die Gelegenheit, über die alten Zeiten in der Feuerwache zu plaudern und Erinnerungen auszutauschen. In unserem Gespräch kamen wir auch auf die künstlerischen Arbeiten am Stadt-Theater in Gelsenkirchen zu sprechen, in die Sie mich ja damals sehr stark mit einbezogen haben, weil Sie mich als Mitarbeiter mit Planungs- und Bauleitungsaufgaben für den Zuschauerraum und das Foyer beauftragt hatten. Ich erinnere mich noch gerne an diese Zeit und sehe es noch heute, wie Sie mit Yves Klein auf den Gerüsten standen und den Arbeitern Anweisungen über die Struktur der Unterkonstruktion der großen, späteren blauen Tableaus gaben. Hier ist mir eine Anekdote in bleibender Erinnerung. Herr Schimmak, der ja für die Bauleitung zuständig war, kam eines Tages von der Baustelle ins Büro und sagte zu uns: „Ihr lieben Leute, jetzt sind die beiden ganz verrückt worden, jetzt schmeißen sie Kieselsteine in den frischen Putz." Da ich selber zur Baustelle mußte, sah ich Sie und Yves Klein, wie sie Kieselsteine in den frischen Putz warfen. Ich hoffe, daß Sie diese kleine, aber nette Episode, die Sie ja bisher nicht kannten, nachträglich den vielen netten Erinnerungen an diese Zeit hinzufügen können.

Herzliche Grüße,
Karl-Heinz Schwarzhof

8 | Schreiben von Ernst Oberhoff vom 21.Juli 1974

Neubau Theater Gelsenkirchen

Bei der Durchführung des Theaterneubaues wurde ich von der Bauleitung Ruhnau mit der Überwachung des Anstrichs und der Farbgebung beauftragt.- Nach langen Vorgesprächen waren wir uns einig, daß zugunsten der Material und Architekturwirkung nur Weiß/Grau und Schwarz für die Gestaltung der Innenräume in Frage käme. Bei Weiß war der Fall klar, es konnte nur ein Weiß ohne Farbzusatz sein, damit die totale Reflexion und die Rückstrahlung der Kleinschen Farbwände und der anderen Materialien wie Stein, Marmor, Leder und Metall gewährleistet war. Der Anstrich hatte sich inaktiv einzuordnen und der Gesamtraumstimmung zu dienen.

Beim Aufbau der plastischen Wände von Yves Klein entstanden einige Probleme. Die große Sendung griechischer Naturschwämme wurde vorsichtshalber in einen verschließbaren Kellerraum gelagert. Mit Nachschlüsseln holten sich

Bauhandwerker Badeschwämme für den Hausgebrauch, die großen Exemplare waren die begehrtesten Schwämme. Das Aufbringen der Schwämme auf die Putzwand wurde gleichzeitig mit der Härtung der Schwämme gekoppelt. Die Schwämme wurden in eine Kunstharzlösung (mit großer Klebekraft) getaucht und nach kurzem Anziehen auf die Wand geklebt. Am nächsten Tag waren sie steinhart und nicht mehr saugfähig. Die Saugunfähigkeit war wichtig, weil sonst die Leuchtkraft des tiefblauen Ultramarin-Tones nicht gewährleistet war.

Die plastische Putzwand neben der Schwammwand brachte neue und andere Probleme. Auf eine spontane Idee Ruhnaus hin wurden in den frischen Putz, Kiesel und kleine Ziegelsteinbrocken geworfen. Durch die Rasanz des Werfens bildeten sich kleine Krater, welche die Struktur der Putzwand bereicherten. Nun war der Putz ein reiner Kalk-Sandputz, der von Natur aus sehr saugend ist und eine besonders feste Untergrundbindung für die blaue Farbe brauchte. Yves Klein hatte von einem befreundeten Parfümeriefabrikanten in Paris für ca. 12.000 Mark blau getönten Lack auf Azeton-Basis (Nagellack) gekauft. Er nannte dieses Material „Medium". Dieses Medium sollte den leuchtenden Ultramarinton auf die Putz-Reliefs und Schwammwände bringen. Es wurde die teuerste Grundierung, die ich je erfahren habe. Das kam so: Die blaue Farbe sollte, der riesigen Flächen und der Krater und Vertiefungen wegen, mit Spritzpistolen unter ziemlichem Druck aufgetragen werden. Zu diesem Zweck wurde ein ausfahrbarer Teleskop-Montagekorb gemietet. Diese mit Aceton stark verdünnte Nagellackfarbe (Medium) versank aber fast ohne isolierende Wirkung in die Putzfläche und brachte in keinem Fall den leuchtenden Blauton. Ein weiterer Grund war der, daß auf dem kurzen Weg von der Spritzdüse bis zur Wand die Aceton-Verdünnung schon verflogen war und der Farbton nicht zur Geltung kam. Da nun der Eröffnungstermin immer näher rückte, musste eine andere, sichere Lösung gefunden werden. Ich stellte nach einigen Versuchen mit Yves und Ruhnau fest, daß eine vollgemischte Dispersionsfarbe mit Ultramarinpigment den gleichen Zweck besser erfüllte, ja, durch die bessere Deckkraft eine größere Leuchtkraft entstand. Der am Bau tätige Malermeister, der zufällig einen ehemaligem Fremdenlegionär als Gesellen beschäftigte (Yves Klein sprach kaum deutsch) wurde im Einverständnis mit Klein und Ruhnau beauftragt, die Ultramarinflächen fertig zu spritzen. Diese Farbe hat bis heute gehalten und besitzt noch ihre alte Leuchtkraft.

E. Oberhoff

9 | Brief von Ludwig Graafmann an Werner Ruhnau,
per Fax am 14. November 2005

Arbeiten am Theaterneubau der Stadt Gelsenkirchen 1957
– 1959

Sehr geehrter Herr Ruhnau,
sehr geehrte Frau Ruhnau,

hiermit bestätige ich Ihnen, dass meine Malerfirma (Graaf-
männer malen über 300 Jahre) von der Stadt Gelsenkirchen beauftragt war, die Malerarbeiten am Neubau des
Stadttheaters vorzunehmen.

Bei der Ausführung dieses Auftrags kam ich durch die
Vermittlung des Herrn Ruhnau und des Herrn Rädiker von
der Stadt Gelsenkirchen mit Herrn Yves Klein in Kontakt.

Die Einbeziehung der Firma Graafinann in die Arbeiten
des Herrn Klein erfolgte, da Sie Herr Ruhnau und auch
die Beauftragten der Stadt Gelsenkirchen, Sorge um die
Einhaltung des Eröffnungstermins durch die nicht fertig
gestellten Arbeiten des Herrn Klein hatten, da Herr Klein
mit der praktischen und technischen Ausführung, bedingt
vor allem durch die Grösse der Objekte, nicht klar kam, und
somit die Hilfe von Fachleuten benötigte.

Ich habe dann für Herrn Yves Klein u.a. das von der Firma
B.A.S.F. hergestellte Ultramarinblau eingekauft. Da sein
nur für kleine Flächen geeignetes Medium, aufgrund der
zu schnellen Verdunstung, nicht für die hier vorgesehenen
Flächen geeignet war, habe ich ein preiswertes Bindemittel
von dem deutschen Hersteller Caparol besorgt, das den
Blauton in Verbindung mit dem Ultramarin nicht ver-
fälschte, matt auftrocknete, wischfest war und im Spritzverfahren für die großen Wandbilder und Schwammreliefs
geeignet war. Die Schwammreliefs entstanden, indem wir
die Naturschwämme in blau eingefärbtes Polyesterharz
getaucht haben und dann an die aufskizzierten Flächen an
die Wand geklebt haben. Es war die Idee meines Schwa-
gers Horst Scholten, die Schwämme mit einem Wäsche-
wringer nach dem Tauchen von dem überschüssigen Poly-
ester zu befreien. Dieses war gegenüber dem Auswringen
mit den Händen eine große Arbeitserleichterung.

Meine Mitarbeiter haben dann die Wandbilder und auch die
mit den Schwämmen beklebten Flächen im Spritzverfahren
mit einer Mischung aus dem B.A.S.F. Ultramarinblau, dem
Caparol-Bindemittel und Wasser beschichtet.

Ich hoffe, Ihnen mit meinen Angaben gedient zu haben.
Für weitere Auskünfte stehe ich Ihnen gerne zur Verfügung.
Mit freundlichen Grüßen

Ludwig Graafmann

10 | Schreiben des Institut National de la Proprieté
Industrielle, Paris, an das Museum Wiesbaden vom 5.
Oktober 2004

Zeichnung im Brief von Yves Klein an Werner Ruhnau, 11. Dezember 1957, aus „Yves Klein - Werner Ruhnau", S. 8

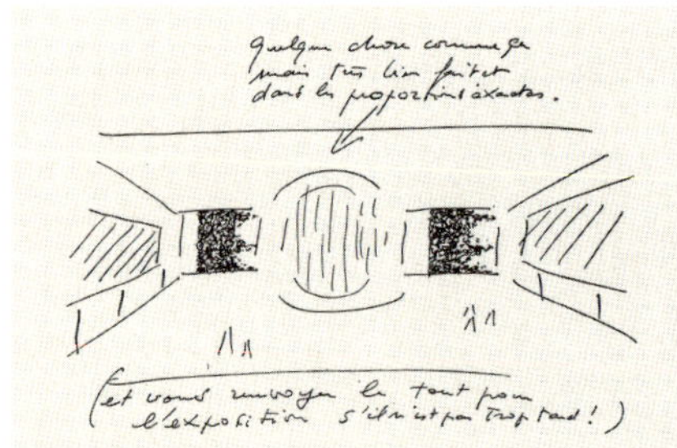

11 | Vergleiche Brief von Yves Klein vom 11. Dezember 1957:

„(…) können Sie mir nicht als Antwort eine perspektivische Gesamtzeichnung von vorne gesehen, des ganzen Foyers zusenden? Auf einer solchen Zeichnung kann ich meine zwei Blauen Monochrome und meine vier weißen Schwamm(Wände) (Foyer-Garderobe) in Farbe eintragen." (Katalog Wiesbaden, S. 45)

Zeichnung von Werner Ruhnau für Yves Klein, Ende Dezember 1957

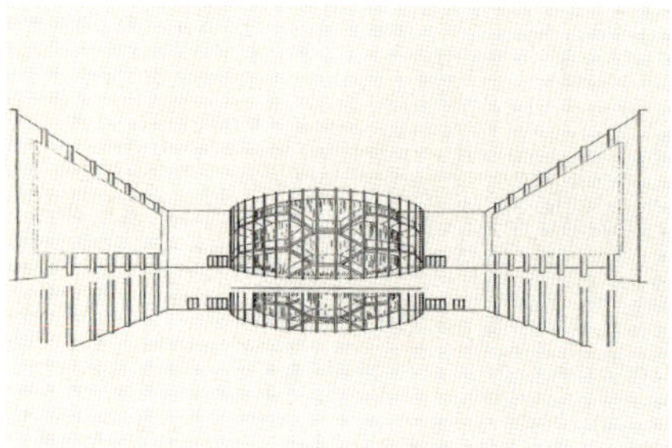

Einzeichnung der Schwammreliefs und Wandbilder in Ultramarin durch Yves Klein in die Originalzeichnung von Werner Ruhnau

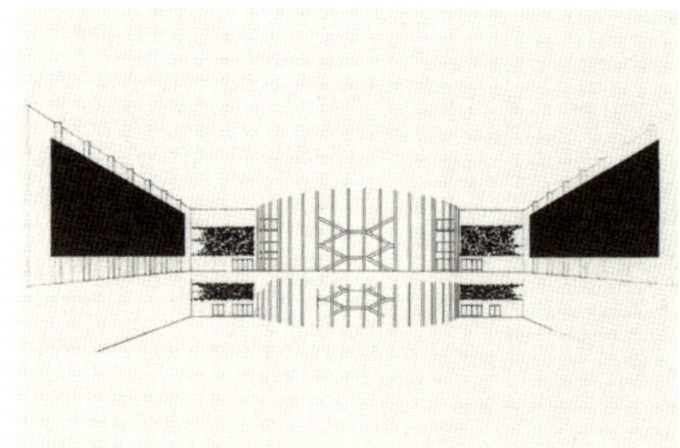

Schwammreliefs hellblau Wandbilder ultramarin Aus Hannah Weitemeier, Klein, Köln 2002, S. 40; Katalog Yves Klein, Kunsthalle Schirn Frankfurt, 2004

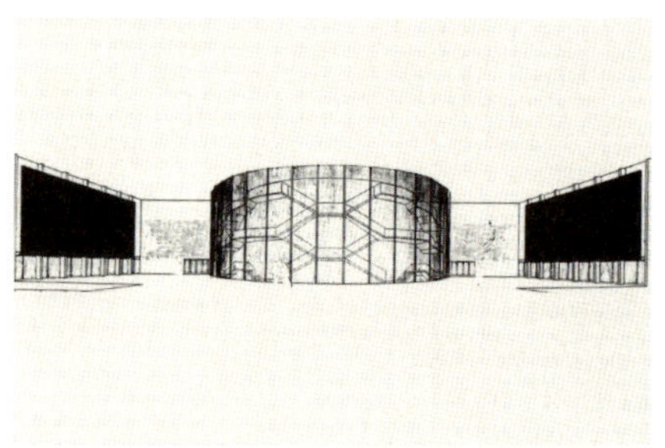

12 | Yves Klein brachte die Perspektive des Gelsenkirchener Theaters später in verschiedenen Variationen auf den Markt.

Schwammreliefs und Wandbilder ultramarin - aus Katalog Sidra Stich, Yves Klein, Köln 1995, S. 115

Schwammbilder und Reliefs in Ultramarin. Die unteren Reliefs fehlen.

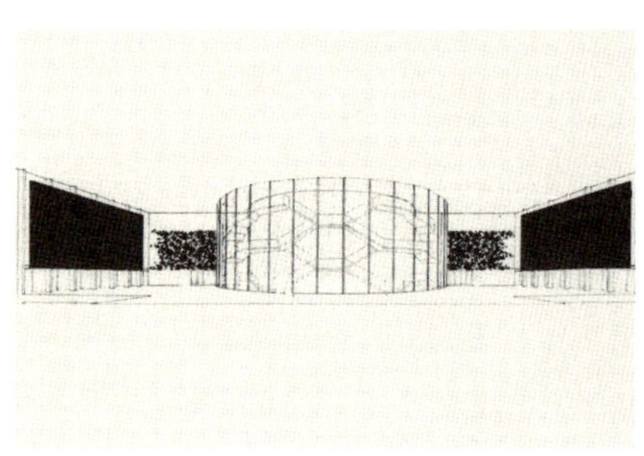

13 | Der auf Deutsch verfasste Text zur Luftarchitektur wurde mit gemeinsamer Autorennennung unter anderem in der „Bauwelt" vom 23. März 1959 veröffentlicht. In „Le dépassement de la problématique de l'art" publizierte Yves Klein 1960 die französische Übersetzung.

14 | Gemeinsame Überlegungen zur Luftarchitektur. Zeichnungen von Yves Klein, Herbst 1958

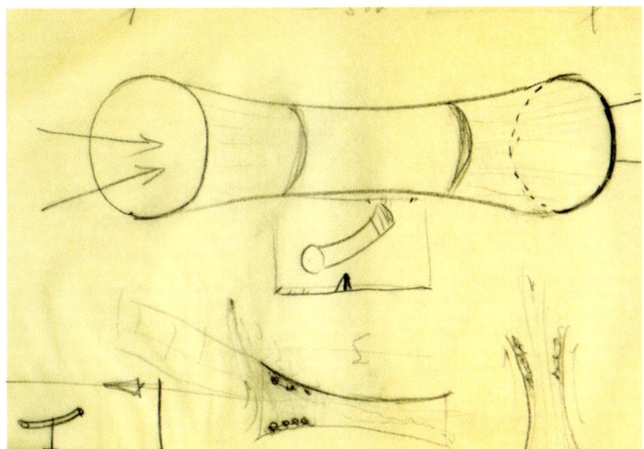

Gemeinsame Überlegungen zur Luftarchitektur. Zeichnung (unten) mit Düsen und Feuerwand von Werner Ruhnau, Einzeichnung Düse oben links von Yves Klein, Herbst 1958

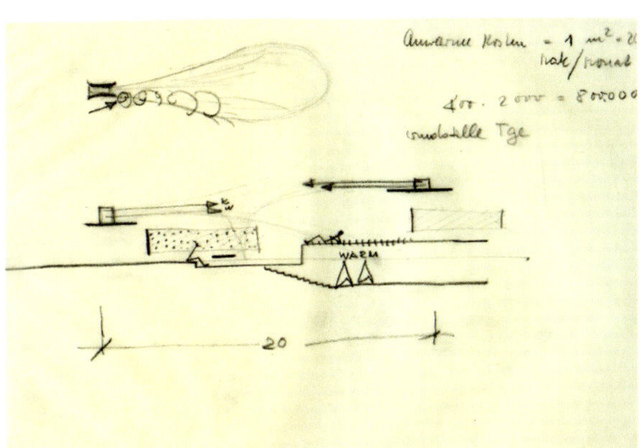

15 | Schreiben des Deutschen Patentamtes München vom 30. Juni 1960 mit Anlage der Patentschriften des Reichspatentamtes Nr. 545632 vom 7. März 1928 und des Ministère Du Commerce et De L'Industrie vom 3. November 1939. Alle Schreiben einsehbar im Archiv Ruhnau.

16 | Vergleiche Brief von Werner Ruhnau im Sommer 1961: „Neuerdings lese ich wieder im (Anm.: in der Zeitschrift) Kunstwerk über Yves als den Erfinder der Luftarchitekturen von Pierre Restany. Wenn ich Dir nun mein Projekt der Stiftsruine in Bad Hersfeld gebe, und es wieder in solch einer Form veröffentlicht finde, wirst Du mir nicht übelnehmen, wenn ich dann böse werde. In den beigelegten Katalogen siehst Du, dass ich mit Hilfe eines Stempels überall deinen Namen hinzugesetzt habe." (Katalog Wiesbaden, S. 138)

17 | Projekttext Theater der Leere

Theater der Leere

entworfen von Yves Klein und Werner Ruhnau 1957 / 58
für das Kleine Haus Gelsenkirchen

Ablauf des Stückes in folgenden Akten:

- Einlass

- Die Besucher nehmen im Saal Platz, ein Gong ertönt. Die Saalbeleuchtung erlischt,
die Bühne wird mit geschlossenem Vorhang sichtbar.

- Der Bühnenvorhang öffnet sich und gibt einen hell erleuchteten, leeren Bühnenraum
frei.

- Monotone Musik erklingt unsichtbar von der Bühne.

- Die Unterarme der Zuschauer werden mit Hilfe von unter den Armlehnen eingebauten
„Handschellen" an die Stühle „gefesselt".

- Der Zuschauerraum wird wieder erleuchtet.

- Die „Handschellen" lösen sich, die befreiten Zuschauer bleiben sitzen oder
gehen in das Foyer; von der Bühne her klingt weiter monotone Musik.

- Im Foyer werden Champagner und Kaviar gereicht.

- Verklingen der monotonen Musik, die letzten Besucher verlassen Saal und Foyer.

---------- Ende -----------

Mit der „Partei der Blauen Patrioten" als Avantgarde für die blaue Revolution, mit dem „Theater der Leere", der „Luftarchitektur" im „espace climatisée", der „farbigen Überspannung" von Schwammre-liefs und Wandbildern im Foyer, dem „Eröffnungsfestspiel" auf dem Theatervorplatz und utopischen Projekten wie den Entwürfen des „Feuer-Wasser-Luft-Cafés" als Vorstufe zum „Tempel der
Elemente" und einer „Schule der Sensibilität"... wollten Yves Klein und Werner Ruhnau unter der Bauhüttenlosung „vive la situation européenne" eine neue Welt bauen.

Erinnert aus Anlass einer 2004 geplanten Yves-Klein -Ausstellung in der Schirn in Frankfurt, Essen, im Juni 2003, ergänzt im Februar 2005 für die Ausstellung an der TU in Dresden.
Werner Ruhnau

[18] | Der Text „Schule der Sensibilität" wurde auf
Deutsch verfasst. Im Archiv Ruhnau liegen eine Fas-
sung vom 26. März sowie die endgültige vom 27. März
1959 vor. Diese letzte Version wurde mehrfach publiziert, unter anderem in „Salve Hospes, Braunschweiger
Blätter für Kunst und Kultur, 6. Juni 1960", und ins
Französische übersetzt. Es sind allerdings auch falsche
Versionen in Umlauf: Beispielsweise veröffentlichte die
Nationalgalerie Berlin in ihrem Katalog 1976 eine stark
verfremdete Rückübersetzung aus dem Französischen
– noch dazu der nicht autorisierten Vor-Fassung vom
26. März 1959.

[19] | Werner Ruhnau, Baukunst, Düsseldorf / Essen
1992, S. 76 f

[20] | Eine Fehleinschätzung Rotraut Klein-Moquays ist
sogar in dem von Paul Wember zusammengestellten
Werkverzeichnis der Arbeiten Yves Kleins wiedergege-
ben (Paul Wember, Yves Klein, Köln 1969, S. 82 „RE
23"): Sie erklärte das erste weiße, im Frühsommer
1958 entstandene Schwammrelief von Yves Klein und
Werner Ruhnau zunächst für unvollendet. Erst als sie es
selbst erwarb, nahm sie diese Behauptung zurück.

[21] | Vergleiche Schreiben der Stadt Gelsenkirchen vom
25. Juni 1957: „Diese Entwürfe werden mit je 1.000.-
DM honoriert und sollen einer Jury zur Beurteilung vor-
gelegt werden. Nach der Entscheidung soll es zu einer
intensiven Zusammenarbeit mit dem verantwortlichen
Architekten, Herrn Werner Ruhnau, kommen, um zu
einer einheitlichen Gestaltung der Gesamtarchitektur
zu gelangen." (Katalog Wiesbaden, S. 50) Vergleiche
auch die vertragliche Erteilung des Auftrages durch
die Stadt an Yves Klein vom 13. Februar 1958: „Die
Überwachung und Abrechnung des Auftrages obliegt
dem verantwortlichen Architekten des Bauvorhabens,
Herrn Dipl. Ing. Ruhnau. Die Ausführungsgenehmigung
selbst wird nach Begutachtung der Modelle und der an

Ort und Stelle in Originalgröße angebrachten Proben
in jedem Falle durch den Bauherrn erteilt." (Katalog
Wiesbaden, S. 87)

[22] | Yves Klein schreibt zur Zusammenarbeit („Collabo-
ration") beispielsweise:

16. Juni 1957: „Lieber Freund, tausend Dank für
Ihre großzügige Gastfreundschaft. Ich habe meinen
Besuch bei Ihnen sehr genossen, wie auch das gute
geistige Klima, das in Ihrem Hause herrscht. (…) aber
wollen Sie sehr bald die Freundlichkeit haben, mir von
der Stadt Gelsenkirchen aus einen offiziellen Brief zu
schreiben, in dem steht, dass ich im Team Kricke - Arp
aufgefordert worden bin, am Wettbewerb zur Erlan-
gung von Entwürfen zur Ausschmückung des Theaters
teilzunehmen…"(Katalog Wiesbaden, S. 35)

November 1957: „Ich glaube, dass heute ganz Paris
nur von diesem großartigen Theater in Gelsenkirchen
spricht und vom außerordentlichen Geist der Verstän-
digung des Architekten Werner Ruhnau in der Zusammenarbeit mit Künstlern. Es ist historisch, glaube ich".
(Katalog Wiesbaden, S. 41)

17. Januar 1958: „Seien Sie sicher und davon überzeugt, lieber WERNER, dass ich sehr wohl weiß, dass
es ohne Sie keine „Monochromes" in Gelsenkirchen
geben würde, und ich vergesse dies nicht. Niemals!..."
(Katalog Wiesbaden S. 58)

Februar 1958: „Der Vertrag, welch Wunder! Ich bin
sehr glücklich damit und so begeistert, mit Ihnen zusammen an der „europäischen Situation" zu arbeiten!"
(Katalog Wiesbaden, S. 66)

Rede von Yves Klein vom 22. November 1958 vor der Theaterbaukommission: „Meine Malerei zielt dahin, eine Figuration der Freiheit in ihrem Urwesen zu sein, und darum, meine Damen und Herren, bitte ich Sie heute, mich die Arbeit im Sinne meiner Idealvorstellung von der Malerei und von der Zusammenarbeit mit dem Architekten Werner Ruhnau für Sie ausführen zu lassen." (Katalog Wiesbaden, S. 96)

Januar 1959: Vortrag von Yves Klein zur Eröffnung der Ausstellung von Jean Tinguely in Düsseldorf, veröffentlicht in „Le dépassement de la problématique de l'art", S.19 ff: „(…) möchte ich allen, die genau zuhören können, eines vorschlagen: „ZUSAMMENARBEIT" (…) „Zusammenarbeit heißt genau: Gemeinsam an demselben Werk arbeiten. Und das Werk, für das ich Zusammenarbeit vorschlage, ist die Kunst. (…) Ich werde es dann ganz normal und natürlich finden, wenn ich davon erfahre, dass eines der Mitglieder dieses berühmten Paktes (zur Zusammenarbeit, Anm. d.Ü.) plötzlich und spontan irgendwo auf der Welt eines meiner Bilder signiert hat (…) Ebenso werde ich mich bemühen, alles zu signieren, was mir unter den Werken der anderen Mitglieder dieses Paktes gefällt (…) Wenn ich heute Abend diese neue Form der Zusammenarbeit vorschlage, spreche ich nicht von einer Utopie (…) ich spreche in Kenntnis der Sache: Bereits seit über einem Jahr praktiziere ich mit dem Architekten Werner Ruhnau eben diese Zusammenarbeit mit Erfolg. Wir haben gemeinsam Luftarchitektur und eine Reihe anderer Arbeiten geschaffen, die noch in Vorbereitung sind."

[23] | Der Vertrag der Stadt Gelsenkirchen mit Yves Klein vom 13. Februar 1958 sah eine vollflächige Verklebung mit Schwämmen vor: „Der Pauschalpreis von 30.000 DM enthält einen Materialanteil von 20.000 DM und bezieht sich auf eine vollkommene Schwamm-

abdeckung der gesamten vorbezeichneten Fläche. (…) Kommen die Garderobenflächen oder andere Teile in Fortfall, so ermäßigen sich die für diese Flächen vorgesehenen Kosten von 30.000 DM im Verhältnis zur Gesamtfläche." (Katalog Wiesbaden, S. 86)

24 | Der leere Spielraum und die darstellende Kunst

QUADRIENNALE PRAG 6. Juni - 6. Juli 1999
THEATERBAUTEN IN DEUTSCHLAND 1995-1999

DER LEERE SPIELRAUM UND DIE DARSTELLENDE KUNST

1911 wird, ohne Rampe und Proszenium, der erste leere Spielraum im Festspielhaus Hellerau gebaut. Stapelbare Heizelemente dienen dem Bau von Bühnen im ungeteilten Lichtraum.

Architekt: Heinrich Tessenow
Bühnenbild: Adolphe Appia
Lichtführung: Alexander von Salzmann

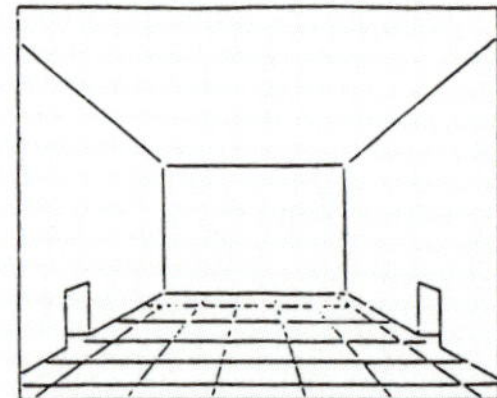

ca. 1925 schreibt der erste Deutsche Theaterwissenschaftler Max Hermann (1886 - 1943), dass Spieler und Besucher gleichzustellen sind; er bezeichnet diese als „Mitspieler".

1958 in Weiterführung der Praktikabeln" von Adolphe Appia für Hellerau entwirft Werner Ruhnau für das Theater in Bonn das

„Podienklavier', ein Instrument für Spiele im und mit dem Raum.

25 | Spiel - Raum - Theater

SPIEL - RAUM - THEATER
Arbeitsgruppe 4 der OISTAT-Architektenkommision

Im kosmischen Geschehen forschen die Menschen nach den in der Natur wirkenden Gesetzen. Diese erweisen sich im Zusammenwirken von Zufall und Regel als "Spiel". Johan Huizinga hat dies in seinem "Homo ludens - vom Ursprung der Kultur im Spiel" überzeugend gezeigt.

Das Zusammenspiel der Menschen untereinander und mit der Natur regeln die Menschen von Kultur zu Kultur unterschiedlich durch Gesetze, Verordnungen, Erlasse usw. Auf den Bühnen in den Theatern bestimmen und regeln Autoren, Regisseure und Darsteller Inhalt und Ablauf des Spiels.

Demnach benennen wir die Geschehnisse sowohl im Kosmischen wie im Sozialen als auch im Theaterraum als "Spiel". Frage: Wie unterscheiden sich die Regeln für das darstellende Spiel von Kultur zu Kultur in aller Welt?

Im klassischen europäischen Theater befinden sich Spieler und Besucher in den Raumteilen Auditorium und Bühne einander gegenüber. Den für das europäische Theater typischen Theatervorhang hat Juris Dimiters in seinem Theaterplakat als "Straßenbesen" gestaltet, der gleichsam die "geistige Reinigung", die ein Theaterbesuch bewirken kann, versinnbildlichen soll.

Fragen: Entspricht diese Art von darstellendem Spiel mit dem Gegenüber von Darstellern und Betrachtern nicht einem überholten Verhalten gegenüber dem kosmischen Geschehen? Reicht diese Art des distanzierten Beobachtens heute noch aus? Bedarf es nicht auch anderer Formen des darstellenden Spiels, um mit diesen das menschliche Verhältnis zur "Weltbühne" im darstellenden Spiel zu erneuern?

Welche Zusammenhänge gibt es zwischen der Raumhülle (Spielraum) und der Form der darstellenden Kunst? Brauchen wir für neue Formen des Zusammenspiels zwischen Besuchern, Spielern und Räumen nicht auch neue Stücke?
Die Vision dieser Arbeitsgruppe ist es, mit Hilfe eines Wettbewerbs mit dem ITI neue Stücke für szenische Ereignisse in modernen, variablen Spielräumen auszuprobieren.

Werner Ruhnau, Vorsitzender März 1997

26 | Die Buden wurden vom Technischen Hilfswerk gebaut.

27 | Mitarbeiter der Architekturbüros für die Spielstraße in Essen und München waren unter anderen: Johannes Göhl, Jürgen Höfer, D.FA Blöbaum, Albert Filoni. Göhl hatten Anita und Werner Ruhnau bereits in den 50er Jahren in einem Münchener Jazzlokal kennen gelernt, wo er die Bassgeige spielte. Als sich der Auftrag für die Spielstraße abzeichnete, verpflichtete Werner Ruhnau ihn als „kunstnahen" Architekten sofort. Göhl überwachte die Bauanträge und übernahm die Bauleitung vor Ort, unterstützt von Höfer. Blöbaum und Filoni erstellten Entwurfszeichnungen.

28 | Anita und Werner Ruhnau lebten seit Ende der 70er Jahren getrennt; wegen der Wiederverheiratung Anita Ruhnaus wurde die Ehe 1980 geschieden. Freundschaft und Kooperation im Architekturbüro und Archiv dauern jedoch bis heute an. - Elisabeth Stelkens ist seit 1981 Lebensgefährtin von Werner Ruhnau.

Werner Ruhnau
Biographische Daten

1922	geboren am 11. April in Königsberg
1940 - 1941	Wehrdienst
1941 - 1943	Studium der Architektur und Kunstgeschichte in Danzig
1943 - 1945	Wehrdienst
1945 - 1950	Studium der Architektur an den Technischen Hochschulen Braunschweig und Karlsruhe, Diplom
1952 - 1954	Landwirtschaftskammer Münster
1954 - 1956	Theater Münster
1955 - 1959	Theater Gelsenkirchen
1958 / 59	Entwürfe „Podienklavier" für die Theater in Bonn und Düsseldorf
1960 - 1967	Siedlung Köln-Lechenich
1962	Einladung von Sir Laurence Olivier zu Planungsgesprächen für das Nationaltheater London
1965 - 1967	Lehrtätigkeit an den Universitäten in Québec und Montréal, Kanada
1967	Entwürfe für die Weltausstellung in Montreal. Konzepte für Theaterstücke zum Mitspiel, u.a. mit Claus Bremer und Paul Pörtner
1968 - 1972	Spielstraße, Olympische Spiele München
1968 - 1972	Neubau des Verwaltungsgebäudes der Herta KG, Herten
1968 - 1972	Siedlung Velbert-Offerbusch
ab 1970	Projekt Delos 2000, Siedlung in Herten
1970 - 1971	Lehrtätigkeit Universität Köln, Institut für Theaterwissenschaft
1973 - 1975	Lehrtätigkeit an der Städelschule, Staatliche Hochschule für Bildende Künste Frankfurt
1974	„Spielstraße" anlässlich der Deutschen Wochen in London
1977 / 78	Lehrtätigkeit an der Universität Essen
1978 - 1982	Umbauten für das Schauspielhaus Frankfurt.
1981	Eröffnung der Ausstellung Ruhnau im KunstOrt Essen-Kettwig (seit 1995 Archiv Baukunst - Anita und Werner Ruhnau)
1982	Umbau Verwaltungsgebäude der Flachglas AG, Gelsenkirchen
1983 - 1985	Gestaltung U-Bahnhof Viehofer Platz, Essen
1984 / 1985	Sommerakademien in Salzburg mit Günther Schneider-Siemssen und Otto Piene

1985	Haus Piltz, Düsseldorf
1984 - 1990	Werkbundsiedlung Oberhausen-Alstaden
1986 - 1990	Umbau Grillo-Theater Essen
1988 - 1989	Umbau Ebertbad Oberhausen
1991	Initiative zur Gründung der „Europäischen Werkstatt für Kunst und Kultur in Hellerau", Mitwirkung bis 2002
1992 - 1995	Umbau Theater der Altmark, Stendal
1993 - 1996	Gestaltung U-Bahnhof Mülheim an der Ruhr - Mitte
1994	Beteiligung Künstler-Nekropole von Harry Kramer, Kassel
1996	Entwürfe für den Schlossplatz Berlin, „Tempel der Elemente"
1999	Mitwirkung an der „Meile der Künste", Essen-Kettwig
2004	„Architektur tanzt. Darstellende Kunst in öffentlichen Räumen", Initiative des Deutschen Werkbundes NW, gemeinsam mit dem BDA Ruhrgebiet

1961	Teilnahme an der Ausstellung „German Theatre today", New York
1961	Teilnahme an der Ausstellung „Theatre for tomorrow", New York
1964	„Das ideale Theater", Eröffnung der Ausstellungen der Ford Foundation in den Amerika-Häusern Berlin, München, Hamburg, Lübeck
1968	Museum am Ostwall, Dortmund, Ausstellung mit Ferdinand Kriwet „Gesellschaftsform-Theaterform, Theaterform- Gesellschaftsform"
1969	Event im Büro Werner Ruhnau, Essen: Performance „Mit Näglein besteckt" von Heinz-Klaus Metzger, Rainer Riehn. Musikalisches Würfelspiel (nach W.A. Mozart) auf dem von Günther Uecker benagelten Klavier
1976	Ausstellung in der Galerie Inge Baecker, Bochum, jetzt Köln
1976	Ausstellung „Yves Klein - Werner Ruhnau", Galerie Hans Mayer / Denise René, Düsseldorf
1977	Beteiligung an der Ausstellung „Theaterbau in der Bundesrepublik Deutschland", Deutsches Theatermuseum München
1991	„Spiel und Raum", Symposium anlässlich des Festivals Theater der Welt, Essen

1993	Beitrag „Neue Grenzen, ein neues Theater?", Symposium Welttheatertag des ITI, München
1994/95	Ausstellung im Foyer des Stadttheaters Gelsenkirchen
1996	Ausstellung „Baukunst und Bildende Kunst", KunstOrt Essen-Kettwig
1997	Beitrag „Die Jahre meiner Zusammenarbeit mit Yves Klein", Ausstellung Villa Merkel, Esslingen
1997	Ausstellung Kunsthaus Köln
1997	Ausstellungsbeteiligung Galerie Lekon, Essen
1998	Ausstellung „Architektur – Spielraum für Kunst", Deutscher Werkbund NW in der Gesellschaft für Kunst und Gestaltung e.V., Bonn
1998	Beteiligung an der Ausstellung „Zero und Paris 1960. Und heute", Museum Nizza, Eröffnungsredner: Werner Ruhnau, Pierre Restany
1999	Ausstellung „Baukunst Werner Ruhnau: der Architekt und die Künste" in der Galerie für Architektur und Arbeit, Gelsenkirchen
2000	Essen erlebt Architektur. Veranstaltung zum 100. Geburtstag von Hugo Kükelhaus, Initiative des BDA Essen
2003	Essen erlebt Architektur, Initiative des BDA Essen
2003	Ausstellung „SchauSpielRaum – Theaterarchitektur", Architekturmuseum der TU München in der Pinakothek der Moderne
2004	Ausstellung Museum Wiesbaden, „Wie das Gelsenkirchener Blau auf Yves Klein kam"
2005	Ausstellung „Die blaue Revolution", KAZ im Kulturbahnhof Kassel
2005	Beteiligung an der Ausstellung „Feuer", Faust Kunsthalle, Hannover
2005	Ausstellung „Poesie und Ratio", Universitätssammlungen Kunst und Technik, Altana-Galerie der TU Dresden
2005	„Yves Klein in Gelsenkirchen", Ausstellung der Galerie Sacksofsky auf der art cologne
2006	Beitrag zu Ausstellung „Yves Klein. Der Sprung ins Leere", Stiftung Ahlers pro arte / Kestner pro arte, Hannover
2006	Ausstellung Kunstwerden, Essen

Vorträge und Symposien

1961 «Libération du jeu par les architectures immatérielles», Le Lieu Théatral dans la Société Moderne, Paris - Royaumont

1963 „Bühnenform und Theaterarchitektur", Seminar Meisterklassen Friedelind Wagner, Bayreuth

1964 „Großstadt, in der wir leben wollen", Städttebautagung Gelsenkirchen

1970 „Instrumentale Architektur", Vortrag, Kunsthalle Köln

1973 „Spielzonen in Marburg", Vortrag, Universität Marburg

1975 „Menschgerechte Umwelt und Klima", Vortrag anlässlich der Tagung der Humanökologischen Gesellschaft, Wien

1976 „Spiel" – Kulturpolitische Alternativen, Seminar Evangelische Akademie Loccum

1976 „Beziehungen zwischen Wahrnehmung und Sinngebung in der Kunst", Vortrag, Universität Dortmund

1977 „Bioklimatische Funktion und sinngebender Wert des Bauwerks", Vortrag, Universität Essen

1977 „Kreativität und Stadtkultur", Evangelische Akademie Loccum

1977 „Die Verdrängung des Bildnerischen in unserer Zeit", Tagung des Deutschen Künstlerbundes in Frankfurt

1984 „Spiel, Spiele, Spielräume", Internationales Symposium der OISTAT, Wuppertal

1990 „Öffentliche Räume müssen klingen", Vortrag während der Tagung „Brauchen wir noch Kunst im Öffentlichen Raum?" des Bundesverbandes Bildender Künstler e.V., Bonn

1990 Biberacher Architekturgespräche: „Die häuslichen und die öffentlichen Dramen", mit Tobias Brocher, Fachhochschule Biberach

1990 „Spiel – Welche Regeln steuern das Geschehen im Wechselspiel zwischen Natur, Kultur und Stadt?", Vortrag während Ausstellung und Symposium „Naturraum – Kunstraum. Impulse für die Stadtgestaltung", Dortmund

1991 Quadriennale Prag, „Theaterbau", Beitrag der Bundesrepublik Deutschland

1992 „Die Zukunft des Theaters ist das Darstellende Spiel", Vortrag beim Internationalen Symposium der OISTAT „New Theatres for a new Millenium", London

1997 „Humanisierung der Arbeitswelt", Vortrag anlässlich des Symposiums des BDA „Hugo Kükelhaus in der Architektur"

1999 Quadriennale Prag, „Der leere Spielraum und die darstellende Kunst"

1999 „Bau-, Planungs-, Stadtkultur: Was ist das?", Vortrag anlässlich der Tagung der Architektenkammer NRW

2002 „Wechselwirkungen: Darstellende Künste und Architektur", Bayerische Architektenkammer München

2002 „Die räumliche Qualität der Stadt", Vortrag im Forum Kunst und Architektur

2002 „Der Tempel der Elemente und andere Utopien", Beitrag zum Symposium „Luft", Bundeskunsthalle Bonn

Feste (Auswahl)

1976 Frühlingsopfermahl, Galerie Inge Baecker, Bochum

1977 Fest zum 65. Geburtstag von Adolf Luther, Inszenierung: Werner Ruhnau, Lichtsuppe: Wolf Vostell, Lichttanz; Reinhild Hoffmann

1978 „Öffentliche Feste feiern", Gastmahl für 180 Personen, Evangelische Akademie Loccum

1978 Fest im Museo Vostell, Malpartida, „Dank an die Bürger von Malpartida und ihren Bürgermeister – Feier des 20. Geburtstags von Philip Ruhnau". Gestaltung: Werner Ruhnau, Wolf Vostell

1980 Fest zum 50. Geburtstag von Heiner Stachelhaus, Gestaltung: Werner Ruhnau mit HA Schult und Adolf Luther

1980 Schlachtfest auf dem Kräuterhof, Herten

1985 / 1987 Folkwangfeste, Essen

1986 Werkbundfest auf Zink-Altenberg, Oberhausen

1988 Fest anlässlich der Ehrung der sowjetischen Preisträger des OISTAT-Wettbewerbs, Schmitzhof, Neukirchen-Vluyn

1988 Fest zum 10-jährigen Bestehen des Arbeitskreises Organismus und Technik, Schloss Oberhausen

Mitgliedschaften

Arbeitskreis Essen 2010
Bund Deutscher Architekten (BDA)
Deutscher Werkbund (DWB)
Groupe d'Etudes d'Architecture Mobile (GEAM)
Heimat- und Verkehrsverein Essen-Kettwig (HVV)
Internationales Theaterinstitut (ITI)
Internationale Gesellschaft für Humanökologie
Organisation Internationale des Scénographes, Techniciens et Architectes de Théâtre (OISTAT)
Organismus und Technik e.V. – Arbeitskreis Hugo Kükelhaus
Privatinitiative Kunst (PIK)
Verein Deutscher Ingenieure (VDI)

Literaturhinweise

Abeck, Susanne, Die soziale Botschaft war Offenheit. Interview mit Werner Ruhnau zur Architektur im Ruhrgebiet, in: Forum. Industriedenkmalpflege und Geschichtskultur, Heft 2, 2001

Bund Deutscher Architekten (Hrsg.), Baumeister im Ruhrgebiet, Band 1, Düsseldorf 2002

Bund Deutscher Architekten (Hrsg.), Essen erlebt Architektur. Baukunst, Essen 2003

Bundeszentrale für Politische Bildung, Der Bund und die Künste, Bonn 1980

Deutscher Werkbund NW, Werkbund-Siedlung Ruhrgebiet, Düsseldorf o.J.

Deutscher Werkbund NW, Architektur – Spielraum für Kunst, Beiheft zu einer Ausstellung in Bonn 1998 / 99

Goergen, Dietmar, Theater der Altmark, Stendal 1995

Grillo Theater Essen, Umbau 1986-1990, mit Beiträgen von Anita Ruhnau und Irene Wiese von Ofen, Essen 1990

Hesse, Michael / Bockemühl, Michael (Hrsg.), Kunstort Ruhrgebiet. Musiktheater Gelsenkirchen. Yves Klein: Blaue Reliefs, Essen 1995

Klein, Yves, Le dépassement de la problématique de l'art, Editions de Montbliart, La Louvière 1960

Kranz-Michaelis, Charlotte, Spiel, Spiele, Spielräume, in: Bauwelt Heft 1 / 2, 1985

Kühne, Günther, Theaterbau in Deutschland – 1968 und danach, in: Bauwelt, Heft 14, 1968

Mohaupt, Helga, Das Grillo-Theater. Geschichte eines Essener Theaterbaus 1892-1990. Mit einer Dokumentation „35 Jahre Variationen zum Thema offene Spielräume" von Werner Ruhnau, Bonn 1990

Museum für Architektur und Ingenieurkunst NRW (Hrsg.), Nordrhein-Westfalen - 60 Jahre Architektur und Ingenieurkunst, Essen 2007, darin: Beiträge von Niels Gutschow, „Stadttheater Münster", „Musiktheater im Revier" und das Gespräch „Offen für alles Neue. Nordrhein-Westfalen geht als europäische Avantgarde an den Start" mit Werner Ruhnau, Johannes Cladders, Klaus Bußmann, Wolfgang Roters

Museum Wiesbaden, Wie das Gelsenkirchener Blau auf Yves Klein kam, Wiesbaden 2004

Odenthal, Johannes / Schneider Detlev, Hellerau, Interview mit Elisabeth Stelkens und Werner Ruhnau, in: Tanz aktuell, Heft V, 1992

Organisationskomitee für die Spiele der XX. Olympiade München 1972 (Hrsg.), Spielstraße, München 1972

Piscator, Erwin, Entstehung und Aufbau der Piscator-Bühne, in: Bauwelt, Heft 25 / 26, 1963

Raumgestaltung mit der zauberhaften Spiegelung des Glases. Sonderdruck anlässlich des Umbaus der Empfangshalle im Verwaltungsgebäude der Flachglas AG, Gelsenkirchen um 1982

Ruhnau, Werner / Klein, Yves, pro juventute, Entwicklung der heutigen Kunst zur Immaterialisierung, in: Bauwelt, Heft 12, 1959

Ruhnau, Werner, Instrumentale Architektur im klimatisierten Großraum. Mobiles Theater, Sonderdruck aus: Der Architekt, Frankfurt 1965

Ruhnau, Werner, Körper-Krypto-Mikro-Meso-Makro-Klima-Planung, Sonderdruck aus: Baumeister, Heft 12, München 1968

Ruhnau, Werner / Kriwet, Ferdinand, Gesellschaftsform – Theaterform, Theaterform – Gesellschaftsform,
Dortmund 1968

Ruhnau, Werner, Versammlungsstätten, Gütersloh 1969

Ruhnau, Werner, Spielstraßen, Essen 1972

Ruhnau, Werner / Schneider, Detlev, Theaterbau.
Werkstatt für darstellendes Spiel. Symposium Spiel und
Raum, Essen 1991

Ruhnau, Werner, Baukunst. Das Gelsenkirchener Theater, Düsseldorf / Essen 1992

Ruhnau, Werner, Mut zum Mitspiel, Sonderdruck „Wir
im Revier", Kost, Klaus / Schartau, Harald (Hrsg.), o.J.

Ruhnau, Werner, Vortrag zum IV. Soester Treffen am
12. März 1994: Baukunst und Sinnesfreude. Ideen und
Erlebnisse mit Hugo Kükelhaus, Essen 1994

Ruhnau, Werner, Baukunst und Bildende Kunst 1954-
1995. Retrospektive von Werner Ruhnau, Essen 1995

Ruhnau, Werner, Yves Klein in Gelsenkirchen, Essen
2005

Senatsverwaltung für Stadtentwicklung in Zusammenarbeit mit dem Bundesministerium für Verkehr, Bau
und Wohnungswesen (Hrsg.), Historische Mitte Berlin,
Schlossplatz, Ideen und Entwürfe 1991-2001, Berlin
2001

Spiel, Dokumentation des 80. Geburtstages von Werner
Ruhnau, Essen 2002

Stachelhaus, Heiner (Hrsg.), Yves Klein - Werner Ruhnau, Recklinghausen 1974

Stadt Gelsenkirchen (Hrsg.), Ein neues Theater im
Revier. Festschrift zur Eröffnung des neuen Gelsenkirchener Theaters, 1959

Stelkens, Elisabeth (Hrsg.), Das Spiel, Essen 1985

Tagesspiegel / Argon Verlag (Hrsg.), Der Berliner
Schlossplatz, Visionen zur Gestaltung der Berliner
Mitte, Berlin 1997

Technische Universität München (Hrsg.),
SchauSpielRaum. Theaterarchitektur, München 2003

Universitätssammlungen Kunst und Technik in der
Altana-Galerie Dresden, Poesie und Ratio, Katalog zur
Ausstellung, Dresden 2005

Wilp, Charles, Architekt Werner Ruhnau und seine
Konzeption, München 1960

Weitere Publikationen von Werner Ruhnau

Die Gelsenkirchener Theater-Neubauten, in: Programmheft der 32. Bühnentechnischen Tagung, Mannheim 1959

Innen und Außen im Theaterbau, in: Bühnentechnische Rundschau, Heft 4, 1960

Klimatisierte Natur. Entwicklung von Architektur und Bildender Kunst zu Immaterialisierung, in: Deutsche Bauzeitung, Heft 2, 1960

Theater der Stadt Gelsenkirchen. Aus der Sicht des Architekten, in: Werk, Heft 9, 1960

Von der monumentalen Steinstadt zur flexiblen Struktur in der klimatisierten Stadtlandschaft, in: Bauen + Wohnen, Heft 7, 1964

Das ideale Theater, in: Deutsche Bauzeitschrift, Heft 9, 1965

Projekt zu einem mobilen Theater, in: Bauwelt, Heft 23, 1965

Klimaschutz – Techniken zur Abgrenzung des Raumes, in: Zeitschrift für praktische Raumordnung, Heft 11, 1968

Vom vor- zum mehrperspektivischen Theater, in: Bauwelt, Heft 50, 1968

Verwaltungsgebäude in Herten, Westfalen, in: Baumeister, Heft 12, 1972

Die Spielstraße im Olympiapark, in: Bühnentechnische Rundschau, Heft 3, 1973

Spielstraßen – einladende, zu jeder Zeit für jedermann offene Begegnungsräume, in: Loccumer Protokolle, Loccum 1974

Eine neue Ästhetik des körperhaften Raumes, in: Kunstreport, Heft 1, 1977

Nouvelles en architecture – Spielstraßen, in: Actualité de la scénographie, Heft 4, 1978

Auf der Suche nach neuen Spielräumen, in: Schriften der Dramaturgischen Gesellschaft, Band 11, Berlin 1979

Deutsches Zentrum der Künste Bonn, in: Bonner Kunstverein (Hrsg.), Stellungnahme. Künstler zu einem Kunstzentrum des Bundes in Bonn, Bonn 1979

Stadtkultur. Mögliches und Unmögliches der Straßenkultur, in: Sekretariat für gemeinsame Kulturarbeit in NRW (Hrsg.), Kooperation kreativ, Wuppertal 1980

Privatinitiative Kunst, in: Der Architekt, Heft 12, 1981

Über die (fehlende) Erziehung der Architekten zur Sinnlichkeit, in: Fachhochschule Düsseldorf (Hrsg.), Untersuchungen zur Architektur, Heft 9, Düsseldorf 1982

Schauspielhaus Frankfurt, in: Offene Spielräume. Aufbrechen traditioneller Theaterformen in der Bundesrepublik seit 1945, Bühnentechnische Rundschau, Sonderheft 1983

Neue Ansätze künstlerischer Tätigkeiten, in: Bundesverband Bildender Künstler (Hrsg.), Kunstaktion. Künstler in Bürgernähe – Bürger in Künstlernähe, Worpswede 1987

Spiel, in: Kulturpolitische Gesellschaft e.V. (Hrsg.), Naturraum – Kunstraum, Hagen 1991

Wo der Zuschauer zum Komplizen oder zum Mitspieler werden kann, in: Kommunalverband Ruhrgebiet (Hrsg.), Standorte, Jahrbuch Ruhrgebiet 1999 / 2000, Essen 1999

Der Tempel der Elemente und andere Utopien, Bundeskunsthalle Bonn (Hrsg.), Luft, Bonn 2003

AutorInnen und Projektteam

Prof. Dr. Bazon Brock Studium der Germanistik, Philosophie, Kunstgeschichte und Politikwissenschaften an den Universitäten in Hamburg, Frankfurt und Zürich. Ausbildung als Dramaturg bei Claus Bremer und Gustav Rudolf Sellner am Landestheater Darmstadt. 1965-1981 Professuren für Ästhetik und Gestaltungslehre an den Hochschulen für Bildende Künste in Hamburg und Wien, seit 1981 für Ästhetik und Gestaltungstheorie an der Universität Wuppertal. Internationale Action Teachings, Happenings (unter anderem mit Wolf Vostell, Joseph Beuys, Nam June Paik), Ausstellungen, Kongressbeiträge, Publikationen, Film- und TV-Produktionen, unter anderem „Bilderstreit".

Patricia Ferdinand-Ude Studium der Kunstgeschichte, Klassischen Archäologie, Mittleren und Neuen Geschichte an den Universitäten Bochum und Leipzig. Seit 1995 Konzeption, Koordination und Realisation von Ausstellungen, Veröffentlichungen und Workshops zur bildenden Kunst, Kultur und Architektur. Seit 1999 Galeristin für Junge Kunst, Mitglied im Bundesverband Deutscher Galerien.

Kerstin Gust Studium der Architektur in Berlin und New York. Seit 1991 Projektkoordination, Produktion und Kuratorin von Ausstellungen der Architektur, Kunst und Kulturgeschichte. 1997-2000 Gastkuratorin Deutsches Architektur Zentrum (DAZ), Berlin, 2001-2005 Programm und Koordination / Kuratorin Architekturzentrum Wien. Seit 2006 Kuratorin M:AI Museum für Architektur und Ingenieurkunst NRW.

Prof. Hermann Kokenge Studium der Landschaftsarchitektur an den Universitäten München und Hannover. 1980-1985 Wissenschaftlicher Mitarbeiter an den Universitäten in Hannover und Stuttgart. 1985-1993 Gartenbaudirektor, Grünflächenamt, Köln. Seit 1993 Professor für Landschaftsarchitektur an der Technischen Universität Dresden; 1997-2000 Dekan der Fakultät Architektur, 2000-2003 Prorektor für Wissenschaften, seit 2003 Rektor der Technischen Universität Dresden. Mitglied der Akademie für Städtebau und Landesplanung, Mitglied in der Fritz-Schumann-Gesellschaft Hamburg.

Dr. Dorothee Lehmann-Kopp Studium der Kunstgeschichte, Germanistik und Philosophie an der Universität in Bochum. Seit den 80er Jahren freie Redakteurin und Journalistin für Zeitungen, Verlage und Unternehmen, außerdem Kuratorin von Ausstellungen bildender Kunst und Kulturgeschichte. Seit 2000 „Büro für Konzept & Kommunikation", Schwerpunkt strategische Unternehmenskommunikation.

Dr. Wolfgang Roters Studium der Rechtswissenschaften, Soziologie und Verwaltungswissenschaften in Münster, Bielefeld, Bochum und Speyer. 1980-1992 Abteilungsleiter Stadtentwicklung im Städtebauministerium NRW, Vorsitzender des Vorstandes der Stiftung Industriedenkmalpflege und Geschichtskultur, 2002-2004 Aufsichtsratsvorsitzender und Geschäftsführer der Entwicklungsgesellschaft Zollverein, seit 2005 Geschäftsführer und Generalkurator des M:AI Museum für Architektur und Ingenieurkunst NRW; Vorsitzender der Akademie für Städtebau und Landesplanung NRW.

Anita Ruhnau Kindheit in den Niederlanden, Abitur, tanzpädagogische Ausbildung. 1956-1980 verheiratet mit Werner Ruhnau. Geburt der Söhne Philip, Moritz, Jacob und Georg. Bis heute kontinuierliche Mitarbeit an allen kunstbezogenen Ruhnau-Projekten, deren Koordination und Begleitung, unter anderem Theater Gelsenkirchen, Olympische Spielstraße, Folkwangfeste. Seit 1995 „Archiv Baukunst - Anita und Werner Ruhnau". Seit 1991 Vorstandsmitglied des Kunstvereins Ruhr e.V. in Essen.

Elisabeth Stelkens Fachlehrerin für Sonderpädagogik, seit 1995 im Ruhestand. Seit 1978 Mitglied, 1988-2003 Vorsitzende des Vereins Organismus und Technik e.V. - Arbeitskreis Hugo Kükelhaus. Dort lernte sie 1978 Werner Ruhnau kennen, seit 1981 ist sie seine Lebensgefährtin.

Dipl. phil. Reinhild Tetzlaff Studium der Pädagogik, Germanistik, Kunstgeschichte, Klassischen Archäologie und Architekturgeschichte in Dresden und Halle / Wittenberg. 1970- 1980 Museumsassistentin an den Staatlichen Kunstsammlungen Dresden, 1981-1998 Kustodin, Amt. Direktorin der Brandenburgischen Kunstsammlungen Cottbus, seit 1999 freie Kuratorin, 2000 Gastreferentin an der Universität Leipzig, seit 2003 Gründungskuratorin der UNIVERSITÄTSSAMMLUNGEN.KUNST+TECHNIK der Technischen Universität Dresden, Mitglied im Verband Deutscher Kunsthistoriker, Mitglied im ICOM-Deutschland.

Ludger Vlatten Ausbildung im Buchhandel, wissenschaftlicher Sortimenter. Ab 1970 tätig in Führungsposition im Herder Verlag, Freiburg, dort innovativ im Bereich Buch und Kunst. Kurator zahlreicher Präsentationen bildender Kunst, etwa 1969 / 70 Pop-Art-Ausstellung, Freiburg. Europaweite Ausstellungen klassischer Archäologie (Alt-Ägypten, Kunst der Etrusker, Römisches Glas) unter anderem in Köln, Basel, Lausanne, Berlin - in Kooperation mit dem Verband ars antique.

Bildnachweise

Im Rahmen der Bildrecherche haben sich die Herausgeber trotz der großen zeitlichen Distanz bemüht, sämtliche Urheber sowie ihre Rechtsnachfolger ausfindig zu machen. Soweit bekannt, sind im Folgenden die Urheber aufgelistet. An dieser Stelle sprechen wir ihnen unseren besonderen Dank für die Abdruckgenehmigung aus.

Aus: Aschoff, J. und Wever, R., Naturwiss. 45, 477 1958: Erschienen im Baumeister, Dez. 1968. Verlag G.D.W.Callwey, München: Seite 75 Isothermen des Menschen

Bauer, Ingeborg, Seite 84 oben rechts

Breuer, Peter, Seite 59, 77 Objekte, 114 rechts , 134-137

Eggert, Anna, Seite 89 Abbildungen oben

Knaust, Rainer, Seite 99 oben links

Aus: Kratzer, P. Albert: „Das Stadtklima." Seite 120, Friedr. Vieweg & Sohn Verlag, Braunschweig 1956: Seite 76

Liedtke, Peter, Bochum, Seite 97 unten

Marks, Karsten, Seite 59, W.R. mit Tonne

Mayer, Hans, Seite 57 unten

Maywald, Wilhelm, Seite 36 oben links

Michels, Joachim, Seiten 84 oben links, 85 Abbildungen oben, 87 je rechts , 89 Terayama

Redeker Photography, Seiten 27, 59 Materialien und Signatur, 118 Pläne, 122, 124, 125

Schulz, Max, Seite 71 rechts

Stadtarchiv Gelsenkirchen, Seite 42 unten links

Stadtmuseum Münster, Seite 25 links

Stollarz, Patrik, Seite 130

Tischer, Manfred, Seite 88 rechts

Walkenhorst, Jochen, Seite 87 oben links und Mitte

Werek Pressebildagentur, Seite 81

Wilp, Charles, Seiten 35, 39 unten rechts, 46 oben und unten, 47 Abbildungen oben, 61 links oben

Alle weiteren Abbildungen: Archiv Baukunst Anita und Werner Ruhnau.

Impressum

Werner Ruhnau
Der Raum, das Spiel und die Künste

Diese Publikation erscheint anlässlich der
gleichnamigen Ausstellung im Musiktheater
im Revier, Gelsenkirchen, vom 15. April bis
24. Juni 2007.

Mit Unterstützung des Ministerium für
Bauen und Verkehr des Landes Nordrhein-
Westfalen

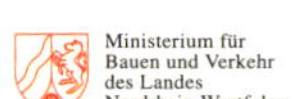 

Herausgeber

Ein Projekt im Rahmen der
Landesinitiative StadtBauKultur

Schirmherr
Minister Oliver Wittke, Ministerium für Bauen
und Verkehr NRW, Düsseldorf

Trägerschaft
Stadt Gelsenkirchen

Veranstalter
Stadt Gelsenkirchen und M:AI Museum für
Architektur und Ingenieurkunst NRW

Gesamtkoordination
Stadt Gelsenkirchen, Referat Kultur,
Volker Bandelow
M:AI Museum für Architektur und Ingenieur-
kunst NRW, Kerstin Gust

Projektteam
Patricia Ferdinand-Ude, Kerstin Gust,
Dorothee Lehmann-Kopp, Wolfgang Roters,
Anita Ruhnau, Werner Ruhnau, Elisabeth
Stelkens

Publikation

Konzept und Autorenschaft
Text- und Bildredaktion,
Biographische Daten, Lektorat:
Dorothee Lehmann-Kopp, Essen

Übersetzungen Deutsch/Englisch
keiki communication, Berlin
Fachliche Beratung:
Fero Freymark, Weissach

Übersetzungen Deutsch/Französisch
Miriam Olivia Merz, Wiesbaden (Der junge
Architekt, Das Theater Gelsenkirchen)
keiki communication, Berlin

Design, Lithografie
Peter Breuer, Essen

Cover
Titelillustration unter Verwendung eines
Objekts von Rainer Knaust, Düsseldorf
Foto: Redeker Photography, Essen

Schrift
Trade Gothic, Sabon

Papier
Gardapat classic, 150 g/m²

Gesamtherstellung
B.o.s.s Druck und Medien GmbH, Goch

Ausstellungen

Musiktheater im Revier, Gelsenkirchen

Kuratorin
Patricia Ferdinand-Ude, Gelsenkirchen

Ausstellungsarchitektur
Manfred Niermann, Niermann Schicktanz
Architekten BDA, Gladbeck

Design
Peter Breuer, Essen

Salle d'Exposition, Monaco

Veranstalter
Association des Amis d'une Nouveau Musée
Nationale de Monaco,
Directions des Affaires Culturelles de la
Principauté de Monaco

Kuratoren
Jean Albou, Oliver Sodeik, Monaco,
Ludger Vlatten, Heidelberg

UNIVERSITÄTSSAMMLUNGEN. KUNST+TECHNIK in der Altana Galerie der Technischen Universität Dresden

Schirmherr
Rektor der Technischen Universität Dresden,
Hermann Kokenge

Kuratorin
Reinhild Tetzlaff, Dresden

© 2007 Stadt Gelsenkirchen,
M:AI Museum für Architektur und
Ingenieurkunst NRW und jovis Verlag GmbH

Das Copyright für die Texte liegt bei den
Autoren.

Das Copyright für die Abbildungen liegt bei
den Fotografen/Inhabern der Bildrechte.
Alle Rechte vorbehalten.

Bibliografische Information der Deutschen
Bibliothek

Die Deutsche Bibliothek verzeichnet diese
Publikation in der Deutschen National-
bibliografie; detaillierte bibliografische
Daten sind im Internet über
http://dnb.ddb.de abrufbar.

jovis Verlag
Kurfürstenstr. 15/16
10785 Berlin
www.jovis.de

ISBN 978-3-939633-13-6

Partner der Ausstellung

Förderer der Ausstellung

Mit freundlicher Unterstützung

THS
Architektur und Wohnkultur im Revier 
www.ths.de